Ausführliches Verzeichniß der

Guttentag'schen Sammlung

Deutscher Reichs- und Preußischer Gesetze,

Text-Ausgaben mit Anmerkungen — Taschenformat,

welche alle wichtigeren Gesetze in absolut zuverlässigen Gesetzestexten und in mustergiltiger Weise erläutert enthält, befindet sich hinter dem Sachregister.

Guttentag'sche Sammlung
Nr. 31. Deutscher Reichsgesetze. Nr. 31.
Text-Ausgaben mit Anmerkungen.

Gewerbegerichtsgesetz.

In der Fassung
der Bekanntmachung vom 29. September 1901.

Text-Ausgabe mit Anmerkungen und Sachregister

von
Leo Mugdan,
Stadtrath zu Berlin.

Fünfte neubearbeitete Auflage

von
W. Cuno,
Erstem Bürgermeister zu Hagen i. W.

Berlin 1902.
J. Guttentag, Verlagsbuchhandlung,
G. m. b. H.

Vorwort zur fünften Auflage.

Die vorliegende neue Auflage ist durch den Erlaß der Novelle vom 30. Juni 1901 nothwendig geworden. Es ist danach gestrebt worden, den in den Anmerkungen enthaltenen Stoff möglichst zu vermindern.

Von dem Abdrucke eines Statuts oder des vom preußischen Handelsminister entworfenen Normalstatuts ist abgesehen. Die „Vorschläge zur Aufstellung von Orts- (Kreis-) Statuten für Gewerbegerichte, veröffentlicht auf Anordnung des Herrn Ministers für Handel und Gewerbe", sind im Verlag von Fr. Kortkampf in Berlin W., Wittenbergplatz 3a, zum Preise von 1 Mark erschienen.

Hagen, im Dezember 1901.

Der Herausgeber.

Inhaltsangabe.

Abkürzungen.

A. M. = anderer Meinung.

C.P.O. = Civilprozeßordnung.

G.K.G. = Gerichtskostengesetz.

G.O. = Gewerbeordnung für das Deutsche Reich in der Fassung des Gesetzes vom 26. Juli 1900.

G.S. = Gesetzsammlung für die Königlich Preußischen Staaten.

G.V.G. = Gerichtsverfassungsgesetz.

H.M.Bl. = Ministerialblatt für Handel und Gewerbe.

J.M.Bl. = Justiz-Ministerial-Blatt für die Preußische Gesetzgebung und Rechtspflege.

Komm.-Ber. = Bericht der VI. Kommission zur Vorberathung des Entwurfs eines Gesetzes, betreffend die Gewerbegerichte — Nr. 5 der Drucksachen (Drucksache Nr. 51).

Komm.-Ber. VII = Bericht der VII. Kommission zur Vorberathung des Antrages Trimborn und Dr. Hitze, betreffend die Gewerbegerichte, 10. Legislaturperiode, I. Session 1898/9, Nr. 286 der Drucksachen.

Komm.-Ber. XII. = Bericht der XII. Kommission zur Vorberathung der von den Abgeordneten Albrecht und Trimborn eingebrachten Gesetzentwürfe, betreffend Abänderung des Gewerbegerichtsgesetzes, 10. Legislatur-Periode II. Session 1900/1, Nr. 299 der Drucksachen.

K.V.G. = Krankenversicherungsgesetz in der Fassung des Gesetzes vom 10. April 1892.

M.Bl. d. i. V. = Ministerial-Blatt für die gesammte innere Verwaltung in den Königlich Preußischen Staaten.

Mot. = Begründung zu dem Entwurf eines Gesetzes, betreffend die Gewerbegerichte (Drucksache Nr. 5).

R.G. = Reichsgesetz.

R.G.Bl. = Reichs-Gesetzblatt.

R.Gr. = Reichsgericht.

Sten. Ber. = Stenographische Berichte über die Verhandlungen des Deutschen Reichstages.

St.P.O. = Strafprozeßordnung.

Bachem = Reichsgesetz, betreffend die Gewerbegerichte. Zum praktischen und wissenschaftlichen Gebrauch erörtert von Dr. jur. Karl Bachem, Rechtsanwalt zc., Köln 1890.

Berger G.O. = Reichs-Gewerbe-Ordnung nebst Ausführungsbestimmungen. Textausgabe mit Anmerkungen und Sachregister von T. Ph. Berger, 16. Auflage v. Geh. Ober-Regierungsrath Dr. Wilhelmi, Berlin 1901 (Nr. 6 der Guttentag'schen Sammlung Deutscher Reichsgesetze).

Brauns Archiv = Archiv für Soziale Gesetzgebung und Statistik, herausgegeben von Dr. Heinrich Braun.

Burchardt = Die Rechtsverhältnisse der gewerblichen Arbeiter, auf Grund der gerichtlichen und gewerbegerichtlichen Praxis dargestellt von Franz Burchardt, Amtsrichter, Berlin 1901.

Bl. f. soz. Pr. = Blätter für soziale Praxis, Nr. 1—117 (Januar 1893 bis März 1895), seit April 1885: „Soziale Praxis, Centralblatt für Sozialpolitik", IV. Jahrgang, Nr. 27—52 und folgende.

Busch = Zeitschrift für Deutschen Civilprozeß, begründet von Busch, herausgegeben von Schultzenstein und Vierhaus.

Cuno, Gesinderecht = Das Gesinderecht nach der preuß. Gesinde-Ordnung und dem Bürgerlichen Gesetzbuche. Berlin 1900.

Cuno, Handlungsgehilfe = Das Recht der Handlungsgehilfen nach dem Bürgerlichen Gesetzbuch, dem Handelsgesetzbuch und der Gewerbeordnung von Cuno, Erstem Bürgermeister in Hagen, Berlin 1901.

Fredrich = Das R.G. betr. die Gewerbegerichte von Fredrich, Bürgermeister zu Liegnitz. Berlin 1901.

G.G. = Das Gewerbegericht, Mittheilungen des Verbandes deutscher Gewerbegerichte. I. Jahrg. Nr. 1—6 (April—September 1896), II. Jahrgang Nr. 1—12 (Oktober 1896 bis September 1897) und folgende.

Gruchot = Beiträge zur Erläuterung des Deutschen Rechts rc., begründet von Gruchot, herausgegeben von Rassow, Küntzel und Eccius.

Haas = Kommentar zum Reichsgesetz, betreffend die Gewerbegerichte vom 29. Juli 1890 rc. Von J. Haas, Landrichter zu Wiesbaden. Göttingen 1891.

Menzinger = Das Gewerbegerichtsgesetz in der Fassung vom 29. September 1901 von Dr. L. Menzinger u. Dr. J. Prenner, München 1902.

Otto = Die Streitigkeiten der selbstständigen Gewerbetreibenden mit ihren Arbeitern in Theorie und Praxis. Auf Grund des § 120a der Reichsgewerbeordnung und der einschlagenden reichs- und landesrechtlichen Bestimmungen erörtert von Dr. O. Otto, Amtsrichter in Wiesbaden. Berlin-Neuwied 1888.

Planck = Bürgerliches Gesetzbuch nebst Einführungsgesetz, erläutert von Wirkl. Geh. Rath Prof. Dr. Planck, Berlin 1900, J. Guttentag.

Reger = Entscheidungen der Gerichte und Verwaltungsbehörden, früher Nördlingen, jetzt München.

Schier = Das Reichsgesetz, betreffend die Gewerbegerichte vom 29. Juli 1890 ꝛc. Mit Kommentar von Dr. jur. H. Schier, Rechtsanwalt ꝛc., Kassel 1891.

Soz. Pr. = Soziale Praxis, s. Bl. f. soz. Pr.

Struckmann u. Koch = Die Civilprozeßordnung für das Deutsche Reich nebst den auf den Civilprozeß bezüglichen Bestimmungen des Gerichtsverfassungsgesetzes und den Einführungsgesetzen. In der Fassung von 1898. Kommentar herausgegeben von Dr. J. Struckmann und Dr. R. Koch. Achte völlig umgearbeitete Auflage. Lex.-8°. 2 Bde. Berlin 1901.

Unger = Entscheidungen des Gewerbegerichts zu Berlin unter Berücksichtigung der Praxis anderer deutscher Gerichte systematisch zusammengestellt und herausgegeben von Dr. Emil Unger, Magistratsassessor in Berlin. Berlin 1898.

Wilhelmi u. Fürst = Das Reichsgesetz, betreffend die Gewerbegerichte vom 29. Juli 1890. Erläutert von Dr. Wilhelmi, Kaiserl. Regierungsrath ꝛc. und Dr. M. Fürst, Kgl. Oberbergrath ꝛc. Berlin 1891.

Einleitung.

Nach dem Vorbilde der Preußischen Allgemeinen Gewerbeordnung vom 17. Januar 1845 (§. 137) wies §. 108 der Gewerbeordnung vom 21. Juni 1869 die Erledigung von Streitigkeiten selbständiger Gewerbetreibender mit ihren Arbeitern abweichend von den allgemeinen Zuständigkeitsregeln besonderen behördlichen Organisationen, mindestens in erster Instanz, zu. Der Inhalt dieses Paragraphen findet sich mit unerheblichen Abänderungen wiederholt im §. 120a der Gewerbeordnung in der Fassung des Gesetzes vom 17. Juli 1878 (R.G.Bl. S. 199), welcher bestimmt:

„Streitigkeiten der selbständigen Gewerbetreibenden mit ihren Arbeitern, die auf den Antritt, die Fortsetzung oder Aufhebung des Arbeitsverhältnisses, auf die gegenseitigen Leistungen aus demselben, auf die Ertheilung oder den Inhalt der Arbeitsbücher oder Zeugnisse sich beziehen, sind, soweit für diese Angelegenheiten besondere Behörden bestehen, bei diesen zur Entscheidung zu bringen.

Insoweit solche besondere Behörden nicht bestehen, erfolgt die Entscheidung durch die Gemeindebehörde. Gegen diese Entscheidung steht die Berufung auf den Rechtsweg binnen zehn Tagen offen; die vorläufige Vollstreckung wird durch die Berufung nicht aufgehalten.

Durch Ortsstatut (§. 142) können an Stelle der gegenwärtig hierfür bestimmten Behörden Schiedsgerichte mit der Entscheidung betraut werden. Dieselben sind durch die Gemeindebehörde unter gleichmäßiger Zuziehung von Arbeitgebern und Arbeitern zu bilden."

Die Vorschrift des letzten Absatzes hat, wie die Motive zu dem hier erläuterten Gesetze hervorheben, „ihren Zweck, für die Streitigkeiten, welche im gewerblichen Verkehr aus dem Verhältniß zwischen Arbeitgebern und Arbeitern entspringen, eine in besonderem Maße des Vertrauens der Betheiligten versicherte und besonders schleunige Rechtspflege zu schaffen, nur in unvollkommener Weise erreicht. Nachdem längere Zeit hindurch die statutarische Errichtung von gewerblichen Schiedsgerichten sich nicht über einen sehr geringen Umfang hinaus erhoben hatte, ist zwar in neuerer Zeit ein bemerkenswerther Fortschritt in dieser Beziehung eingetreten; die wünschenswerthe Ausdehnung hat die Einrichtung jedoch noch keineswegs erreicht, und gerade die in erhöhtem Maße sich geltend machende Bereitwilligkeit der betheiligten Kreise die Einsetzung gewerblicher Genossengerichte zu fördern, hat das Unzureichende der geltenden gesetzlichen Bestimmungen deutlich hervortreten lassen. Der Mangel ist hauptsächlich darin zu erblicken, daß die Gewerbeordnung es sowohl an jeder näheren Ausführung des Prinzips über die Zusammensetzung der Schiedsgerichte, wie auch an allen Bestimmungen über die prozessualen Befugnisse der Gerichte, über das Verfahren vor denselben und über die Rechtswirkung ihrer Entscheidungen fehlen läßt. Die hieraus sich ergebende Unsicherheit hat einerseits die Ausbreitung der Institution erschwert und andererseits bei den ins Leben gerufenen Schiedsgerichten eine das Maß des Erwünschten übersteigende Verschiedenheit der Einrichtungen zur Folge gehabt. Auch die Wirksamkeit der Gerichte selbst ist aus diesem Grunde eine vielfach ungleichmäßige geblieben." Mot. S. 17.

Die Versuche einer Aenderung dieses nicht befriedigenden Zustandes führten jedoch nicht alsbald zum Ziele.

Ein dem Reichstage unter dem 18. Juni 1873 vorgelegter Entwurf eines Gesetzes, betreffend die Abänderung einiger Bestimmungen der Gewerbeordnung (Drucks. 1873 Nr. 198), welcher den Zentralbehörden die Einrichtung von Gewerbegerichten gestattete, kam nicht vor das Plenum. Unter dem 10. Februar 1874 erfolgte die Vorlage eines neuen Entwurfes (Drucks. 1874 Nr. 21), welcher die ebenfalls durch die Zentralbehörden einzurichtenden Gewerbegerichte mit den für die Verhandlung und Entscheidung der geringfügigen Rechtsstreite zuständigen ordentlichen Gerichten erster Instanz verbinden und sie aus einem Mitgliede des betreffenden Gerichts und mindestens zwei Beisitzern zusammensetzen wollte. Zwar wurde dieser Entwurf nach Berathung im Plenum (Sten. Ber. S. 114 bis 147) einer Kommission überwiesen, welche auch Bericht erstattete (Drucks. Nr. 90), jedoch gelangte derselbe nicht mehr zur Verhandlung im Plenum. Ebensowenig kam der unter dem 23. Februar 1878 dem Reichstage unterbreitete Entwurf eines Gesetzes, betreffend die Gewerbegerichte (Drucks. 1878 Nr. 41) zur Verabschiedung. Auch er wurde nach Verhandlung im Plenum (Sten. Ber. S. 286 bis 320) einer Kommission überwiesen, über deren Bericht (Drucks. Nr. 110) der Reichstag in zweiter und dritter Lesung verhandelte (Sten. Ber. a. a. O. S. 967 bis 1029, 1425, 1437 bis 1448, 1487 bis 1491). Die dritte Lesung jedoch wurde, nachdem der die Berufung der

Mitglieder des Gerichts regelnde §. 8 gänzlich abgelehnt worden war[1]), abgebrochen.

In beschränktem Umfange wurde die Zuständigkeit für die Entscheidung gewerblicher Streitigkeiten neu geregelt durch das Gesetz, betreffend die Abänderung der Gewerbeordnung, vom 18. Juli 1881, R.G.Bl. S. 233 (§§. 97 Abs. 2 Nr. 4, 97a Nr. 6, 98a Abs. 2 Nr. 2e, 98c, 100d, 100e Nr. 1 der Gewerbeordnung in der Fassung dieses Ges.), durch das Gesetz, betr. die Abänderung der Gewerbeordnung, vom 6. Juli 1887, R.G.Bl. S. 281 (§§. 100f Abs. 1 Nr. 3, 100i Abs. 2 in der Fassung dieses Ges.) und durch das Gesetz, betreffend die Krankenversicherung der Arbeiter, vom 15. Juni 1883, R.G.Bl. S. 73 (§§. 53, 65, 72, 73). Das Nähere hierüber s. in den Anm. zu §§. 4, 14 Abs. 3, 83, 84 des vorl. Gesetzes.

Am 24. März 1886 beschloß der Reichstag folgende Resolution:

> „Den Herrn Reichskanzler zu ersuchen, dem Reichstag den Entwurf eines Gesetzes, betreffend die obligatorische Einführung von Gewerbegerichten, mit der Maßgabe baldthunlichst vorzulegen, daß die Beisitzer der-

[1]) Es handelte sich hierbei um die im Entwurfe geforderte Bestätigung des Vorsitzenden durch die höhere Verwaltungsbehörde.

selben zu gleichen Theilen von den Arbeitgebern und von den Arbeitern in getrennten Wahlkörpern und in unmittelbarer gleicher und geheimer Abstimmung gewählt werden."

(Drucks. Nr. 122, Sten. Ber. S. 1623 bis 1633.)

Eine weitere Resolution, dahin lautend:

„Die verbündeten Regierungen zu ersuchen, dem Reichstag baldthunlichst den Entwurf eines Gesetzes, betreffend die Einführung von Gewerbegerichten, vorzulegen mit der Maßgabe, daß die Beisitzer derselben zu gleichen Theilen von den Arbeitgebern und von den Arbeitern in getrennten Wahlkörpern und in unmittelbarer gleicher und geheimer Abstimmung gewählt werden"

erging am 12. Januar 1889 (Drucks. Nr. 18, Sten. Ber. S. 397 bis 419). In diesem Beschlusse fehlt die Forderung obligatorischer Einführung der Gewerbegerichte.

Dem wiederholten Verlangen des Reichstages kamen die verbündeten Regierungen durch die unter dem 6. Mai 1890 erfolgte Vorlegung des Entwurfes eines Gesetzes, betreffend die Gewerbegerichte (Drucks. Nr. 5), nach. Derselbe wurde nach erfolgter erster Lesung am 9. Mai 1890 (Sten. Ber. S. 10 bis 28) einer aus 21 Mitgliedern bestehenden Kommission (VI.) überwiesen, welche unter dem Vorsitz des Abgeordneten Ackermann die Vorlage recht erheblichen Abänderungen unterzog. Ueber den vom Abgeordneten Dr. Bachem verfaßten Bericht der Kommission (Drucks. Nr. 51) berieth der Reichstag in zweiter Lesung am 14., 16., 17., 19. bis 21. und 23. Juni und in dritter Lesung am 27. Juni 1890 (Sten. Ber. S. 323 bis 337, 340 bis 386, 417 bis 527, 618 bis 651). Die Schlußabstimmung erfolgte am 28. Juni 1890. Das Resultat war im Wesentlichen die Annahme der Kommissionsvorschläge. Nachdem der Bundesrath den Beschlüssen des Reichstages zugestimmt hatte, wurde das „Gesetz, betreffend die Gewerbegerichte" am 29. Juli 1890 Allerhöchst vollzogen und in der am 5. August 1890 zu Berlin ausgegebenen Nr. 24 des Reichs-Gesetzblattes auf Seite 141 bis 162 verkündet.

Aus der allgemeinen Begründung des Entwurfes, welcher in den hier behandelten wesentlichen Punkten keine Abänderung erfahren hat, sei Folgendes hervorgehoben:

„Dem . . . Entwurf ist im Allgemeinen die . . . Vorlage vom Jahre 1878 unter thunlichster Berücksichtigung der zu derselben vom Reichstag auf Grund der Kommissionsberathung in zweiter Lesung gefaßten Beschlüsse zu Grunde gelegt. Im Einzelnen sind indes . . . nicht unerhebliche Aenderungen und Ergänzungen vorgenommen. Der Zweck des Entwurfs geht ebenso, wie derjenige der früheren Vorlage, nicht auf die Beseitigung, sondern nur auf die weitere Ausgestaltung und Entwicklung des im §. 120a der Gewerbeordnung hinsichtlich der gewerblichen Schiedsgerichte aufgestellten Prinzips. Der Gedanke, in erster Linie den Gemeinden die Einsetzung der bezeichneten Gerichte zu überlassen und deren Eingliederung in den Gemeindeorganismus unter Berücksichtigung der örtlichen Einrichtungen und Bedürfnisse zu ermöglichen, hat sich, ungeachtet der bei der Ausführung aus den oben[1]) angegebenen Gründen hervorgetretenen Schwierigkeiten, im Allgemeinen als ein berechtigter erwiesen. Es liegt keine Veranlassung vor, denselben aufzugeben. Insbesondere kann die größere Uebereinstimmung, welche hinsichtlich der Einrichtung der Gewerbegerichte durch entsprechende gesetzliche Vorschriften anzustreben ist, den in der Gewerbeordnung für die Einsetzung der Gerichte vorgesehenen Weg nicht als ungeeignet erscheinen lassen; denn diese Uebereinstimmung wird sich auf die wesentlichen Grundlagen der Organisation sowie auf solche Bestimmungen zu beschränken haben, welche, wie diejenigen über das Verfahren, die Rechte

---

[1]) S. 13 der Einleitung.

der Betheiligten unmittelbar berühren. Im Uebrigen dürfen bei einer Institution, deren ersprießliche Wirksamkeit nur bei genügender Berücksichtigung der örtlichen Verhältnisse sich erwarten läßt, Verschiedenheiten im Einzelnen nicht ausgeschlossen werden. Auch in der Frage, ob für einen bestimmten Ort überhaupt ein Gewerbegericht eingesetzt werden soll, bleibt am geeignetsten die Initiative zunächst den Gemeinden überlassen, da diese der Regel nach am ersten in der Lage sein werden, zu beurtheilen, ob nach den gewerblichen Verhältnissen ihres Bezirks das Bedürfniß und die Voraussetzungen für die Wirksamkeit eines solchen Sondergerichts vorhanden sind. Daß von diesem Standpunkt aus der Entwurf nicht zu einer obligatorischen Einführung der Gewerbegerichte für alle Theile des Reichsgebiets gelangen kann, ergiebt sich von selbst. Für eine derartige Verallgemeinerung der Einrichtung fehlt es ebenso sehr an einem Bedürfniß, wie an den Voraussetzungen praktischer Durchführbarkeit. Soweit sich unter besonderen Umständen ein Zwang zur Einsetzung von Gewerbegerichten gegenüber den betheiligten Gemeinden als nothwendig erweisen kann, wird die Möglichkeit hierzu auf anderem Wege zu schaffen sein.

Abweichend von der Vorlage vom Jahre 1878 enthält ferner der vorliegende Entwurf im dritten

Abschnitt eine Reihe von Bestimmungen, durch welche das Gewerbegericht berufen wird, unter gewissen Voraussetzungen als Einigungsamt thätig zu werden. Bei den in neuerer Zeit vorgekommenen Arbeiterausständen ist es mehrfach als ein schwerwiegender Uebelstand empfunden worden, daß es auch bei vorhandener Geneigtheit zu Einigungsverhandlungen auf beiden Seiten zur wirklichen Einleitung solcher gar nicht oder nicht rechtzeitig gekommen ist, weil es an einem Organe fehlte, welches geeignet und berufen gewesen wäre, die Leitung solcher Verhandlungen und die Vermittlung zwischen den streitenden Parteien in die Hand zu nehmen. Es wird wenigstens der Versuch zu machen sein, durch Schaffung eines solchen Organes und durch einige Bestimmungen über das bei den Verhandlungen innezuhaltende Verfahren eine friedliche Erledigung der zwischen Arbeitgebern und Arbeitern über die billigen Bedingungen des Arbeitsvertrages entstehenden Meinungsverschiedenheiten zu erleichtern, und die für beide Theile mit schweren Opfern verbundenen Arbeitseinstellungen thunlichst zu vermeiden oder, wo sie entstanden sind, möglichst rasch zu beseitigen. Die Hoffnung, daß es den Gewerbegerichten gelingen wird, durch eine auf Sachkunde beruhende unparteiische Rechtsprechung das Vertrauen der Arbeitgeber und Arbeiter zu gewinnen, läßt es gerechtfertigt erscheinen, sie zu einer Thätigkeit zu berufen, deren Erfolg in erster Linie durch die Vertrautheit mit den Beziehungen zwischen Arbeitgebern und Arbeitern und durch das Vertrauen der Betheiligten bedingt ist." Mot. S. 18, 19.

In der Session 1898/99 wurden im Reichstage zwei Anträge — Agster und Genossen (Nr. 36 der Drucks.) und Trimborn, Dr. Hitze (Nr. 85 Ziffer 2 der Drucks.) — auf Aenderung des Gewerbegerichtsgesetzes eingebracht und in der Sitzung vom 18. und 25. Januar 1899 in erster Lesung verhandelt. Während der erste Antrag abgelehnt wurde, wurde der zweite einer Kommission (VII) zur Vorbereitung überwiesen, welche einen vollständigen Gesetzentwurf zur Abänderung des Gesetzes ausarbeitete. Der von ihr erstattete Bericht — Nr. 286 der Drucksachen — kam nicht zur Verhandlung im Plenum. In der Session 1900/1 wurden wiederum von zwei Seiten Gesetzentwürfe zur Abänderung des Gewerbegerichtsgesetzes eingebracht, einer von den Abgg. Albrecht und Gen. (Nr. 74 der Drucks.) und einer von dem Abg. Trimborn (Nr. 45 der Drucks.). Der Reichstag verhandelte über beide Anträge in erster Lesung in der Sitzung vom 11. und 16. Januar 1901 (Sten. Bericht S. 608—628, 725—743) und verwies beide an eine Kommission

(XII). Ueber den von derselben erstatteten Bericht (Nr. 299 der Drucks.) wurde am 9. und 10. Mai 1901 in zweiter und am 13. Mai 1901 in dritter Lesung verhandelt (Sten. Bericht S. 2646—2671, 2676—2698, 2729—2731). Nachdem der Bundesrath den Beschlüssen des Reichstags zugestimmt hatte, wurde das „Gesetz zur Abänderung des Gesetzes betreffend die Gewerbegerichte vom 29. Juli 1890" am 30. Juni 1901 Allerhöchst vollzogen und in der am 2. Juli 1901 in Berlin ausgegebenen Nr. 29 des Reichsgesetzblatts auf S. 249—256 verkündet. Nach Artikel 4 tritt die Novelle am 1. Januar 1902 in Kraft. Nach Artikel 1 erhält das Gesetz die Ueberschrift „Gewerbegerichtsgesetz". Auf Grund der in Artikel 3 Abs. 1 dem Reichskanzler ertheilten Ermächtigung wurde der Text des „Gewerbegerichtsgesetzes" in der vom 1. Januar 1902 an geltenden Fassung am 29. September 1901 in der am 8. Oktober in Berlin ausgegebenen Nr. 41 des Reichsgesetzblatts auf S. 353—375 bekannt gemacht.

Die wesentlichen Aenderungen der Novelle sind folgende:

Für Gemeinden mit mehr als 20000 Einwohnern ist die Errichtung des Gewerbegerichts obligatorisch (§. 1a, jetzt §. 2); die sachliche Zuständigkeit des Gewerbegerichts ist genauer bestimmt (§. 3, jetzt

§. 4); Schiedsverträge, durch welche die Zuständigkeit des Gewerbegerichts ausgeschlossen wird, sind nur unter bestimmten Bedingungen rechtswirksam (§. 5, jetzt §. 6 Abs. 2); für den Vorsitzenden des Gewerbegerichts ist das Erforderniß, daß er seit mindestens 2 Jahren im Bezirke wohnen oder beschäftigt sein müsse, fortgefallen (§. 10, jetzt §. 11 Abs. 1), desgleichen für die Theilnehmer an den Beisitzerwahlen das Erforderniß, daß Wohnung oder Beschäftigung im Bezirk seit einem Jahre bestehen muß (§. 13, jetzt §. 14 Abs. 1). Es können die Grundsätze der Verhältniß-(Proportional-) wahl eingeführt und dabei die Stimmabgabe auf Vorschlagslisten beschränkt werden (§. 13a, jetzt §. 15). Der Begriff „Arbeitgeber" wird dahin bestimmt, daß mindestens ein Arbeiter regelmäßig das Jahr hindurch oder zu gewissen Zeiten des Jahres beschäftigt werden muß (§. 14, jetzt §. 16 Abs. 1). Ein Beisitzer, der erst nach vollzogener Wahl Mitglied einer Innung wird bezw. bei einem Innungsmeister in Arbeit tritt, bleibt bis zur nächsten Wahl im Amte (§. 19, jetzt §. 21). Oertlich zuständig ist neben dem Gericht des Erfüllungsorts auch das der gewerblichen Niederlassung des Arbeitgebers oder des Wohnsitzes beider Parteien (§. 25 jetzt 27). Bei Ausbleiben einer Partei in einem zur Fortsetzung der mündlichen Verhandlung angesetzten Termin findet künftig das gewöhnliche Versäumnißverfahren statt, es ergeht Versäumnißurtheil, nicht Endurtheil (§. 40, jetzt 42 Abs. 6), die §§. 41 u. 42 sind gestrichen. Das Vorhandensein von Mängeln des Wahlverfahrens oder von die Wählbarkeit eines Beisitzers ausschließenden Gründen außer Unfähigkeit zum Schöffenamt begründet keine Anfechtung (§. 55a, jetzt 56). Erfolgt die Anrufung des Einigungsamtes nur von einer Seite, so soll der Vorsitzende auch die andere Seite zur Anrufung zu bestimmen suchen, überhaupt in allen Fällen von Streitigkeiten auf die Anrufung hinwirken; falls die Anrufung auch nur von einer Seite erfolgt, darf er zur Einleitung der Verhandlungen oder in deren Verlauf betheiligte Personen unter Androhung von Geldstrafen bis zu 100 Mark vorladen (§§. 62a—c, jetzt 64—66). Beim Einigungsamt treten an Stelle der Beisitzer Vertrauensmänner der Parteien; der Vorsitzende kann 1—2 unbetheiligte Personen als Beisitzer mit berathender Stimme zuziehen (§. 63, jetzt 67). Wenn bei einer Streitigkeit nur Innungsmitglieder und deren Arbeiter betheiligt sind und für die Innung ein Einigungsamt besteht, so ist das Gewerbegericht nur zuständig, wenn beide Parteien es als Einigungsamt anrufen (§. 69a, jetzt 74). Das Gewerbegericht kann in gewerblichen Fragen

Anträge auch an die gesetzgebenden Körperschaften der Bundesstaaten und des Reichs richten (§. 70, jetzt 75). Auch die örtliche Zuständigkeit des Gemeindevorstehers ist ausgedehnt (§. 71, jetzt 76, Abs. 1). In dem Verfahren des Gemeindevorstehers darf die Leistung von Diensten aus dem Dienstvertrag durch Geldstrafe nicht erzwungen werden (§. 73, jetzt 78, Satz 2). Die Vorschriften über die bindende Wirkung einer rechtskräftigen Entscheidung über die Unzuständigkeit findet auch im Verhältniß der Innungen, Innungsschiedsgerichte und auf landesrechtlichen Vorschriften beruhenden Gewerbegerichte zu den Gewerbegerichten und ordentlichen Gerichten Anwendung (§. 80a, jetzt 86).

In Nachstehendem sollen die Hauptgrundzüge des Gesetzes, wie es durch die Novelle gestaltet ist, unter Weglassung aller weniger wichtigen Bestimmungen kurz skizzirt werden:

Der erste, von der Errichtung und Zusammensetzung des Gewerbegerichts handelnde Abschnitt überläßt die Einsetzung derartiger Gerichte der statutarischen Bestimmung der Gemeinden oder weiteren Kommunalverbände mit Genehmigung der höheren staatlichen Organe. In Gemeinden mit mehr als 20000 Einwohnern muß ein Gewerbegericht errichtet werden, erforderlichen Falls haben die Landescentralbehörden die Errichtung anzuordnen. Auch sonst ist diesen die Möglichkeit gewährt, auf Antrag betheiligter Arbeitgeber oder Arbeiter dem Bedürfnisse nach Einführung eines Gewerbegerichts bei Säumniß der Gemeinde 2c. selbständig gerecht zu werden. Der Kreis der den Gewerbegerichten zugewiesenen Streitigkeiten und unterworfenen Personen ist im Wesentlichen — mit kleinen Erweiterungen — dem bisherigen Rechtszustande entsprechend abgegrenzt. Die Kosten der Einrichtung und Unterhaltung fallen, soweit sie nicht durch Gebühren, Kosten und Strafen Deckung finden, der Gemeinde 2c. zur Last.

Das Gewerbegericht, dessen Zuständigkeit die der ordentlichen Gerichte ausschließt, besteht im einzelnen Falle aus einem Vorsitzenden und mindestens zwei Beisitzern. Den Vorsitzenden wählt der Magistrat, eventuell die Vertretung der Gemeinde 2c.; seine Wahl bedarf staatlicher Bestätigung; Personen, welche für ihr Hauptamt bereits landesherrlich oder staatlich bestätigt oder ernannt sind, unterliegen für die Dauer dieses Hauptamts keiner weiteren Bestätigung. Die Beisitzer gehen je zur Hälfte aus direkter und geheimer Wahl der Arbeitgeber und Arbeiter hervor; Regelung nach den Grundsätzen der Verhältnißwahl ist zulässig. Ebenso wie der Vorsitzende sollen sie das 30. Lebensjahr zurückgelegt und in dem der Wahl vorangegangenen Jahre für sich oder ihre Familie Armenunterstützung aus öffentlichen Mitteln nicht empfangen oder doch die empfangene Unterstützung erstattet haben; außerdem ist für die Beisitzer mindestens zweijährige Wohnung oder Beschäftigung im Bezirke des Gerichts vorgeschrieben. Vom aktiven und passiven Wahlrecht sind Personen, welche zum Amt eines Schöffen unfähig sind, damit also auch Frauen, ausgeschlossen; für das aktive Wahlrecht ist ferner ein Alter von 25 Jahren, sowie Wohnung oder Beschäftigung im Gerichtsbezirke erforderlich. Die Beisitzer, welche die Uebernahme ihres Amtes nur aus bestimmten Gründen ablehnen dürfen, erhalten Vergütung für Reisekosten und Zeitversäumniß. Ein Mitglied des Gewerbegerichts, welches seine Amtspflicht gröblich verletzt, kann im Wege des Strafprozesses seines Amts entsetzt werden.

Der zweite Abschnitt regelt das Verfahren vor dem Gewerbegericht, und zwar im Wesentlichen nach den für das amtsgerichtliche Verfahren geltenden Vorschriften, jedoch mit einzelnen erheblichen Abweichungen, welche auf Vereinfachung und Beschleunigung der Prozedur hinzielen. Insbesondere ist der Grundsatz durchgeführt, daß der Betrieb des Rechtsstreits nicht den Parteien, sondern den Gerichten obliegt und daher Ladungen und Zustellungen regelmäßig von Amtswegen erfolgen.

Für letztere sind vereinfachte Formen zugelassen. Zuständig ist das Gewerbegericht, in dessen Bezirk die streitige Verpflichtung zu erfüllen ist oder die gewerbliche Niederlassung des Arbeitgebers sich befindet, oder beide Parteien ihren Wohnsitz haben. Der erste Termin kann ohne Zuziehung der Beisitzer abgehalten werden; beim Ausbleiben einer Partei ergeht dann auf Antrag ein Versäumnißurtheil; erscheinen beide Parteien, so darf, wenn nicht ein Vergleich zu Stande kommt oder eine Zurücknahme der Klage, ein Verzicht auf den Klageanspruch oder ein Anerkenntniß desselben erfolgt, eine Entscheidung nur ergehen, wenn dieselbe sofort erfolgen kann und beide Parteien sie beantragen; anderenfalls ist die Verhandlung vor das voll besetzte Gewerbegericht zu verweisen. Die Vertretung der Parteien durch Rechtsanwälte und Personen, welche das Verhandeln vor Gericht geschäftsmäßig betreiben, ist unzuläßig. Dem Gewerbegericht steht die Befugniß zur Abnahme von Parteieiden, sowie zur eidlichen Vernehmung von Zeugen und Sachverständigen zu. Der Vorsitzende kann das persönliche Erscheinen der Parteien zur Vermeidung von Geldstrafe bis zu 100 Mark anordnen.

Gegen Versäumnißurtheile ist binnen dreitägiger Frist der Einspruch zugelassen. Endurtheile unterliegen nur dann der Anfechtung, wenn der Werth des Streitgegenstandes den Betrag von 100 Mark übersteigt; die Anfechtung erfolgt durch Berufung an das Landgericht, in dessen Bezirk das Gewerbegericht seinen Sitz hat. Dasselbe Gericht ist zur Entscheidung von Beschwerden gegen Entscheidungen des Gewerbegerichts, abgesehen von Endurtheilen, berufen; die Zulässigkeit der Beschwerde bestimmt sich, ohne Rücksicht auf die Höhe des Streitgegenstandes, im Allgemeinen nach den Vorschriften der Civilprozeßordnung. Außerdem kann ein durch rechtskräftiges Endurtheil des Gewerbegerichts geschlossenes Verfahren, ebenso wie ein amtsgerichtliches Urtheil, durch die Nichtigkeits- und Restitutionsklage wieder aufgenommen werden. Doch ist das Vorhandensein von Mängeln des Wahlverfahrens oder von die Wählbarkeit eines Beisitzers ausschließenden Gründen außer Unfähigkeit zum Schöffenamt kein Anfechtungsgrund.

Die der Berufung oder dem Einspruch unterliegenden Endurtheile sind von Amtswegen für vorläufig vollstreckbar zu erklären, wenn der Gegenstand der Verurtheilung an Geld oder Geldeswerth 300 Mark nicht übersteigt, sowie stets, wenn sie den Antritt, die Fortsetzung oder Aufhebung des Arbeitsverhältnisses, die Aushändigung oder den Inhalt des Arbeitsbuches oder Zeugnisses betreffen. Die Vollstreckung der Endurtheile und Vergleiche erfolgt in derselben Weise wie die der gerichtlichen Entscheidungen, und ebenso finden die Vorschriften der C.P.O. auf Arreste und einstweilige Verfügungen Anwendung. Das Gewerbegericht tritt hierbei nur insoweit in Thätigkeit, als die C.P.O. dem Prozeßgericht gewisse Funktionen zuweist; als Vollstreckungsgericht im Sinne des §. 764 C.P.O. ist das Amtsgericht zuständig. Als Vollstreckungsorgane dienen die von den Parteien zu beauftragenden Gerichtsvollzieher.

Für die Verhandlung des Rechtsstreits vor dem Gewerbegerichte wird regelmäßig eine nach dem Werthe des Streitgegenstandes abgestufte Gebühr erhoben; daneben kommen baare Auslagen in Ansatz, jedoch nicht für Zustellungen und Schreibgebühren. Durch das Statut kann aber vorgeschrieben werden, daß geringere oder gar keine Kosten erhoben werden.

Nach dem dritten Abschnitt tritt das Gewerbegericht als Einigungsamt in Thätigkeit, wenn es bei Streitigkeiten, welche zwischen Arbeitgebern und Arbeitern über die Bedingungen der Fortsetzung oder Wiederaufnahme des Arbeitsverhältnisses entstehen, von beiden Theilen angerufen wird. Der Vorsitzende soll bei solchen Streitigkeiten auf die Anrufung hinwirken. Er kann, wenn das Einigungsamt auch nur von einer Seite angerufen ist, zur

Einleitung der Verhandlungen oder in deren Verlauf betheiligte Personen unter Androhung von Geldstrafe bis zu 100 Mark vorladen. Das Einigungsamt besteht aus dem Vorsitzenden und Vertrauensmännern beider Parteien in gleicher Zahl. Die Vertretung der Parteien durch eine beschränkte Zahl von Abgesandten ist näher geregelt. Richterliche Befugnisse in dem Sinne, daß die Entscheidung zwangsweise vollstreckt werden kann, stehen dem Einigungsamt nicht zu; es hat vielmehr zunächst auf eine Vereinbarung der streitenden Theile hinzuwirken, und falls eine solche zu Stande kommt, dieselbe zu veröffentlichen. Anderenfalls soll es über alle streitigen Fragen einen Schiedsspruch abgeben, der den Vertretern der Parteien zur Erklärung mitzutheilen ist; die Nichtabgabe einer Erklärung innerhalb der bestimmten Frist gilt als Ablehnung der Unterwerfung. Wenn bei der Abstimmung über den Schiedsspruch die Stimmen der Beisitzer und der Vertrauensmänner beider Parteien sich durchweg gegenüberstehen, so kann der Vorsitzende, statt seine Stimme abzugeben, sich auf die Feststellung beschränken, daß ein Schiedsspruch nicht zu Stande gekommen ist. Das Resultat der Verhandlungen ist stets öffentlich bekannt zu machen.

Der vierte Abschnitt (Gutachten und Anträge der Gewerbegerichte) verpflichtet das

Gewerbegericht, auf Ersuchen von Staatsbehörden oder des Vorstandes des betr. Kommunalverbandes Gutachten über gewerbliche Fragen zu erstatten, und berechtigt es, in solchen gewerblichen Fragen Anträge an Behörden, Vertretungen von Kommunalverbänden und gesetzgebende Körperschaften zu richten.

Der fünfte Abschnitt (Verfahren vor dem Gemeindevorsteher) trifft Fürsorge für den Fall, daß ein Gewerbegericht nicht vorhanden ist. Während nach §. 120a der Gewerbeordnung vom 17. Juli 1878 beim Mangel einer anderen zuständigen Stelle die Entscheidung der Gemeindebehörde angerufen werden mußte, können jetzt die Parteien, denen ein zuständiges Gewerbegericht nicht zur Verfügung steht, direkt das ordentliche Gericht anrufen; es kann aber auch, jedoch nur, soweit es sich um den Antritt, die Fortsetzung oder die Auflösung des Arbeitsverhältnisses, die Aushändigung oder den Inhalt des Arbeitsbuches oder Zeugnisses, sowie um die Berechnung und Anrechnung der Krankenversicherungsbeiträge und Eintrittsgelder handelt, die vorläufige Entscheidung des Gemeindevorstehers nachgesucht werden, welche zu erlassen ist, nachdem den Parteien Gelegenheit gegeben worden ist, ihre Ausführungen und Beweismittel in einem Termine vorzubringen, und in Rechtskraft übergeht, falls nicht binnen 10 Tagen von der Verkündung, ev. bei Abwesenheit einer Partei für diese von der Behändigung ab gerechnet, die Klage beim ordentlichen Gericht erhoben wird. Die Entscheidung ist regelmäßig für vorläufig vollstreckbar zu erklären und wird, ebenso wie die der vor dem Gemeindevorsteher abgeschlossenen Vergleiche, auf Antrag der Partei und Ersuchen des Gemeindevorstehers durch die Ortspolizeibehörde zur Ausführung gebracht.

In den Schlußbestimmungen (sechster Abschnitt) sind insbesondere einige den eigenthümlichen Verhältnissen des Bergbaues Rechnung tragende Sondervorschriften über die für derartige Betriebe errichteten Gewerbegerichte gegeben, sowie ferner die Betriebe der Militär- und Marineverwaltung und die Gehülfen und Lehrlinge in Apotheken und Handelsgeschäften von den Bestimmungen des Gesetzes ausgeschlossen; außerdem ist das Recht der Innungen zur Einrichtung besonderer Schiedsgerichte, sowie zur Entscheidung von Lehrlingsstreitigkeiten, auch beim Vorhandensein eines Gewerbegerichts, gesichert. Neben den auf Grund des Reichsgesetzes errichteten Gewerbegerichten sind die auf Grund der Landesgesetze vor dem 1. April 1891 errichteten, zur Entscheidung von Gewerbestreitigkeiten berufenen besonderen Behörden (z. B. die rheinischen Gewerbegerichte) bestehen geblieben, soweit ihre Zusammensetzung bis zum 1. April 1892 dahin geregelt war, daß ihre Beisitzer zur Hälfte aus Arbeitgebern, zur Hälfte aus Arbeitnehmern, die durch unmittelbare und geheime Wahl berufen sind, bestehen. Die auf Grund des §. 120a Abs. 3 der Gewerbeordnung vom 17. Juli 1878 errichteten Schiedsgerichte mußten bis zum 1. Juni 1891 nach den Vorschriften des Gewerbegerichtsgesetzes umgestaltet sein.

Das Gesetz ist am 1. April 1891 in Kraft getreten, die Novelle tritt am 1. Januar 1902 in Kraft.

(Nr. 2780.)

Gesetz zur
Abänderung des Gesetzes, betreffend die Gewerbegerichte, vom 29. Juli 1890.

Vom 30. Juni 1901.

(R.G.Bl. 1901 Nr. 29 S. 249—256.)

Wir **Wilhelm**, von Gottes Gnaden Deutscher Kaiser, König von Preußen rc.

verordnen im Namen des Reichs, nach erfolgter Zustimmung des Bundesraths und des Reichstags, was folgt:

Artikel 1.

Das Gesetz, betreffend die Gewerbegerichte, vom 29. Juli 1890 (Reichs-Gesetzbl. S. 141) erhält die Ueberschrift:

Gewerbegerichtsgesetz

und wird geändert, wie folgt:[1])

I. Hinter §. 1 wird folgender neuer Paragraph eingestellt:

---

[1]) Die Aenderungen im Text sind durch gesperrten Druck hervorgehoben.

§. 1a.

Für Gemeinden, welche nach der jeweilig letzten Volkszählung mehr als zwanzigtausend Einwohner haben, muß ein Gewerbegericht errichtet werden. Die Landes-Zentralbehörde hat erforderlichen Falles die Errichtung nach Maßgabe der Vorschriften des §. 1 Abs. 5 anzuordnen, ohne daß es eines Antrags betheiligter Arbeitgeber oder Arbeiter bedarf.

II. Der §. 3 Abs. 1 erhält folgende Fassung:

Die Gewerbegerichte sind ohne Rücksicht auf den Werth des Streitgegenstandes zuständig für Streitigkeiten:

1. über den Antritt, die Fortsetzung oder die Auflösung des Arbeitsverhältnisses sowie über die Aushändigung oder den Inhalt des Arbeitsbuchs, Zeugnisses, Lohnbuchs, Arbeitszettels oder Lohnzahlungsbuchs,
2. über die Leistungen aus dem Arbeitsverhältnisse,
3. über die Rückgabe von Zeugnissen, Büchern, Legitimations-

papieren, Urkunden, Geräthschaften, Kleidungsstücken, Kautionen und dergleichen, welche aus Anlaß des Arbeitsverhältnisses übergeben worden sind,

4. über Ansprüche auf Schadensersatz oder auf Zahlung einer Vertragsstrafe wegen Nichterfüllung oder nicht gehöriger Erfüllung der Verpflichtungen, welche die unter Nr. 1 bis 3 bezeichneten Gegenstände betreffen, sowie wegen gesetzwidriger oder unrichtiger Eintragungen in Arbeitsbücher, Zeugnisse, Lohnbücher, Arbeitszettel, Lohnzahlungsbücher, Krankenkassenbücher oder Quittungskarten der Invalidenversicherung,

5. über die Berechnung und Anrechnung der von den Arbeitern zu leistenden Krankenversicherungsbeiträge und Eintrittsgelder (§§. 53a, 65, 72, 73 des Krankenversicherungsgesetzes),

6. über die Ansprüche, welche auf Grund der Uebernahme einer gemeinsamen

Arbeit von Arbeitern desselben Arbeitgebers gegen einander erhoben werden.

III. Im §. 4 Abs. 1 Satz 1 werden die Worte „§. 3 Nr. 1 bis 3" ersetzt durch die Worte:

„§. 3 Abs. 1 Nr. 1 bis 5"

und im Satze 2 die Worte „§. 3 Nr. 4" durch die Worte:

„§. 3 Abs. 1 Nr. 6".

IV. Dem §. 5 wird folgende Vorschrift als Abs. 2 hinzugefügt:

Schiedsverträge, durch welche die Zuständigkeit der Gewerbegerichte für künftige Streitigkeiten ausgeschlossen wird, sind nur dann rechtswirksam, wenn nach dem Schiedsvertrage bei der Entscheidung von Streitigkeiten Arbeitgeber und Arbeiter in gleicher Zahl unter einem Vorsitzenden mitzuwirken haben, welcher weder Arbeitgeber oder Angestellter eines betheiligten Arbeitgebers, noch Arbeiter ist.

V. Der §. 10 erhält folgende Fassung:

Zum Mitglied eines Gewerbegerichts soll nur berufen werden, wer das dreißigste Lebensjahr vollendet und in dem der Wahl vorangegangenen Jahre für sich oder seine Familie Armenunterstützung aus öffentlichen Mitteln nicht empfangen oder die empfangene Armenunterstützung erstattet hat. Als Beisitzer soll nur berufen werden, wer in dem Bezirke des Gerichts seit mindestens zwei Jahren wohnt oder beschäftigt ist.

Personen, welche zum Amte eines Schöffen unfähig sind (Gerichtsverfassungsgesetz §§. 31, 32), können nicht berufen werden.

VI. Der §. 13 wird durch folgende Vorschriften ersetzt:

§. 13.

Zur Theilnahme an den Wahlen (§. 12) ist nur berechtigt, wer das fünfundzwanzigste Lebensjahr vollendet und in dem Bezirke des Gewerbegerichts Wohnung oder Beschäftigung hat. Die im §. 10 Abs. 2 bezeichneten Personen sind nicht wahlberechtigt.

Ist die Zuständigkeit des Gewerbegerichts auf bestimmte Arten von Gewerbe- oder Fabrikbetrieben beschränkt (§. 6 Abs. 1), so sind nur die Arbeitgeber und Arbeiter dieser Betriebe wählbar und wahlberechtigt.

Mitglieder einer Innung, für welche ein Schiedsgericht in Gemäßheit des §. 81b Nr. 4 und der §§. 91 bis 91b der Gewerbeordnung errichtet ist, sowie deren Arbeiter sind weder wählbar noch wahlberechtigt.

§. 13a.

Die näheren Bestimmungen über die Wahl und das Verfahren bei derselben werden durch das Statut getroffen. Es kann insbesondere festgesetzt werden, daß bestimmte gewerbliche Gruppen je einen oder mehrere Beisitzer zu wählen haben. Auch ist eine Regelung nach den Grundsätzen der Verhältnißwahl zulässig; dabei kann die Stimmabgabe auf Vorschlagslisten beschränkt werden, die bis zu einem im Statute festgesetzten Zeitpunkte vor der Wahl einzureichen sind.

Ist in dem Statute bestimmt,

daß die Gemeindebehörde Wahllisten aufzustellen hat, so sind die Polizeibehörden sowie Krankenkassen, welche im Bezirke des Gewerbegerichts bestehen oder eine örtliche Verwaltungsstelle haben, verpflichtet, der Gemeindebehörde auf Verlangen die für die Fertigung der Wählerliste für Arbeitgeber und Arbeitnehmer erforderlichen Auskünfte zu geben, insbesondere Einsicht der Mitgliederverzeichnisse beziehungsweise der Gewerbeanzeigen zu gewähren.

VII. Der §. 14 Abs. 1 wird durch folgende Vorschrift ersetzt:

Als Arbeitgeber im Sinne der §§. 11 bis 13 gelten diejenigen selbständigen Gewerbetreibenden, welche mindestens einen Arbeiter (§. 2) regelmäßig das Jahr hindurch oder zu gewissen Zeiten des Jahres beschäftigen. Den Arbeitgebern stehen im Sinne der bezeichneten Vorschriften die mit der Leitung eines Gewerbebetriebs oder eines bestimmten Zweiges desselben betrauten Stellvertreter der selbständigen Gewerbetreibenden gleich, sofern sie nicht nach §. 2 Abs. 2 als Arbeiter gelten.

VIII. Im §. 19 wird zwischen Abs. 1 und 2 folgender neuer Absatz eingeschoben:

Aus den Arbeitgebern entnommene Beisitzer, die erst nach ihrer Wahl Mitglied einer im §. 13 Abs. 3 bezeichneten Innung werden, sowie aus den Arbeitern entnommene Beisitzer, die erst nach ihrer Wahl bei einem Mitglied einer solchen Innung in Arbeit treten, bleiben bis zur nächsten Wahl im Amte.

IX. Der §. 25 wird durch folgende Vorschriften ersetzt:

§. 25.

Zuständig ist dasjenige Gewerbegericht, in dessen Bezirke die streitige Verpflichtung zu erfüllen ist oder sich die gewerbliche Niederlassung des Arbeitgebers befindet oder beide Parteien ihren Wohnsitz haben.

Unter mehreren zuständigen Gewerbegerichten hat der Kläger die Wahl.

X. Der §. 31 Abs. 4 wird gestrichen.

XI. Der §. 40 erhält folgenden Zusatz:

Erscheinen in dem zur Fortsetzung der Verhandlung bestimmten Termine die Parteien oder eine derselben nicht, so finden die Vorschriften der §§. 37, 38 Anwendung, auch wenn eine Beweisaufnahme vorausgegangen war.

XII. Die §§. 41 und 42 werden gestrichen.

XIII. Im §. 49 Abs. 1 erhält die Nr. 4 folgende Fassung:

4. der Spruch des Gerichts in der Hauptsache und in Betreff der Kosten. Der Betrag der letzteren mit Einschluß einer der obsiegenden Partei etwa zu gewährenden Entschädigung für Zeitversäumniß soll, soweit sie sofort zu ermitteln sind, im Urtheile festgestellt werden.

XIV. Im §. 52 wird der Abs. 2 gestrichen.

XV. Hinter §. 55 wird folgender neuer Paragraph eingestellt:

§. 55a.

Die Anfechtung einer Entscheidung des Gewerbegerichts kann auf Mängel des Verfahrens bei der Wahl der Beisitzer oder auf Umstände, welche die Wählbarkeit eines Beisitzers zu dem von ihm bekleideten Amte nach Maßgabe dieses Gesetzes ausschließen, nicht gestützt werden. Diese Vorschrift findet keine Anwendung, wenn die Anfechtung darauf gestützt wird, daß ein Beisitzer zu den im §. 10 Abs. 2 bezeichneten Personen gehöre.

XVI. Der §. 61 erhält folgende Fassung:

Das Gewerbegericht kann bei Streitigkeiten zwischen Arbeitgebern und Arbeitern über die Bedingungen der Fortsetzung oder Wiederaufnahme des Arbeitsverhältnisses als Einigungsamt angerufen werden.

XVII. Hinter §. 62 werden folgende neuen Paragraphen eingestellt:

§. 62a.

Erfolgt die Anrufung nur von

einer Seite, so soll der Vorsitzende dem anderen Theile oder dessen Stellvertretern oder Beauftragten Kenntniß geben und zugleich nach Möglichkeit dahin wirken, daß auch dieser Theil sich zur Anrufung des Einigungsamts bereit findet.

§. 62b.

Auch in anderen Fällen soll der Vorsitzende bei Streitigkeiten der im §. 61 bezeichneten Art auf die Anrufung des Einigungsamts hinzuwirken suchen und dieselbe den Betheiligten bei geeigneter Veranlassung nahe legen.

§. 62c.

Der Vorsitzende ist befugt, zur Einleitung der Verhandlung und in deren Verlauf an den Streitigkeiten betheiligte Personen vorzuladen und zu vernehmen. Er kann hierbei, wenn das Einigungsamt gemäß §. 62 oder §. 62a angerufen worden ist, für den Fall des Nichterscheinens eine Geldstrafe bis zu einhundert Mark androhen. Gegen die Festsetzung der Strafe findet Beschwerde nach den Bestimmungen der Civilprozeßordnung statt.

Eine Vertretung betheiligter Personen durch deren allgemeine Stellvertreter (§. 45 der Gewerbeordnung), Prokuristen oder Betriebsleiter ist zulässig.

XVIII. Der §. 63 erhält folgende Fassung:

Das Gewerbegericht, welches als Einigungsamt thätig wird, besteht neben dem Vorsitzenden aus Vertrauensmännern der Arbeitgeber und der Arbeiter in gleicher Zahl.

Die Vertrauensmänner sind von den Betheiligten zu bezeichnen. Erfolgt die Bezeichnung nicht, so werden die Vertrauensmänner durch den Vorsitzenden ernannt.

Einigen sich die Betheiligten über die Zahl der zuzuziehenden Vertrauensmänner nicht, so ist die Zahl derselben von dem Vorsitzenden auf mindestens zwei für jeden Theil zu bestimmen.

Die Vertrauensmänner dürfen nicht zu den Betheiligten gehören.

Der Vorsitzende ist befugt, eine oder zwei unbetheiligte Personen als Beisitzer mit berathender Stimme zuzuziehen; vor der Zuziehung sind die beiden Theile zu hören.

XIX. Im §. 64 erhält der zweite Satz des Abs. 1 folgende Fassung:

Das Einigungsamt oder, im Falle des §. 62a der Vorsitzende des Gewerbegerichts ist befugt, zur Aufklärung der in Betracht kommenden Verhältnisse Auskunftspersonen vorzuladen und zu vernehmen.

XX. Im §. 67 Abs. 2 Satz 2 werden die Worte „Beisitzer und" gestrichen.

XXI. Hinter §. 69 wird folgender neuer Paragraph eingestellt:

§. 69a.

Das Gewerbegericht als Einigungsamt ist nicht zuständig, wenn bei der Streitigkeit ausschließlich Innungsmitglieder und deren Arbeiter betheiligt sind, und für die

Innung zur Erfüllung der im §. 81a Nr. 2 der Gewerbeordnung bezeichneten Aufgabe ein besonderes Einigungsamt besteht, dessen Zusammensetzung und Thätigkeit durch das Statut entsprechend den Bestimmungen der §§. 62 bis 69 dieses Gesetzes geregelt sind. Rufen beide Theile das Gewerbegericht als Einigungsamt an, so ist dieses auch bei solchen Streitigkeiten zuständig.

XXII. Der §. 70 erhält folgende Fassung:

Das Gewerbegericht ist verpflichtet, auf Ansuchen von Staatsbehörden oder des Vorstandes des Kommunalverbandes, für welchen es errichtet ist, Gutachten über gewerbliche Fragen abzugeben.

Das Gewerbegericht ist berechtigt, in gewerblichen Fragen Anträge an Behörden, an Vertretungen von Kommunalverbänden und an die gesetzgebenden Körperschaften der Bundesstaaten oder des Reichs zu richten.

Zur Vorbereitung oder Abgabe von Gutachten sowie zur Vorbereitung von Anträgen können Ausschüsse aus der Mitte des Gewerbegerichts gebildet werden.

Diese Ausschüsse müssen, sofern es sich um Fragen handelt, welche die Interessen beider Theile berühren, zu gleichen Theilen aus Arbeitgebern und Arbeitern zusammengesetzt sein.

Das Nähere bestimmt das Statut.

XXIII. Der §. 71 Abs. 1 erhält folgende Fassung:

Ist ein zuständiges Gewerbegericht nicht vorhanden, so kann bei Streitigkeiten der im §. 3 Abs. 1 Nr. 1 und 5 bezeichneten Art jede Partei die vorläufige Entscheidung durch den Vorsteher der Gemeinde (Bürgermeister, Schultheiß, Ortsvorsteher u. s. w.) nachsuchen. Zuständig ist der Vorsteher der Gemeinde, in deren Bezirke die streitige Verpflichtung aus dem Arbeitsverhältnisse zu erfüllen ist oder sich die gewerbliche Niederlassung des Arbeitgebers befindet oder beide Parteien ihren Wohnsitz haben.

XXIV. Im §. 73 erhält der zweite Satz folgende Fassung:

Ein unmittelbarer Zwang zur Vornahme einer Handlung ist nur im Falle des §. 127 d der Gewerbeordnung zulässig; die Leistung von Diensten aus einem Dienstvertrage kann durch Geldstrafen nicht erzwungen werden.

XXV. Im §. 77 Abs. 2 Ziffer 6 wird statt §. 63 Abs. 3 gesetzt: §. 63 Abs. 4.

XXVI. Der §. 78 wird durch folgende Vorschriften ersetzt:

§. 78.

Soweit nach den Vorschriften des Krankenversicherungsgesetzes die Entscheidung von Streitigkeiten über die Berechnung und Anrechnung von Versicherungsbeiträgen und Eintrittsgeldern in Gemäßheit dieses Gesetzes zu erfolgen hat, finden die Vorschriften der §§. 71 bis 75 auch dann Anwendung, wenn es sich um Versicherungsbeiträge anderer als der im §. 2 bezeichneten Arbeiter handelt. Die Zuständigkeit des Gemeindevorstehers wird in diesem Falle nicht dadurch ausgeschlossen, daß ein Gewerbegericht für die Gemeinde errichtet ist.

XXVII. Im §. 79 wird der Abs. 3 gestrichen.

XXVIII. Hinter §. 80 wird folgende Vorschrift eingestellt:

§. 80a.

In dem Verhältnisse der Innungen, der Innungsschiedsgerichte und der im §. 80 bezeichneten Gewerbegerichte zu den ordentlichen Gerichten und zu den gemäß §. 1 errichteten Gewerbegerichten finden die Vorschriften des §. 26 entsprechende Anwendung.

Artikel 2.

Rechtsstreitigkeiten, die vor dem Inkrafttreten dieses Gesetzes anhängig geworden sind, werden nach den bisherigen Vorschriften erledigt.

Artikel 3.

Der Reichskanzler wird ermächtigt, den Text des Gewerbegerichtsgesetzes, wie er sich aus den im Artikel 1 vorgesehenen Aenderungen ergiebt, unter fortlaufender Nummernfolge der Paragraphen und unter Weglassung des §. 81 durch das Reichs-Gesetzblatt bekannt zu machen. Hierbei sind den Verweisungen auf die Vorschriften der Civilprozeßordnung und der Gewerbeordnung diese Gesetze in ihrer gegenwärtigen Fassung zu Grunde zu legen.

Soweit in anderen Gesetzen auf Vorschriften des Gesetzes, betr. die Gewerbegerichte, vom 29. Juli 1890 verwiesen ist, treten die entsprechenden Vorschriften des vom Reichskanzler bekannt gemachten Textes an ihre Stelle.

Artikel 4.

Die Vorschriften der Artikel 1 und 2 treten am 1. Januar 1902 in Kraft.

Urkundlich unter Unserer Höchsteigenhändigen Unterschrift und beigedrucktem Kaiserlichen Insiegel.

Gegeben an Bord Meiner Yacht „Hohenzollern", Travemünde, den 30. Juni 1901.

(L. S.) **Wilhelm.**

Graf von Bülow.

(Nr. 2801.)

Gewerbegerichtsgesetz.

Vom 29. Juli 1890 / 30. Juni 1901

in der Fassung der Bekanntmachung vom 29. September 1901.

(R.G.Bl. 1901 Nr. 41 S. 353—375.)

Erster Abschnitt.

Errichtung und Zusammensetzung der Gewerbegerichte.

§. 1.

Für die Entscheidung von gewerblichen Streitig- 1.
keiten zwischen Arbeitern einerseits und ihren Arbeitgebern andererseits sowie zwischen Arbeitern desselben Arbeitgebers können Gewerbegerichte errichtet werden.

Die Errichtung erfolgt für den Bezirk einer 2.
Gemeinde durch Ortsstatut nach Maßgabe des §. 142 der Gewerbeordnung. Die Entscheidung der höheren Verwaltungsbehörde über die Genehmigung des Statuts ist binnen sechs Monaten zu ertheilen. Die Entscheidung, durch welche die Genehmigung versagt wird, muß mit Gründen versehen sein.

3. Mehrere Gemeinden können sich durch übereinstimmende Ortsstatuten zur Errichtung eines gemeinsamen Gewerbegerichts für ihre Bezirke vereinigen. Für die Genehmigung der übereinstimmenden Ortsstatute ist die höhere Verwaltungsbehörde zuständig, in deren Bezirke das Gewerbegericht seinen Sitz haben soll.

4. Imgleichen kann ein Gewerbegericht für den Bezirk eines weiteren Kommunalverbandes errichtet werden. Die Errichtung erfolgt in diesem Falle nach Maßgabe der Vorschriften, nach welchen Angelegenheiten des Verbandes statutarisch geregelt werden. Die Zuständigkeit eines solchen Gerichts ist ausgeschlossen, soweit die Zuständigkeit eines für eine oder mehrere Gemeinden des Bezirkes bestehenden oder später errichteten Gewerbegerichts begründet ist.

5. Die Errichtung kann auf Antrag betheiligter Arbeitgeber oder Arbeiter durch Anordnung der Landes-Zentralbehörde erfolgen, wenn ungeachtet einer von ihr an die betheiligten Gemeinden oder den weiteren Kommunalverband ergangenen Aufforderung innerhalb der gesetzten Frist die Errichtung auf dem im Abs. 2 bis 4 vorgesehenen Wege nicht erfolgt ist. Alle Bestimmungen, welche dieses Gesetz dem Statute vorbehält, erfolgen in diesem Falle durch die Anordnung der Landes-Zentralbehörde.

Vor der Errichtung sind sowohl Arbeitgeber als Arbeiter der hauptsächlichen Gewerbezweige und Fabrikbetriebe in entsprechender Anzahl zu hören. 6

1. Zu Abs. 2. §. 142 G.O. bestimmt:

„Statutarische Bestimmungen einer Gemeinde oder eines weiteren Kommunalverbandes können die ihnen durch das Gesetz überwiesenen gewerblichen Gegenstände mit verbindlicher Kraft ordnen. Dieselben werden nach Anhörung betheiligter Gewerbetreibender und Arbeiter abgefaßt, bedürfen der Genehmigung der höheren Verwaltungsbehörde und sind in der für Bekanntmachungen der Gemeinde oder des weiteren Kommunalverbandes vorgeschriebenen oder üblichen Form zu veröffentlichen.

Die Zentralbehörde ist befugt, statutarische Bestimmungen, welche mit den Gesetzen oder den statutarischen Bestimmungen des weiteren Kommunalverbandes in Widerspruch stehen, außer Kraft zu setzen."

Die Beschlußfassung über die Statuten steht in Preußen für Stadtgemeinden dem Gemeindevorstande und der Stadtverordneten-Versammlung (Bürgerschaftskollegium u. s. w.) gemeinsam, für Landgemeinden der Gemeindeversammlung, bez. den die Befugnisse einer solchen wahrnehmenden anderen Gemeindevertretungskörpern (s. z. B. §§. 49 ff. der Preußischen Landgemeindeordnung für die 7 östlichen Provinzen v. 3. Juli 1891) zu.

„Höhere Verwaltungsbehörde" für Genehmigung der Ortsstatuten der Gemeinden (Abs. 2 und 3) ist der Bezirksausschuß, für Berlin der Ober-Präsident. S. Anm. 3 zu §. 88.

Die Genehmigung darf auch aus Zweckmäßigkeitsgründen versagt werden, nicht nur (wie in der 2. Lesung [Sten. Ber. S. 340] beschlossen war), wenn das Statut den Vorschriften eines Gesetzes widerspricht. Gegen die Versagung ist reichsgesetzlich ein bestimmtes Rechtsmittel nicht vorgeschrieben; Mangels ergänzender landesgesetzlicher

Vorschriften ist daher nur die Beschwerde an die der höheren Verwaltungsbehörde vorgesetzten Stellen nach Landesrecht gegeben; das Gleiche gilt, wenn die im Satz 2 festgesetzte Frist überschritten wird oder die nach Satz 3 erforderliche Mittheilung von Gründen fehlt. Für Preußen vgl. über Beschwerden gegen Beschlüsse des Bezirksausschusses, bez. des Ober-Präsidenten §. 121 d. Ges. über die allgemeine Landesverwaltung v. 30. Juli 1883, §. 7 d. Ges. über die Zuständigkeit der Verwaltungs- und Verwaltungsgerichtsbehörden v. 1. August 1883. Das beschlossene und genehmigte Ortsstatut kann — abgesehen von dem Falle des §. 142 Abs. 2 G.O. — nur auf dem Wege abgeändert oder aufgehoben werden, auf welchem es zu Stande gekommen ist.

2. Zu Abs. 3 und 4:

„Da ein . . . Statut zunächst nur für eine Gemeinde beschlossen werden kann, so ist in dem Falle, daß mehrere Gemeinden sich zur Errichtung eines gemeinsamen Gewerbegerichts vereinigen wollen, für die Beschlußfassung im Allgemeinen nur der Weg gegeben, daß die Behörden der betheiligten Gemeinden sich über den Inhalt des Ortsstatuts verständigen und daß demnächst jede Gemeinde für sich dieses Ortsstatut zum Beschlusse erhebt. Eine Ausnahme hiervon tritt jedoch dann ein, wenn die mehreren Gemeinden im Bezirke eines und desselben weiteren Kommunalverbandes liegen und für diesen ganzen Bezirk das Bedürfniß der Errichtung eines Gewerbegerichts besteht. Es steht nichts entgegen, die Einsetzung eines Gewerbegerichts unter solchen Voraussetzungen, statt auf dem durch die Gewerbeordnung gegebenen Wege einer mehrfachen, gleichzeitigen Beschlußfassung über ein und dasselbe Ortsstatut, in dem durch das Landesgesetz gebotenen einfacheren Verfahren, nach welchem Angelegenheiten des Kommunalverbandes statutarisch geregelt werden, vollziehen zu lassen.“ Mot. S. 19.

Satz 2 des Abs. 3 soll verhüten, daß für die Genehmigung eines gemeinsamen Ortsstatuts mehrerer Gemeinden verschiedene höhere Verwaltungsbehörden in Betracht kommen. Sten. Ber. S. 620.

Bezirke, welche nicht zu einer Gemeinde gehören (selbstständige Gutsbezirke und Gemarkungen), können, da das Gesetz sie nicht, wie §. 83 K.V.G., den Gemeinden gleichstellt und auch §. 88 keine diesbezügliche Vollmacht für die Landes-Zentralbehörden enthält, ein Gewerbegericht für sich nicht einführen; einem etwaigen Bedürfniß kann hier nur gemäß Abs. 4 durch den weiteren Kommunalverband abgeholfen werden. S. Mot. S. 20.

3. Zu Abs. 4:

„Weitere Kommunalverbände" sind in Preußen die Provinzial-Verbände, die kommunalständischen Verbände der Regierungsbezirke Cassel und Wiesbaden, die Kreisverbände, in den Hohenzollernschen Landen der Landeskommunalverband und die Oberamtsbezirksverbände, ferner die Landbürgermeistereien in der Rheinprovinz und die Aemter in der Provinz Westfalen. Provinzialstatuten werden durch den Provinziallandtag, Statuten der kommunalständischen Verbände Cassel und Wiesbaden durch den Kommunallandtag, Kreisstatuten durch den Kreistag, Statuten des Hohenzollernschen Kommunal-Verbandes durch den Kommunal-Landtag, Statuten der dortigen Oberamtsbezirke durch die Amtsversammlung, Statuten der rheinischen Landbürgermeistereien durch die Bürgermeistereiversammlung, solche der westfälischen Aemter durch die Amtsversammlung beschlossen. Diese Statuten, mit Ausnahme der letzten und vorletzten Gattung, bedürfen Königlicher Genehmigung (vgl. §§. 35, 119 Nr. 1 der Provinzialordnung vom $\frac{\text{29. Juni 1875}}{\text{22. März 1881}}$, für Cassel und Wiesbaden §§. 32, 92 Nr. 1 der Provinzialordnung für Hessen-Nassau v. 8. Juni 1885, §§. 116

Nr. 1, 176 Nr. 1 der Kreisordnung v. 13. Dezember 1872 / 19. März 1881, §§. 26 Nr. 1, 54, 61 Nr. 1, 80 der Hohenzollernschen Amts- und Landesordnung v. 2. April 1873); die Statuten der rheinischen Landbürgermeistereien und der westfälischen Aemter bedürfen der Genehmigung des Kreisausschusses (§. 31 d. Ges. über die Zuständigkeit der Verwaltungs- und Verwaltungsgerichtsbehörden vom 1. August 1883).

4. Zu Abs. 5:

„Der Entwurf hat nicht die Einsetzung der Gewerbegerichte den Gemeinden und Kommunalverbänden ausschließlich überlassen. Die Möglichkeit ist nicht in Abrede zu stellen, daß die Einsetzung eines Gewerbegerichts dem Wunsche der betheiligten Kreise entgegen aus anderen als in der Sache liegenden Gründen unterbleibt. Insbesondere wird in den nicht eben seltenen Fällen, in welchen es sich nach den örtlichen Verhältnissen der Industrie nur um die Schaffung eines seine Zuständigkeit über mehrere Gemeindebezirke erstreckenden Gewerbegerichts handeln kann, der Weg der freien Verständigung unter den Gemeinden nicht immer zum Ziele führen, und völlig unmöglich wird dieser Weg der Verständigung, wenn dem Gerichtsbezirk auch solche Ansiedelungen und Anlagen einverleibt werden sollen, welche außerhalb eines Gemeindeverbandes stehen. Will man der Absicht des Gesetzes gerecht werden, so muß in solchen Fällen einer höheren, außerhalb der betheiligten Interessen stehenden Instanz die Möglichkeit einer Intervention gegeben werden. Demgemäß erklärt der Entwurf die Landes-Zentralbehörden, die wohl die sicherste Gewähr für ein sachgemäßes Einschreiten bieten, für berechtigt, die Einsetzung von Gewerbegerichten anzuordnen. Jedoch soll ihre Intervention immer nur in zweiter Reihe stehen und nur dann eintreten, wenn sie einerseits von betheiligten Arbeitgebern oder Arbeitern beantragt wird und wenn andererseits festgestellt ist, daß die Gemeindebehörden oder Kommunalverbände nicht geneigt oder außer Stande sind, die von der Landes-Zentralbehörde für nothwendig erachteten Institutionen ins Leben zu rufen." Mot. S. 19, 20. In Gemeinden mit mehr als 20000 Einwohnern muß ein Gewerbegericht errichtet werden (§. 2).

Die „Errichtung" schließt als das weitergehende auch die Ausdehnung eines mit beschränkter sachlicher oder örtlicher Zuständigkeit errichteten Gewerbegerichts (§. 7 Abs. 1) auf weitere oder alle Arten von Gewerbebetrieben oder den ganzen Gemeindebezirk ein.

„Landes-Zentralbehörde" s. Anm. 1 zu §. 88.

Der zweite Satz des Abs. 5 erleidet eine Ausnahme durch §. 58 Abs. 6 (vgl. Anm. hierzu). Im Falle des §. 82 kann die Landes-Zentralbehörde ohne Antrag ꝛc. ein Gewerbegericht errichten.

5. Zu Abs. 6:

„Da für die Frage der Einsetzung eines Gewerbegerichts das in den Kreisen der Betheiligten selbst hervortretende Bedürfniß stets in erster Linie entscheidend sein muß, so sollen vor der Einsetzung Arbeitgeber und Arbeiter der hauptsächlichsten Gewerbezweige und Fabrikbetriebe in entsprechender Zahl gehört werden. Die Bestimmung bezieht sich auf die sämmtlichen im Abs. 2 bis 4 (jetzt 2 bis 5) bezeichneten Fälle der Errichtung." Mot. S. 20. Vgl. §. 142 G.O. Ueber welche Punkte die Betheiligten zu hören sind, bestimmt das Gesetz nicht; hier entscheidet das Ermessen der lokalen Behörden. Komm.-Ber. S. 4. Ebensowenig sind nähere Vorschriften über die Art der Anhörung gegeben; dieselbe kann schriftlich oder mündlich erfolgen. Es genügt auch, wenn allen Betheiligten oder einer entsprechenden Zahl Gelegenheit zur Abgabe von Aeußerungen gegeben wird, z. B. durch öffentliche Bekanntmachung mit der Aufforderung zur Einreichung von Aeußerungen.

6. Die Gewerbegerichte sind staatliche Gerichte; sie wirken bei der Ausübung der der Staatsgewalt zukommenden Gerichtshoheit mit und sprechen daher in Preußen „im Namen des Königs" Recht; (Art. 86 der Verfassungs-Urkunde v. 31. Januar 1850); dagegen dürfen sie mit Rücksicht auf ihre enge Verbindung mit den Kommunalverbänden nicht als „Königliche Gewerbegerichte" bezeichnet werden. Erlaß des Justizministers v. 31. Oktober 1892 (B. 8248 M. f. H., I. 5132 Just. M.), Sten. Ber. S. 423. Wegen der rheinischen Gewerbegerichte s. §. 85.

Die Gewerbegerichte führen in Preußen als Dienstsiegel den Preußischen Adler und als Umschrift den Namen des betr. Gewerbegerichts. Erlaß der Minister für Handel und Gewerbe und des Innern v. 1. August 1891 (M.Bl. d. i. V. S. 134).

Wegen der Dienstaufsicht s. Anm. 5 zu §. 55.

§. 2.

Für Gemeinden, welche nach der jeweilig letzten Volkszählung mehr als zwanzigtausend Einwohner haben, muß ein Gewerbegericht errichtet werden. Die Landes-Zentralbehörde hat erforderlichen Falles die Errichtung nach Maßgabe der Vorschriften des §. 1 Abs. 5 anzuordnen, ohne daß es eines Antrags betheiligter Arbeitgeber oder Arbeiter bedarf.

Durch die Novelle ist unter Aufgabe des in den Motiven (Einl. S. 19, Komm.-Ber. S. 2, Sten. Ber. 1890 S. 323—336) eingenommenen Standpunkts die Errichtung von Gewerbegerichten in Gemeinden mit mehr als 20 000 Einwohnern obligatorisch vorgeschrieben. Ueber die Gründe s. Komm.-Ber. VII S. 6, XII S. 2, 3. Die Landeszentralbehörde — vgl. Anm. 4 zu §. 1 — muß zunächst die Gemeinde auffordern, innerhalb bestimmter Frist ein

Gewerbegericht zu errichten. Ist bis zum Ablaufe der Frist die Errichtung nicht erfolgt, so hat die Landes-Zentralbehörde das Statut festzusetzen.

Für Gemeinden, nicht in Gemeinden; die Gemeinde braucht nicht ein eigenes Gewerbegericht zu errichten, es genügt, daß ein gemeinsames Gewerbegericht (§. 1 Abs. 3) oder ein Gewerbegericht eines weiteren Kommunalverbandes (§. 1 Abs. 4) besteht, welches den Bezirk der Gemeinde mitumfaßt. (Komm. Ber. XII S. 5).

„Uebereinstimmend geht die Meinung aller Mitglieder der Kommission dahin, daß wo einmal auf Grund der in dem Antrag Trimborn vorgeschlagenen Bestimmung Gewerbegerichte errichtet worden seien, solche erhalten bleiben müßten, auch wenn die Einwohnerzahl unter die geforderte Höhe herabsinke. Seitens eines Vertreters der verbündeten Regierungen wird diese Auffassung als richtig anerkannt". (Komm. Ber. XII S. 5).

Die Landes-Zentralbehörde wird in diesen Orten auch die Erweiterung eines mit beschränkter sachlicher oder örtlicher Zuständigkeit (§. 7 Abs. 1) errichteten Gewerbegerichts auf alle Gewerbebetriebe und das ganze Gemeindegebiet gemäß §. 1 Abs. 5 anzuordnen haben (vgl. Anm. zu §. 7).

§. 3.

Als Arbeiter im Sinne dieses Gesetzes gelten 1. diejenigen Gesellen, Gehülfen, Fabrikarbeiter und Lehrlinge, auf welche der siebente Titel der Gewerbeordnung Anwendung findet.

Imgleichen gelten als Arbeiter im Sinne dieses 2. Gesetzes Betriebsbeamte, Werkmeister und mit höheren technischen Dienstleistungen betraute Angestellte, deren

Jahresarbeitsverdienst an Lohn oder Gehalt zweitausend Mark nicht übersteigt.

1. Zu Abs. 1:

Personen, welche in Betrieben beschäftigt sind, auf welche die Gewerbeordnung überhaupt nicht Anwendung findet, gehören nicht hierher, vor allem also nicht die land- und forstwirthschaftlichen Arbeiter, darunter auch die Gärtner in landwirthschaftlichen Betrieben, vgl. Komm.-Ber. 6, Sten. Ber. S. 341, während die Gehülfen in sog. Kunst-, Zier- und Handelsgärtnereien in der Regel als gewerbliche Arbeiter anzusehen sein werden, vgl. Albrecht, Die sozialen Rechtsverhältnisse der gewerblichen Gärtner, Soz. Pr. XI Nr. 2 Sp. 34, Burchardt S. 13, G.G. VII Nr. 2 Sp. 33, a. A. Unger Nr. 159. Die herrschende Meinung rechnet wegen §. 6 G.O. nicht hierher die im Betriebe der Eisenbahnunternehmungen als Verkehrsanstalten beschäftigten Personen z. B. Streckenarbeiter, Güterbodenarbeiter, wohl aber die bei selbständigen gewerblichen Betrieben der Eisenbahnunternehmungen (Reparaturwerkstätten, Wagenbauanstalten u. s. w.) beschäftigten Arbeiter (vgl. Wilhelmi u. Fürst S. 283, Unger Nr. 165, 167, a. M. Bl. f. soz. Pr. Nr. 107 Sp. 67). Auch der Betrieb der Pferdebahnen fällt unter die Eisenbahnunternehmungen im Sinne des §. 6 G.O. vgl. Unger Nr. 166 und die dort Cit., a. M. auch Wilhelmi u. Fürst S. 284). Gegen diese Auslegung des §. 6 mit guten Gründen Burchardt S. 4, v. Schulz in Soz. Pr. XI Nr. 5, 6 Sp. 128, 161, vgl. auch G.G. VII Nr. 1 Sp. 13.

Ueber den Begriff „Gesellen, Gehülfen, Fabrikarbeiter und Lehrlinge" vgl. Berger, GO. Anm. zu §§ 121, 126, 134. Zu den Gesellen und Gehülfen gehört jeder unselbständige Arbeiter, der weder Lehrling noch Fabrikarbeiter ist. Das Geschlecht macht bei der Anwendbarkeit des § 3 keinen Unterschied, ebensowenig kommt es auf die Vorbildung des Arbeiters an. Das Reichsgericht hat die frühere Begriffsbestimmung, nach der es erforderlich sei, daß der Arbeiter dem Arbeitgeber seine ganze Arbeitskraft zu Gebote stelle (Urth. v. 10. Dezember 1883, Reger Bd. IV S. 282) als zu eng erklärt; es könne nicht darauf ankommen, ob der Arbeiter in einem dauernden Dienstverhältnisse steht oder nur ganz vorübergehend angenommen sei (Urth. v. 25. September 1890, Reger Bd. XI S. 144), nur müssen die Dienstleistungen in den Rahmen der für den Gewerbebetrieb als solchen nothwendigen Arbeiten fallen. Unter §. 3 fallen u. a. auch die im Gewerbe eines Gast- oder Schankwirths beschäftigten Gehülfen, nicht dagegen Dienstboten, d. h. Personen, welche in der Privatwirthschaft des Brodherrn mit häuslichen Diensten beschäftigt sind (vgl. Cuno, Gesinderecht S. 2, Unger Nr. 160, 161, 162, 170; G.G. II Sp. 58).

Das Reichsgericht will die bei einem Theaterunternehmen angestellten Sänger, Schauspieler, Ballettänzer, Orchestermusiker auch dann nicht als gewerbliche Arbeiter ansehen, wenn ein höheres Interesse der Kunst und Wissenschaft nicht obwaltet (Urth. d. R.Gr. v. 21. März 1887, Entsch. in Civils. Bd. 17 S. 86; ebensowenig die eigene Leistungen darbietenden Artisten, wie Kunstgymnastiker, Thierbändiger (Urth. d. R.Gr. v. 21. Mai 1896, Entsch. in Civils. Bd. 37 S. 66, Unger Nr. 163). Die Gründe sind nicht überzeugend (vgl. G.G. III, Sp. 137, IV Sp. 142, Burchardt S. 15, Menzinger S. 20).

Unter §. 3 fällt ferner auch das Personal eines Kaufmanns außer den Handlungsgehülfen und Lehrlingen (vgl. Urth. d. R.G. v. 31. Januar 1884, Blums Annalen Bd. 9 S. 433, Unger Nr. 168, 169). Dazu gehören auch die im Handelsgewerbe thätigen Personen, welche gesindeähnliche Dienste verrichten, wie Hausdiener, Laufburschen eines Ladengeschäfts, Dienstmädchen eines Restaurateurs, welches hauptsächlich für den Gewerbebetrieb angenommen ist, Hausknecht eines Hotels. Art. 65 des alten H.G.B., welcher diese Personen als Gesinde behandelt, ist durch §. 83 des neuen H.G.B. ersetzt (Burchardt S. 11, Cuno, Recht der Handlungsgehilfen, S. 23). Auch Handlungs-Gehülfen und Lehrlinge würden an sich unter §. 3 fallen, da der siebente Titel der Gewerbeordnung wenigstens zum Theil auf sie Anwendung findet (§. 154 Abs. 1); gerade mit Rücksicht hierauf sind sie durch §. 81 d. Ges. ausdrücklich ausgenommen (Komm.-Ber. S. 35, Sten. Ber. S. 517, Bachem S. 32, Wilhelmi und Fürst, S. 23, 284, a. M. Haas S. 25). Handlungsgehülfe ist, „wer in einem Handelsgewerbe zur Leistung kaufmännischer Dienste gegen Entgelt angestellt ist". (§. 59 H.G.B.) Ueber den Begriff „kaufmännische" Dienste im Gegensatz zu mechanischen, technischen des Gewerbegehülfen (s. Cuno, Handlungsgehülfen S. 2, G.G. V, Sp. 67, Staub, H.G.B. §. 59 Anm. 13). Der Begriff „Handelsgewerbe" ist nach den §§. 1—3 des H.G.B. zu bestimmen. Wer kaufmännische Dienste einem Gewerbetreibenden leistet, dessen Betrieb nicht als Handelsgewerbe gilt, ist nicht Handlungsgehülfe, sondern Gewerbegehülfe. Dies trifft zu für den kaufmännischen Angestellten z. B. eines Handwerkers, der sich auf Be- und Verarbeitung von Waaren beschränkt (Lohnmüller, Färber, Zwischenmeister der Konfektion), (§. 1 Nr. 2), eines Bauhandwerkers, dessen Firma nicht in das Handelsregister eingetragen ist (§. 2), eines Landwirths in einem Unternehmen, das nur ein Nebengewerbe des land- und forstwirthschaftlichen Betriebes darstellt (Brennerei, Molkerei, Stärkefabrik mit regelmäßiger Verwendung auch nicht selbst erzeugter Rohstoffe), ohne daß die Firma in das Handelsregister eingetragen ist (§. 3).

Ferner gehören hierher die in Bergwerken, Salinen, Aufbereitungsanstalten und unterirdisch betriebenen Brüchen oder Gruben beschäftigten Arbeiter (wegen §. 154a G.O.), sowie die in über Tage betriebenen Brüchen oder Gruben beschäftigten Arbeiter (wegen §. 154 Abs. 2 G.O.). Vgl. Bachem, Wilhelmi u. Fürst a. a. O., Haas S. 23, u.

Anm. 2 zu §. 82. Wegen der Betriebe der Militär- und Marineverwaltung s. §. 81. Kraft ausdrücklicher gesetzlicher Bestimmung unterstehen der Gewerbeordnung die Schiffsmannschaft eines zur Schiffahrt auf Flüssen und sonstigen Binnengewässern bestimmten und verwendeten Schiffs (§. 21 Abs. 2 des R.G. v. 20. Mai 1898 [15. Juni 1895] betr. die Binnenschiffahrt) und die Floßmannschaft (§. 17 Abs. 2 des R.G. v. 15. Juni 1895 betr. die Flößerei). Auch die Führer sog. Arbeiterkolonnen (z. B. von Steinträgern, Putzern, sind in der Regel gewerbliche Arbeiter (Bl. f. soz. Pr. Nr. 69 S. 146, Nr. 111 S. 131. Unger Nr. 17 G.G. II Sp. 30); so auch Glaspolierermeister (Urth. d. R.Gr. v. 14. Juni 1888, Reger Bd. IX S. 220), Ziegelmeister (Urth. d. R.Gr. v. 18. April 1896, Entsch. in Civils. Bd. 37 S. 278).

2. Die Vorschrift des Abs. 2 „schließt sich an die entsprechenden Bestimmungen im Kranken- und Alters- und Invaliden-Versicherungsgesetz an. Die Gründe sind in allen Fällen dieselben. Die Kommission war mit den Vertretern der verbündeten Regierungen einstimmig der Meinung, daß Tantièmen ebenfalls als „Gehalt oder Lohn" im Sinne dieser Bestimmung zu gelten haben." Komm.-Ber. S. 6. Auch Naturalbezüge (§. 1 Abs. 5 K.V.G.) werden unter „Lohn oder Gehalt" fallen. Betriebsbeamte und Werkmeister sind Personen, welche nicht lediglich vorübergehend mit der Leitung oder Beaufsichtigung des Betriebes oder einer Abtheilung desselben beauftragt sind; unter die mit höheren technischen Dienstleistungen Betrauten fallen insbesondere Maschinentechniker, Bautechniker, Chemiker, Zeichner. Vgl. §. 133 a G.O. Unerheblich ist es hier, in welcher Weise die Gehaltszahlung und Kündigung durch den Arbeitsvertrag geregelt ist.

3. Zu Abs. 2. Der Schiffer (Führer eines Binnenschiffs) und der Floßführer unterstehen nach § 20 des

R.G. v. 20. Mai 1898 bezw. §. 16 des R.G. vom 15. Juni 1895 „den Vorschriften, welche für die im §. 133a der G.O. bezeichneten Personen gelten", fallen also unter Nr. 2 des §. 2 (vgl. Urtheil des Landgerichts Stettin, G.G. II Sp. 125).

4. Bei Prüfung der Zuständigkeit ist nicht die Parteibehauptung im Prozeß oder die Bezeichnung im Dienstvertrage entscheidend, vielmehr hat das Gericht von Amtswegen festzustellen, ob die klagende Partei nach Art ihrer Beschäftigung u. s. w. zu den Kategorien gehört, für welche das G.G. zuständig ist. (G.G. II Sp. 74, III Sp. 7.) Kann die negative Feststellung, daß der Jahresarbeitsverdienst 2000 M. nicht übersteigt, wegen schwankender Höhe desselben nicht getroffen werden, so ist das G.G. nicht zuständig. (G.G. IV Sp. 58.)

5. Wegen der Hausgewerbetreibenden s. §. 5 u. Anm.

§. 4.

1. Die Gewerbegerichte sind ohne Rücksicht auf den Werth des Streitgegenstandes zuständig für Streitigkeiten:

1. über den Antritt, die Fortsetzung oder die Auflösung des Arbeitsverhältnisses, sowie über die Aushändigung oder den Inhalt des Arbeitsbuchs, Zeugnisses, Lohnbuchs, Arbeitszettels oder Lohnzahlungsbuchs,
2. über die Leistungen aus dem Arbeitsverhältnisse,
3. über die Rückgabe von Zeugnissen, Büchern, Legitimationspapieren, Urkunden, Geräthschaften, Kleidungsstücken, Kautionen und der-

gleichen, welche aus Anlaß des Arbeitsverhältnisses übergeben worden sind,

4. über Ansprüche auf Schadensersatz oder auf Zahlung einer Vertragsstrafe wegen Nichterfüllung oder nicht gehöriger Erfüllung der Verpflichtungen, welche die unter Nr. 1 bis 3 bezeichneten Gegenstände betreffen, sowie wegen gesetzwidriger oder unrichtiger Eintragungen in Arbeitsbücher, Zeugnisse, Lohnbücher, Arbeitszettel, Lohnzahlungsbücher, Krankenkassenbücher oder Quittungskarten der Invalidenversicherung,

5. über die Berechnung und Anrechnung der von den Arbeitern zu leistenden Krankenversicherungsbeiträge und Eintrittsgelder (§§. 53a, 65, 72, 73 des Krankenversicherungsgesetzes),

6. über die Ansprüche, welche auf Grund der Uebernahme einer gemeinsamen Arbeit von Arbeitern desselben Arbeitgebers gegen einander erhoben werden.

Streitigkeiten über eine Konventionalstrafe, welche für den Fall bedungen ist, daß der Arbeiter nach Beendigung des Arbeitsverhältnisses ein solches bei anderen Arbeitgebern eingeht oder ein eigenes Geschäft errichtet, gehören nicht zur Zuständigkeit der Gewerbegerichte. 2.

1. „Die Bezeichnung der Streitigkeiten, auf welche die Zuständigkeit der Gewerbegerichte sich erstreckt, ent-

spricht im Wesentlichen der Bestimmung im §. 120a der Gewerbeordnung. Nur ist die Zuständigkeit insofern bestimmter bezeichnet, als ausdrücklich auch alle Ansprüche auf Entschädigung, einschließlich derjenigen, welche erst mit dem Zeitpunkte der Entlassung oder des Austritts des Arbeiters entstehen, vor die Gewerbegerichte gewiesen werden. Außerdem sind unter Nr. 3 die Streitigkeiten über die Berechnung und Anrechnung der von den Arbeitern zu leistenden Krankenversicherungsbeiträge hinzugefügt, nachdem auf dieselben schon durch das Gesetz, betreffend die Krankenversicherung der Arbeiter, vom 15. Juli 1883 der §. 120a der Gewerbeordnung für anwendbar erklärt worden ist. Daß auch Streitigkeiten über die Anrechnung der von dem Arbeitgeber abgezogenen Beiträge der Arbeiter zu Knappschaftskassen und gleichartigen Anstalten durch die Gewerbegerichte zu entscheiden sind, ist schon aus der Nr. 2 zu entnehmen, da es sich dabei immer um streitige Lohnansprüche des Arbeiters handelt". Mot. S. 21. Die Novelle hat versucht, zur Beseitigung von in der Praxis aufgetauchten Zweifeln die Zuständigkeit der Gewerbegerichte genauer zu bestimmen. Es war zweifelhaft geworden, ob die in Nr. 1 neben dem Antritt, der Fortsetzung und Auflösung des Arbeitsverhältnisses ausdrücklich genannten Streitigkeiten über die „Aushändigung und den Inhalt des Arbeitsbuchs und Zeugnisses" Leistungen aus dem Arbeitsverhältnisse (Nr. 2) betreffen, ob daher Entschädigungsansprüche wegen verzögerter Aushändigung oder unrichtigen Inhalts des Arbeitsbuchs oder Zeugnisses als „Entschädigungsansprüche aus dem Arbeitsverhältnisse" der Zuständigkeit des G.G. unterliegen. (Unger Nr. 201 S. 233, v. Schulz in Braun's Archiv 1899 S. 145 ff. und in Soz. Pr. VIII Nr. 16 Sp. 423 ff.) Ferner war streitig, ob die Streitigkeiten über Rückgabe der aus Anlaß des Arbeitsverhältnisses in den Besitz des Arbeitgebers gelangten früheren Zeugnisse, Legitimationspapiere, Urkunden,

Quittungskarten und Krankenkassenbücher, Arbeitsgeräthschaften, Kleidungsstücke, Kautionen als Streitigkeiten aus dem Arbeitsverhältnisse anzusehen seien und deshalb ebenso wie die daraus sich ergebenden Entschädigungsansprüche der Zuständigkeit der Gewerbegerichte unterliegen. In der That ist der Inhalt des Dienstvertrages mit der Verpflichtung zur Leistung der versprochenen Dienste und zur Gewährung der vereinbarten Vergütung (§. 611 B.G.B.) nicht erschöpft, dem Arbeitgeber wie dem Arbeitnehmer können stillschweigend oder ausdrücklich Nebenleistungen auferlegt sein. Der Dienstvertrag kann eine Geschäftsbesorgung zum Gegenstande haben (§ 675 B.G.B.); dann entspringt auf Seiten des Arbeiters die Verpflichtung zur Herausgabe (§. 667) auf Seiten des Arbeitgebers zur Vorschußgewährung und Ersatz der Aufwendung (§§. 669, 670) aus dem Arbeitsverhältniß. Auch die übrigen genannten Verpflichtungen werden als solche auzusehen sein, die sich mittelbar aus dem Arbeitsverhältnisse ergeben. (Planck zu §. 611, G.G. IV Nr. 6 Sp. 67, Beschluß des Kammergerichts vom 1. 6. 01, Soz. Pr. XI Nr. 6 Sp. 165.) Die Reichstagskommissionen erkannten an, daß das praktische Bedürfniß erfordere, alle diese Ansprüche der Zuständigkeit des Gewerbegerichts zu unterstellen. Die XII. Komm. beschloß in erster Lesung (Komm.-Ber. XII S. 14), im §. 3 Absatz 1 des Gesetzes die Nummern 1 und 2 durch folgende Bestimmung zu ersetzen:

„Die Gewerbegerichte sind ohne Rücksicht auf den Werth des Streitgegenstandes zuständig für Streitigkeiten:

1. wegen der aus dem Arbeitsverhältnisse folgenden Verpflichtungen und Entschädigungsansprüche; insbesondere

a) über den Antritt, die Fortsetzung oder die Auflösung des Arbeitsverhältnisses sowie über die

Aushändigung oder den Inhalt des Arbeitsbuchs oder Zeugnisses,

b) über Zahlung einer in Beziehung auf das Arbeitsverhältniß bedungenen Konventionalstrafe,

c) über Rückgabe aus Anlaß des Arbeitsverhältnisses übergebener Zeugnisse, Bücher, Legitimationspapiere, Urkunden, Geräthschaften, Kleidungsstücke oder Kaution und dergleichen, sowie die Ansprüche auf Entschädigung wegen verweigerter oder verzögerter Aushändigung dieser Sachen,

d) über Entschädigungsansprüche aus gesetzwidrigen Eintragungen in Arbeitsbücher, Zeugnisse, Krankenkassenbücher und Quittungskarten der Invalidenversicherung."

In zweiter Lesung wurde die Befürchtung ausgesprochen, daß in Folge der durch das Wort „insbesondere" gekennzeichneten beispielsweisen Aufführung der genannten Ansprüche als solcher aus dem Arbeitsverhältnisse auch andere mittelbar aus dem Arbeitsverhältniß sich ergebende der Zuständigkeit des Gewerbegerichts unterstellt werden könnten, z. B. Streitigkeiten über Miethe und Räumung von Arbeiterwohnungen. Noch näher hätte es gelegen, an die mittelbar aus dem Arbeitsverhältnisse sich ergebende Schutzpflicht des Arbeitgebers (§§. 120a ff. G.O., §. 618 B.G.B.) und die daraus sich ergebenden Entschädigungsansprüche zu denken, bezüglich deren das Reichsgericht die Zuständigkeit der Gewerbegerichte verneint hat (Entsch. d. R.Gr. Bd. 41 S. 137). Es wurde deshalb in zweiter Lesung die gegenwärtige Fassung vorgezogen, nach der die einzelnen mittelbar aus dem Arbeitsverhältniß folgenden Ansprüche, welche der Zuständigkeit des Gewerbegerichts unterliegen sollen, nicht als Beispiele aufgeführt werden.

„Der Antragsteller bezeichnete als den Grundgedanken für die vorgeschlagene Fassung folgendes Prinzip:

„Grundsätzlich seien dem Gewerbegericht nur diejenigen Ansprüche zur Entscheidung zu überweisen, die sich unmittelbar aus dem Arbeitsverhältnisse ergeben und Gegenstand des eigentlichen Arbeitsvertrages seien. Diese Ansprüche seien in Ziffer 1 und 2 zusammengefaßt.

„Im Gegensatze hierzu gehörten diejenigen Ansprüche, welche nur mittelbar aus dem Arbeitsverhältnisse hervorgingen und in demselben nicht sowohl ihre rechtliche Ursache als ihre äußere Veranlassung hätten, prinzipiell nicht zur Zuständigkeit der Gewerbegerichte. Solche Ansprüche seien dem Gewerbegericht nur insoweit zu überweisen, als die Praxis des Lebens und die Erfahrung der Gerichte dies als geboten oder dringend wünschenswerth erscheinen lasse. Der Kreis dieser Ansprüche sei in Ziffer 3 nach Maßgabe der bisherigen Erfahrungen genau umgrenzt.

„Die in Ziffer 4 aufgeführten Ansprüche auf Schadensersatz oder Vertragsstrafe bezögen sich auf beide vorgenannten Gruppen. Insbesondere umfasse der dort gebrauchte Ausdruck „Gegenstände" auch die in Nr. 2 erwähnten „Leistungen aus dem Arbeitsverhältnisse". Komm.-Ber. XII S. 60.

Danach wird für Klagen auf Erfüllung der Schutzpflicht und Entschädigung wegen verabsäumter Schutzpflicht (§. 618 B.G.B., §§. 120a ff. G.O.) nach Absicht der gesetzgebenden Faktoren das Gewerbegericht nicht zuständig sein. Dagegen werden Ansprüche des in die häusliche Gemeinschaft aufgenommenen Arbeiters auf Leistung der Krankenfürsorge (§. 617 B.G.B.) zur Zuständigkeit des Gewerbegerichts gehören, weil diese Leistung als eine Ergänzung der vom Arbeitgeber zu leistenden Vergütung aufzufassen ist.

2. Zu Nr. 1. „Aushändigung und Inhalt." Das G.G. ist also sowohl zuständig, wenn der Arbeiter klagt, weil ihm ein Zeugniß überhaupt nicht ausgehändigt ist,

als auch, wenn er mit dem Inhalt des ausgehändigten Zeugnisses nicht zufrieden ist und ein Zeugniß andern Inhalts fordert. Arbeitsbuch s. §. 107 G.O., Zeugniß s. §. 113 G.O., Lohnbuch, Arbeitszettel s. §. 114a G.O., Lohnzahlungsbuch §. 134 Abs. 3 G.O.

3. Zu Nr. 2. Leistungen aus dem Arbeitsverhältnisse vgl. Anm. 1.

4. Zu Nr. 3. „Urkunden." Darunter fallen auch die Quittungskarten der Invalidenversicherung.

5. Zu Nr. 5. §. 53a K.V.G. bestimmt:

„Streitigkeiten zwischen dem Arbeitgeber und den von ihm beschäftigten Personen über die Berechnung und Anrechnung der von diesen zu leistenden Beiträge werden nach den Vorschriften des Gesetzes, betreffend die Gewerbegerichte, vom 29. Juli 1890 (Reichs-Gesetzbl. S. 141) entschieden.

Die Vorschriften des letzteren Gesetzes finden auch auf Streitigkeiten zwischen den bezeichneten Personen über die Berechnung und Anrechnung des Eintrittsgeldes Anwendung. . . . ."

Die §§. 65, 72, 73 K.V.G. erklären die Bestimmungen des §. 53a auf Betriebs- (Fabrik-), Bau-, Innungs-Krankenkassen entsprechend anwendbar.

Wegen der Zuständigkeit des Gemeindevorstehers im Falle der Nr. 5 vgl. §§. 76, 83 u. Anm., wegen der Zuständigkeit der im §. 85 zugelassenen Gerichte s. Anm. 2 zu §. 85.

In der VII. Kommission war angeregt, die Gewerbegerichte auch für zuständig zu erklären für die Streitigkeiten über Berechnung und Anrechnung der Invalidenversicherungsbeiträge. Davon ist abgesehen, weil in der Novelle zum Invalidenversicherungsgesetz die Entscheidung dieser Streitigkeiten durch die §§. 155—157 der untern Verwaltungsbehörde bzw. dem Vorsitzenden der Rentenstelle zugewiesen ist. Sofern jedoch die Berechnung des auszuzahlenden Lohnes von der Berechnung des auf den Arbeiter entfallenden Versicherungsbeitrages abhängt, wird das Gewerbegericht über diese Frage indirekt mitentscheiden müssen. Komm.-Ber. VII S. 13.

5. Zu Abs. 2. Entspricht der Auslegung des früheren §. 120a G.O. Urth. d. R.Gr. v. 23. Sept. 1884 (Entsch. in Civilsachen Bd. 13 S. 341). Sten.Ber. S. 342 bis 344. Auch Klagen aus einem vertragsmäßigen Konkurrenzverbot auf Einstellung des vertragswidrig begründeten Geschäfts oder Entschädigung gehören nicht vor das G.G. (Urth. d. R.Gr. v. 19. November 1895, G.G. I. Sp. 36.)

6. Im Umfange des §. 3 sind die Gewerbegerichte auch zur Entscheidung über Feststellungsklagen (§. 256 C.P.O.) und Inzident-Feststellungsklagen (§. 280 a. a. O.) berufen.

7. Die Gewerbegerichte sind nach §. 1 nur für die Entscheidungen von gewerblichen Streitigkeiten zwischen Arbeitern und ihren Arbeitgebern, sowie zwischen Arbeitern desselben Arbeitgebers zuständig. Dritte Personen können daher nur als Bevollmächtigte oder gesetzliche Vertreter (Väter, Ehegatten, Vormünder) des Arbeiters oder Arbeitgebers die Rolle der Hauptpartei übernehmen; auch der Konkursverwalter ist insoweit Vertreter des Gemeinschuldners, daß für Streitigkeiten über Lohnrückstände und Entschädigungsansprüche aus dem Arbeitsverhältnisse, welche nach Eröffnung des Konkurses auf Grund des §. 59 Nr. 2 oder des §. 146 der Konk.-Ordn. erhoben werden, das Gewerbegericht zuständig ist. (Entsch. des Landgerichts Berlin I v. 28. Dezember 1894, des Landgerichts München v. 3. November 1892. Unger Nr. 193); dagegen gehören Ansprüche, welche von oder gegenüber Dritten aus eigenem Recht oder eigener Verpflichtung derselben erhoben werden, nicht vor die Gewerbegerichte, mögen diese Ansprüche auch mittelbar ihren Grund in einem Arbeitsverhältnisse, welches unter das Gesetz fällt, haben. Ausgeschlossen sind hiernach z. B. Klagen

des Lehrherrn gegen den Vater des Lehrlings wegen einer mit dem Vater vereinbarten Vertragsstrafe oder aus §. 127g Abs. 2 G.O. (G.G. VII Sp. 28), Klagen des früheren Arbeitgebers gegen einen neuen Arbeitgeber (§§. 125, 133 G.O.), vgl. Otto S. 25 ff. Unger Nr. 191. Da §. 1 voraussetzt, daß nicht nur objektiv eine gewerbliche Streitigkeit vorliegt, sondern diese auch zwischen dem Arbeiter und seinem Arbeitgeber bezw. unter Mitarbeitern zum Austrag kommt, so schließt auch eingetretene Rechtsnachfolge (Cession vgl. Unger Nr. 192, Pfändung und Ueberweisung Bl. f. soz. Pr. Nr. 75 S. 199, Erbfolge Bl. f. soz. Pr. Nr. 59 S. 59) die Zuständigkeit des G.G. aus, sofern in Folge dessen die maßgebenden Parteiqualitäten als Arbeiter bezw. Arbeitgeber bezw. Mitarbeiter bei einer Partei fortgefallen sind (vgl. Otto S. 31, G.G. II. Sp. 48). Auch die Vorschriften der C.P.O. über die Streitgenossenschaft (§§. 59—63), sowie über die Betheiligung Dritter am Rechtsstreite (Hauptintervention, Nebenintervention, Streitverkündung 2c., §§. 64—77) können nur insoweit zur Anwendung kommen, als der Dritte zu den der Zuständigkeit des Gewerbegerichts unterworfenen Personen und auch der Streit zwischen ihm und seinen Gegnern gemäß §§ 4, 5 zur Zuständigkeit des Gewerbegerichts gehört.

§. 5.

1. Zur Zuständigkeit der Gewerbegerichte gehören ferner Streitigkeiten der im §. 4 Abs. 1 Nr. 1 bis 5 bezeichneten Art zwischen Personen, welche für bestimmte Gewerbetreibende außerhalb der Arbeitsstätte der letzteren mit Anfertigung gewerblicher Erzeugnisse beschäftigt sind (Heimarbeiter, Hausgewerbetreibende), und ihren Arbeitgebern, sofern die

Beschäftigung auf die Bearbeitung oder Verarbeitung der den ersteren von den Arbeitgebern gelieferten Rohstoffe oder Halbfabrikate beschränkt ist. Das Gleiche gilt von Streitigkeiten der im §. 4 Abs. 1 Nr. 6 bezeichneten Art zwischen solchen Hausgewerbetreibenden unter einander.

Streitigkeiten derjenigen Hausgewerbetreibenden, 2.
welche die Rohstoffe oder Halbfabrikate selbst beschaffen, unterliegen der Zuständigkeit der Gewerbegerichte, soweit dies durch das Statut bestimmt ist.

1. Der Entwurf (§. 2 Abs. 2) wollte die Streitigkeiten der Hausindustriellen mit ihren Arbeitgebern nur fakultativ — „insoweit als dies durch das Statut oder durch die Anordnung der Landes-Zentralbehörde bestimmt ist" — den Gewerbegerichten unterstellen. Nach den vom Plenum gebilligten Kommissionsbeschlüssen dagegen gelten die Hausgewerbetreibenden (Heimarbeiter) bei gewerblichen Streitigkeiten der im §. 4 bezeichneten Art mit ihrem Arbeitgeber oder unter einander (d. h. wenn sie für denselben Arbeitgeber beschäftigt sind) als Arbeiter im Sinne dieses Gesetzes, sind also der Kompetenz der Gewerbegerichte unterworfen. Ausgenommen sind namentlich mit Rücksicht auf süddeutsche Verhältnisse die Streitigkeiten solcher Hausgewerbetreibenden, welche die von ihnen be- oder verarbeiteten Rohstoffe oder Halbfabrikate sich ganz oder auch nur theilweise selbst beschaffen, mit ihren Arbeitgebern oder unter einander; hier soll die Zuständigkeit der Gewerbegerichte nur durch das Statut eingeführt werden können, da derartige Gewerbetreibende sich vielfach mehr der Klasse der Unternehmer nähern und eine Regelung ihrer Stellung gegenüber der Jurisdiktion der Gewerbegerichte nur unter Berücksichtigung der lokalen

Verhältnisse möglich ist. Komm.-Ber. S. 4, 5, Sten. Ber. S. 344—351.

2. Ueber die begrifflichen Merkmale der Hausgewerbetreibenden vgl. Entsch. d. Reichs-Versicherungsamts v. 15. Oktober 1891 (Amtl. Nachrichten, Invaliditäts- und Altersversicherung, S. 181) im Anschluß an §. 2 Nr. 2 d. Invalidenversicherungsgesetzes; s. ferner §. 119b G.O., §. 2 Nr. 4 K.V.G. Die Hausgewerbetreibenden können selbst wieder unselbstständige Arbeiter in ihrer Betriebsstätte oder außerhalb derselben beschäftigen. Vorausgesetzt aber ist eine Beschäftigung für bestimmte — einen oder mehrere — Gewerbetreibende, d. h. im Auftrage oder für Rechnung derselben. Wer also auf Vorrath arbeitet und sein Produkt dann an andere Gewerbetreibende nach seinem besten Vortheil verkauft, gehört nicht hierher. Vgl. Unger Nr. 196.

3. Die Zuständigkeit der Gewerbegerichte für Streitigkeiten zwischen den unter §. 5 fallenden Personen und den von ihnen selbst beschäftigten Personen bleibt unberührt (vgl. §. 2 Abs. 2 Satz 2 des Entwurfs).

4. Ueber die Wahlberechtigung und Wählbarkeit der Hausgewerbetreibenden s. §. 16 Abs. 2.

5. „Statut" s. §. 1 Abs. 5. Um auch die in Abs. 2 genannten Hausgewerbetreibenden der Zuständigkeit des Gewerbegerichts zu unterstellen, genügt die allgemeine Fassung im Statut, daß die Zuständigkeit sich auf Streitigkeiten zwischen den Hausgewerbetreibenden und ihren Arbeitgebern erstrecken soll, nicht, es muß zum Ausdruck kommen, daß auch die in Abs. 2 genannten mitumfaßt werden sollen (Erl. d. preuß. Min. f. Handel v. 30. 8. 01, H.M.Bl. Nr. 15.)

§. 6.

1. Durch die Zuständigkeit eines Gewerbegerichts wird die Zuständigkeit der ordentlichen Gerichte ausgeschlossen.

Schiedsverträge, durch welche die Zuständigkeit 2. der Gewerbegerichte für künftige Streitigkeiten ausgeschlossen wird, sind nur dann rechtswirksam, wenn nach dem Schiedsvertrage bei der Entscheidung von Streitigkeiten Arbeitgeber und Arbeiter in gleicher Zahl unter einem Vorsitzenden mitzuwirken haben, welcher weder Arbeitgeber oder Angestellter eines betheiligten Arbeitgebers, noch Arbeiter ist.

1. Die ordentlichen Gerichte müssen also Klagen, für welche die Zuständigkeit eines Gewerbegerichts begründet ist, wegen sachlicher Unzuständigkeit auch ohne Antrag zurückweisen. Die Begründung der Zuständigkeit eines ordentlichen Gerichts durch ausdrückliche oder stillschweigende Vereinbarung der Parteien (Prorogation, §§. 38 bis 40 C.P.O.) ist hier ausgeschlossen. Mot. S. 27 zu §. 22 des Entwurfs. Auch in der Berufungsinstanz ist die Frage der Zuständigkeit von Amtswegen zu prüfen. §. 528 C.P.O. bezieht sich nur auf den örtlichen Gerichtsstand, nicht auf die sachliche Zuständigkeit (Struckmann u. Koch Anm. 2 zu §. 528, G.G. VII Nr. 2 Sp. 29). §. 6 bezieht sich aber nur auf das Verhältniß der Gewerbegerichte zu den ordentlichen Gerichten und erklärt letzteren gegenüber die Zuständigkeit der ersteren für eine ausschließliche, nicht aber betrifft er das Verhältniß der Gewerbegerichte zu einander. Komm.-Ber. S. 6, Levy bei Gruchot Bd. 35. S. 173, Haas S. 33, Schier S. 27, 56, Wilhelmi u. Fürst S. 37. Im übrigen s. §§. 27, 28 u. Anm.

2. Zu Abs. 2. An sich kann die Zuständigkeit des Gewerbegerichts, ebenso wie die jedes ordentlichen Gerichts durch einen zwischen den Parteien giltig abgeschlossenen Schiedsvertrag ausgeschlossen werden. §. 1025 C.P.O. In der XII. Kommission wurde berichtet, daß mit dieser Möglichkeit

Mißbrauch getrieben werde; es werde insbesondere in den Fabrikordnungen vielfach vereinbart, daß der Arbeiter in allen Streitigkeiten sich dem Schiedsspruch eines Werkmeisters unterwerfe (vgl. über die Zulässigkeit solcher Fabrikschiedsgerichte G.G. III Sp. 19, 25, 47). Man beabsichtigte, solcher Lahmlegung der Gewerbegerichte entgegenzutreten, andererseits aber die Möglichkeit eines Schiedsvertrages nicht ganz zu unterbinden, sofern das Schiedsgericht ähnlich wie die Gewerbegerichte zusammengesetzt sei: Arbeiter und Arbeitgeber in gleicher Zahl unter einem unparteiischen Vorsitzenden.

Der ursprüngliche Antrag hatte gelautet:

> Vereinbarungen, durch welche der Zuständigkeit des Gewerbegerichts unterliegende Streitigkeiten der Entscheidung dieses Gerichts entzogen werden, sind nichtig. Komm.-Ber. XII S. 22.

Danach war zweifellos, daß die Vorschrift bei Zuständigkeit eines ordentlichen Gerichts nicht zu berücksichtigen war.

„Schiedsverträge, durch welche die Zuständigkeit der Gewerbegerichte für künftige Streitigkeiten ausgeschlossen wird," sind aber alle Schiedsverträge über Streitigkeiten aus Rechtsverhältnissen, welche zur sachlichen Zuständigkeit der Gewerbegerichte gehören, auch wenn zu der Zeit, da der Schiedsvertrag wirksam wird, ein örtlich zuständiges Gewerbegericht nicht vorhanden ist. Der Schiedsvertrag kann nur von Anfang an entweder giltig oder ungiltig sein, nicht zeitweise giltig, wenn ein örtlich zuständiges Gewerbegericht nicht vorhanden ist, zeitweise — z. B. in Folge Aenderung der gewerblichen Niederlassung des Arbeitgebers, des Wohnsitzes, der Errichtung eines Gewerbegerichts — ungiltig.

Für den Begriff „Arbeiter" ist § 3 maßgebend, vgl. die Worte: „Arbeiter im Sinne dieses Gesetzes" in § 3. Betriebsbeamte u. s. w. mit mehr als 2000 Mark Gehalt (§ 3 Abs. 2) dürfen also auf der Arbeiterseite nicht mitwirken, aber auch nicht auf der Arbeitgeberseite, denn §. 16 Abs. 1 Satz 2 stellt die mit der Leitung eines Betriebes oder Betriebszweiges betrauten Stellvertreter nur im Sinne der §§. 12 bis 14 den Arbeitgebern gleich. Zum Vorsitzenden kann auch ein Angestellter eines unbetheiligten Arbeitgebers, der nicht Arbeiter im Sinne des §. 3 ist, also ein Betriebsbeamter u. s. w. mit mehr als 2000 Mark Gehalt, bestellt werden.

§. 7.

Die sachliche Zuständigkeit der Gewerbegerichte 1. kann auf bestimmte Arten von Gewerbe- oder Fabrikbetrieben, die örtliche auf bestimmte Theile des Gemeindebezirkes beschränkt werden.

Die Landes-Zentralbehörde kann die örtliche Zu- 2. ständigkeit eines von ihr errichteten Gewerbegerichts ausdehnen. Die betheiligten Ortsbehörden sind zuvor zu hören.

1. Zu Abs. 1. Nur auf bestimmte Arten von Gewerben oder Fabrikbetrieben kann die sachliche Zuständigkeit beschränkt werden, nicht also auch auf einzelne speziell benannte Betriebe. Die Bestimmung bietet die Möglichkeit, auch andere als die im §. 81 genannten Reichs- und Staatsbetriebe auszuschließen, und rechtlich ist die höhere Verwaltungsbehörde befugt, wegen nicht erfolgter Ausschließung solcher Betriebe die Bestätigung zu versagen; jedoch darf hierbei immer nur die Art des Betriebes, nicht der Umstand, daß er unter öffentlicher Verwaltung steht, maßgebend sein (vgl. Sten. Ber. 1878, S. 976 bis 980), da eine Abgrenzung der Zuständigkeit nach dem letzterwähnten Gesichtspunkte nicht durchführbar ist. Eine Beschränkung der örtlichen Zuständigkeit ist nur innerhalb des Gemeindebezirks, nicht aber bei einem

für einen weiteren Kommunalverband eingesetzten Gericht statthaft. (Ebenso Haas S. 35; a. M., wohl gegen den Wortlaut und die Absicht des Gesetzes Bachem S. 46, Schier S. 29, Wilhelmi u. Fürst S. 39.)

Wegen der Wahlberechtigung und Wählbarkeit für die in ihrer sachlichen Zuständigkeit beschränkten Gerichte s. §. 14 Abs. 2.

Nachdem durch die Vorschrift in §. 2 die Errichtung eines Gewerbegerichts für Städte mit mehr als 20 000 Einwohnern obligatorisch gemacht ist, wird in solchen Städten §. 7 Abs. 1 unanwendbar sein. Andernfalls würde §. 2 durch Beschränkung auf einen kleinen Theil der Gemeinde oder eine wenig vertretene Fabrikart illusorisch gemacht werden können (vgl. Anm. zu §. 2).

2. Zu Abs. 2. Die Ausdehnung der örtlichen Zuständigkeit kann auf bisher ausgeschlossene Theile einer Gemeinde, auf bestimmte Theile mehrerer Gemeinden, mehrere Gemeinden oder auf den ganzen Bezirk eines weiteren Kommunalverbandes erfolgen. Die Unterlassung der Anhörung der betheiligten Ortsbehörden macht die Anordnung nicht ungültig; hieran wird dadurch nichts geändert, daß der Reichstag an Stelle der Worte „sollen . . gehört werden" die Wendung „sind . . zu hören" gesetzt hat. Sten. Ber. S. 352. Satz 2 findet im Falle des §. 82 Abs. 1 keine Anwendung (Abs. 2 Nr. 1 a. a. O.).

„Landes-Zentralbehörde" s. Anm. 1 zu §. 83.

§. 8.

Die Grenze der Zuständigkeit (§. 7) sowie die Zusammensetzung des Gerichts nach Maßgabe der Bestimmungen dieses Gesetzes ist durch das Statut zu regeln.

„Statut" s. §. 1 Abs. 5.

§. 9.

Die Kosten der Einrichtung und der Unterhaltung des Gerichts sind, soweit sie in dessen Einnahmen ihre Deckung nicht finden, von der Gemeinde oder von dem weiteren Kommunalverbande zu tragen. Soll das Gericht nicht ausschließlich für eine Gemeinde oder einen weiteren Kommunalverband zuständig sein, so ist bei Festsetzung der Zuständigkeit zugleich zu bestimmen, zu welchen Antheilen die einzelnen Bezirke an der Deckung der Kosten theilnehmen. 1.

Gebühren, Kosten und Strafen, welche in Gemäßheit dieses Gesetzes zur Hebung gelangen, bilden Einnahmen des Gerichts. 2.

1. Zu Abs. 1. Die Kosten fallen der Gemeinde zc. auch dann zur Last, wenn eine Beschränkung der Zuständigkeit gemäß §. 7 Abs. 1 vorliegt, ebenso auch dann, wenn das Gericht gemäß §. 1 Abs. 5, §. 2 von der Landes-Zentralbehörde eingesetzt ist.

2. Wegen Gebühren und Kosten s. §. 58. Als Strafen kommen in Betracht die gegen Beisitzer (§. 23), Zeugen und Sachverständige und die auf Grund der §§. 38 Abs. 3, 42 Abs. 1 Satz 4, 66 Abs. 1 Satz 2 verhängten Strafen.

3. „Weiterer Kommunalverband" s. Anm. 4 zu §. 1, Anm. 3 zu §. 88.

4. Eine Ausnahme von der Vorschrift des §. 9 s. im §. 82 Abs. 2 Nr. 3.

§. 10.

Für jedes Gewerbegericht sind ein Vorsitzender 1.
und mindestens ein Stellvertreter desselben sowie

die erforderliche Zahl von Beisitzern zu berufen; die Zahl der letzteren soll mindestens vier betragen.

2. Bei Gewerbegerichten, welche aus mehreren Abtheilungen (Kammern) bestehen, können mehrere Vorsitzende bestellt werden.

1. Zu Abs. 1.

„Wie hoch das Personal eines Gewerbegerichts im Ganzen zu bemessen ist, um eine ordnungsmäßige Erledigung der Geschäfte ohne übermäßige Inanspruchnahme der einzelnen Mitglieder zu sichern, wird für jedes einzelne Gericht unter Berücksichtigung der Größe des Bezirks und des Geschäftsumfanges durch das Statut oder die Verfügung der Zentralbehörde zu bestimmen sein. Die .... Besetzung mit einem Vorsitzenden, einem Stellvertreter desselben und vier Beisitzern bezeichnet nur das Mindestmaß, unter welches auch bei kleinen Gerichten jedenfalls nicht herabgegangen werden kann.“ Mot. S. 21.

2. Zu Abs. 2.

„In dem in Absatz 2 vorgesehenen Falle . . . kann die Vertheilung der Geschäfte sowohl nach Bezirken, als nach sachlichen Merkmalen, insbesondere auch nach den hauptsächlichsten Industriezweigen erfolgen. Das Nähere hierüber, wie auch die erforderlichen Bestimmungen in Betreff der Dienstaufsicht, können der statutarischen Regelung überlassen bleiben.“ Mot. S. 21, 22.

Es genügt, wenn das Statut der ausführenden Behörde (Magistrat ꝛc.) die Befugniß giebt, im Bedürfnißfalle Abtheilungen einzurichten; jedoch wird für diesen Fall über die Abgrenzung der Geschäfte und die Vertheilung der Beisitzer Bestimmung zu treffen sein. Auch eine Vertheilung der Geschäfte nach dem Alphabet ist zulässig.

§. 11.

Zum Mitglied eines Gewerbegerichts soll nur 1. berufen werden, wer das dreißigste Lebensjahr vollendet und in dem der Wahl vorangegangenen Jahre für sich oder seine Familie Armenunterstützung aus öffentlichen Mitteln nicht empfangen oder die empfangene Armenunterstützung erstattet hat. Als Beisitzer soll nur berufen werden, wer in dem Bezirke des Gerichts seit mindestens zwei Jahren wohnt oder beschäftigt ist.

Personen, welche zum Amt eines Schöffen un- 2. fähig sind (Gerichtsverfassungsgesetz §§. 31, 32), können nicht berufen werden.

1. Die Erfordernisse des passiven Wahlrechts sind gegenüber der Regierungsvorlage, welche bei Empfang von Armenunterstützung in den letzten drei Jahren unabhängig von der Zurückerstattung die Wählbarkeit ausschließen ließ, wesentlich gemildert. Das Statut darf die Bedingungen für die Wählbarkeit der Beisitzer nicht weiter beschränken als das Gesetz, welches nicht nur Minimal-, sondern auch Maximalforderungen aufstellt; unzulässig ist es daher, durch das Statut die im §. 33 Nr. 4 G.V.G. bezeichneten Kategorien (Personen, welche wegen geistiger oder körperlicher Gebrechen zu dem Amte nicht geeignet sind) auszuschließen, wie im Reichstage angenommen wurde (Sten. Ber. S. 353). A. M. Haas S. 38, Wilhelmi u. Fürst S. 49. Wegen des Vorsitzenden s. Anm. 4 zu §. 12.

2. Durch die Novelle ist das Erforderniß zweijährigen Wohnsitzes oder zweijährige Beschäftigung im Gerichtsbezirk für den Vorsitzenden fortgefallen, im übrigen bezieht

sich §. 11 auf alle Mitglieder, also auf die Vorsitzenden, Stellvertreter und Beisitzer.

3. Zu Abs. 1: „Soll nur berufen werden.“ Eine Berufung entgegen dieser instruktionellen Vorschrift (vgl. §§. 33, 34 G.V.G.) macht das Verfahren nicht zu einem mangelhaften und das Gericht nicht zu einem nicht vorschriftsmäßig besetzten (s. Anm. 4 und §. 56), indeß kann eine solche Berufung gemäß §. 17 Abs. 1 mit Erfolg angefochten werden (Schier S. 32). Beisitzer, welche zuwider dem Abs. 1 berufen werden, können unter Berufung hierauf die Dienstleistung verweigern und sind des Amtes zu entheben (Wilhelmi u. Fürst S. 45, s. §. 20 Anm. 2, §. 21 Anm. 1).

„In dem der Wahl vorangegangenen Jahre.“ Entscheidend ist der Tag der Wahl.

„Armenunterstützung aus öffentlichen Mitteln“ ist für den Bereich des Ges. über den Unterstützungswohnsitz v. 6. Juni 1870 (B.G.Bl. S. 360) nur eine solche, welche von einem Ortsarmenverbande oder Landarmenverbande (§. 2 a. a. O.), nicht etwa eine solche, welche von milden Stiftungen, Religionsgemeinschaften, aus Legaten gewährt worden ist. Was als Armenunterstützung gilt, bestimmen die Landesgesetze (§. 8 a. a. O.); für Preußen vgl. §. 1 des Ges., betr. die Ausführung des Bundesgesetzes über den Unterstützungswohnsitz, v. 8. März 1871 (G.S. S. 130).

Die — vollständige — Erstattung der im letzten Jahre empfangenen Unterstützung soll nach dem Wortlaut des Gesetzes spätestens bis zur Wahl erfolgt sein (es soll nur berufen werden, wer . . . erstattet hat); die im Reichstage (Sten. Ber. S. 359) ausgesprochene abweichende Ansicht hat im Gesetze keinen Rückhalt.

„beschäftigt ist. Die Bestimmung bezieht sich nicht blos auf die Beschäftigung als Arbeiter, sondern wird auch auf Arbeitgeber Anwendung zu finden haben, die, ohne im Gerichtsbezirke zu wohnen, daselbst ihre gewerbliche Niederlassung haben." Mot. S. 22.

Ein Beisitzer kann nach der Schlußbestimmung des Abs. 1 sowohl an seinem Wohnorte, als auch an seinem Beschäftigungsorte gewählt werden (Komm.-Ber. S. 10). Der Vorsitzende und seine Stellvertreter brauchen nicht im Gerichtsbezirk zu wohnen oder beschäftigt zu sein.

4. Zu Abs. 2.

G.V.G. „§. 31. Das Amt eines Schöffen ist ein Ehrenamt. Dasselbe kann nur von einem Deutschen versehen werden.

§. 32. Unfähig zu dem Amte eines Schöffen sind:

1. Personen, welche die Befähigung in Folge strafgerichtlicher Verurtheilung verloren haben;
2. Personen, gegen welche das Hauptverfahren wegen eines Verbrechens oder Vergehens eröffnet ist, das die Aberkennung der bürgerlichen Ehrenrechte oder der Fähigkeit zur Bekleidung öffentlicher Aemter zur Folge haben kann;
3. Personen, welche in Folge gerichtlicher Anordnung in der Verfügung über ihr Vermögen beschränkt sind."

Wenn Personen, welche hiernach unfähig sind, im Gerichte mitwirken, so ist letzteres nicht vorschriftsmäßig besetzt. Ein unter Mitwirkung einer solchen Person ergangenes Urtheil leidet an einem wesentlichen Mangel, der mit der Berufung (vgl. hierzu §. 55 d. Ges., §. 539 C.P.O.), ev. mit der Nichtigkeitsklage (§§. 578, 579 Nr. 1 C.P.O.) geltend gemacht werden kann (§. 56).

Durch die Bezugnahme auf §. 31 G.V.G. („von einem Deutschen") ist die Wählbarkeit der Frauen ausgeschlossen.

§. 12.

Der Vorsitzende sowie dessen Stellvertreter dürfen 1
weder Arbeitgeber noch Arbeiter sein.

2. Sie werden durch den Magistrat und, wo ein solcher nicht vorhanden ist oder das Statut dies bestimmt, durch die Gemeindevertretung, in weiteren Kommunalverbänden durch die Vertretung des Verbandes auf mindestens ein Jahr gewählt.

1. „Weitere Voraussetzungen für die persönliche Qualifikation des Vorsitzenden sind, abgesehen von den allgemeinen Anforderungen des §. 8 (jetzt 11), nicht aufgestellt. Insbesondere wird rechtsgelehrte Bildung oder Befähigung zum Richteramt nicht verlangt; denn wenn auch die Aufgabe, welche der Vorsitzende zu erfüllen hat, der Regel nach die Wahl auf Personen lenken wird, welche nicht ohne Rechtskenntniß sind, so kann doch unter Umständen ein vertrauenswürdiger und mit den Verhältnissen des gewerblichen Lebens näher bekannter Mann sehr wohl geeignet sein, in der Stelle des Vorsitzenden ersprießlich zu wirken, auch wenn ihm rechtsgelehrte Bildung abgeht. Mot. S. 22.

„Ist das Gewerbegericht für mehrere Gemeinden eingesetzt (§. 1 Abs. 2 [jetzt Abs. 3]), so wird bei der Errichtung zu bestimmen sein, in welcher Weise die betheiligten Gemeindevorstände oder Gemeindevertretungen bei der Wahl mitzuwirken haben.“ Mot. S. 23.

2. Zu Abs. 1. Ausgeschlossen sind nur Arbeiter im Sinne dieses Gesetzes (§. 3), sowie Arbeitgeber im Sinne des §. 16 Abs. 1, nicht z. B. Personen, welche nur land- und forstwirthschaftliche Arbeiter beschäftigen. Dagegen sind auch solche Arbeiter im Sinne dieses Gesetzes ausgeschlossen, welche im konkreten Falle der Zuständigkeit des Gewerbegerichts nicht unterstehen (§§. 7, 81, 84, 85), und ebenso ihre Arbeitgeber, da anderenfalls eine gleichmäßige Besetzung des Gerichts mit beiden Kategorien der Beisitzer nicht erreicht werden würde.

Wenn eine hiernach ausgeschlossene Person den Vorsitz geführt hat, so ergeben sich die in Anm. 4 zu §. 11 erwähnten Folgen.

Handlungsunfähige Personen, wie Kommunalverbände, Gemeinden, Aktiengesellschaften, Minderjährige, welche Arbeiter im Sinne des §. 3 des Ges. beschäftigen, sind selbst als Arbeitgeber anzusehen, nicht ihre gesetzlichen Vertreter; da aber nach §. 16 Abs. 1 die Stellvertreter der selbständigen Gewerbetreibenden den Arbeitgebern im Sinne des §. 12 gleichstehen, ist auch der gesetzliche Vertreter eines Arbeitgebers vom Vorsitz ausgeschlossen. Sofern jedoch die gesetzliche Vertretung einer Mehrheit von Personen zusteht — dem Magistrat bei Städten mit kollegialem Gemeindevorstand, dem Vorstand einer Aktiengesellschaft, bei welcher nicht jedes einzelne Vorstandsmitglied die selbständige Vertretung der Gesellschaft hat, — nimmt das einzelne Mitglied des Kollegiums nur an der Vertretung theil, ist nicht schon für sich allein Vertreter; sofern dasselbe daher nicht etwa zugleich in der Eigenschaft eines technischen Leiters des Betriebes oder eines Betriebszweiges als Stellvertreter im Sinne des §. 16 anzusehen ist, ist das Mitglied des Kollegiums zum Vorsitzenden wählbar. (Urth. d. preuß. O.V.G. v. 30. November 1893. Entsch. Bd. 25 S. 314—326; vgl. Anm. zu §. 16).

3. Zu Abs. 2. „Wo ein solcher nicht vorhanden ist" vgl. z. B. Städte-Ordnung für die Rheinprovinz vom 15. Mai 1856 (G.S. S. 406). Eine Ausnahme von Abs. 2 s. in §. 82 Abs. 2 Nr. 4.

In Preußen erfolgt die Wahl der Vorsitzenden und Stellvertreter für Gewerbegerichte, die von Kreisen bez. Oberamtsbezirken errichtet sind, durch die Kreis-, bez. Amtsausschüsse, für Gewerbegerichte, die von Provinzen oder von einem der kommunalständischen Verbände Cassel und Wiesbaden oder dem Hohenzollernschen Landeskommunalverbande errichtet sind, durch die Provinzialausschüsse, bez. die Landesausschüsse, falls nicht durch das Statut die Mitwirkung der Kreistage, der Amtsversammlungen, der Provinziallandtage, bez. Kommunallandtage vorgesehen ist, für Gewerbegerichte, die für rheinische Bürgermeistereien oder westfälische Aemter errichtet sind, durch die Bürgermeisterei-, bez. Amtsversammlungen. S. Anm. 3 zu §. 88.

4. So wenig wie für die Beisitzer darf das Statut für die Person des Vorsitzenden und Stellvertreters noch weitere Erfordernisse aufstellen, als §. 11; es kann z. B. nicht bestimmen, daß die Befähigung zum Richteramt (§. 2 G.V.G.) oder für den höheren Verwaltungsdienst nothwendig ist; a. A. Fredrich zu §. 12.

Wegen der Verpflichtung zur Annahme des Amtes als Vorsitzender s. Anm. 5 zu §. 20. Ob und in welchem Umfange dem Vorsitzenden eine Vergütung zu gewähren ist, bleibt der Bestimmung des Statuts ꝛc. überlassen.

5. „Statut" s. §. 1 Abs. 5.

§. 13.

1. Die Beisitzer müssen zur Hälfte aus den Arbeitgebern, zur Hälfte aus den Arbeitern entnommen werden.

2. Die ersteren werden mittelst Wahl der Arbeitgeber, die letzteren mittelst Wahl der Arbeiter bestellt. Die Wahl ist unmittelbar und geheim.

3. Die Wahl erfolgt auf mindestens ein Jahr und auf höchstens sechs Jahre. Eine Wiederwahl ist zulässig.

1. Von der Wählbarkeit und Wahlberechtigung sind ausgeschlossen die Arbeitgeber und Arbeiter solcher Betriebe, welche der Zuständigkeit des betreffenden Gerichts nicht

unterstehen (§§. 14 Abs. 2 und 3, 81, 82, 84, Komm.-Ber. S. 14). Die Mitwirkung einer solchen Person als Beisitzer macht das Gericht noch nicht zu einem nicht vorschriftsmäßig besetzten (vgl. Bl. f. soz. Pr. IV Nr. 44 Sp. 825, Nr. 50 Sp. 978, Anm. 1 zu §. 21, §. 56).

Ueber den Begriff „Arbeitgeber" s. Anm. 1 zu §. 16. „Arbeiter" im Sinne des Abs. 1 und 2 ist auch derjenige, welcher vorübergehend ohne Arbeit ist, sofern er nur berufsmäßig gegen Entgelt selbständigen Gewerbetreibenden seine Arbeitskraft zu Arbeiten im Gewerbebetriebe zur Verfügung stellt und im übrigen die Voraussetzungen der §§. 11 und 14 erfüllt. Vgl. Levin in „Bl. f. soz. Pr." Nr. 7 S. 60.

2. Zu Abs. 2:

Nach der aus den Kommissionsbeschlüssen (Ber. S. 13, 14) hervorgegangenen Fassung muß die Wahl unmittelbar und geheim sein. Ausgeschlossen ist jeder indirekte Wahlmodus, z. B. durch Wahlmänner, durch die Vorstände der Krankenkassen; es muß vielmehr jeder bei der Wahl Mitwirkende direkt seine Stimme für den oder die zu Wählenden abgeben. Die Abgabe der Stimmen muß geheim erfolgen, wodurch die Möglichkeit einer mündlichen Abstimmung ausgeschlossen ist. Daß das Stimmrecht auch ein gleiches sein muß, d. h. also daß das Statut ꝛc. je innerhalb des Standes der Arbeitgeber und Arbeiter keine Ungleichheit auf Grund der Steuerleistungen ꝛc. aufstellen darf, hat im Gesetze keinen Ausdruck gefunden. In der Kommission (Ber. S. 13) erklärte der Vertreter der verbündeten Regierungen, daß derartige Bestimmungen nur in ganz besonderen Ausnahmefällen genehmigt werden dürften. Vgl. im übrigen wegen der Wahl §. 15.

3. Zu Abs. 3. Zulässig ist die Einführung eines Turnus, doch muß auch hiernach jeder Beisitzer mindestens ein Jahr und höchstens 6 Jahre funktioniren können.

§. 14.

1. Zur Theilnahme an den Wahlen (§. 13) ist nur berechtigt, wer das fünfundzwanzigste Lebensjahr vollendet und in dem Bezirke des Gewerbegerichts Wohnung oder Beschäftigung hat. Die im §. 11 Abs. 2 bezeichneten Personen sind nicht wahlberechtigt.

2. Ist die Zuständigkeit des Gewerbegerichts auf bestimmte Arten von Gewerbe- oder Fabrikbetrieben beschränkt (§ 7 Abs. 1), so sind nur die Arbeitgeber und Arbeiter dieser Betriebe wählbar und wahlberechtigt.

3. Mitglieder einer Innung, für welche ein Schiedsgericht in Gemäßheit des §. 81b Nr. 4 und der §§. 91 bis 91b der Gewerbeordnung errichtet ist, sowie deren Arbeiter sind weder wählbar noch wahlberechtigt.

Zu Abs. 1:

„Wohnung oder Beschäftigung" vgl. Anm. 1 und 3 zu §. 11 (Mot. S. 22). Das Erforderniß, daß die Wohnung oder Beschäftigung seit mindestens einem Jahre bestehen muß, ist durch die Novelle beseitigt. Durch die Bezugnahme auf §. 11 Absatz 2 sind Frauen von der Wahlberechtigung ausgeschlossen; vgl. Anm. 4 zu §. 11. Anträge, welche diese Ausschließung beseitigen wollten, fanden nicht die Billigung der Kommission (Ber. S. 14, 15) und des Plenums vgl. auch Kom.-Ber. XII. S. 28. Das Statut darf keine der nach Abs. 1 berechtigten Personen vom aktiven Wahlrecht ausschließen. Mot. S. 23, Wilhelmi u. Fürst S. 58, a. M. Haas S. 43.

§. 15.

Die näheren Bestimmungen über die Wahl und 1.
das Verfahren bei derselben werden durch das Statut getroffen. Es kann insbesondere festgesetzt werden, daß bestimmte gewerbliche Gruppen je einen oder mehrere Beisitzer zu wählen haben. Auch ist eine Regelung nach den Grundsätzen der Verhältnißwahl zulässig; dabei kann die Stimmabgabe auf Vorschlagslisten beschränkt werden, die bis zu einem im Statute festgesetzten Zeitpunkte vor der Wahl einzureichen sind.

Ist in dem Statute bestimmt, daß die Gemeinde- 2.
behörde Wahllisten aufzustellen hat, so sind die Polizeibehörden sowie Krankenkassen, welche im Bezirke des Gewerbegerichts bestehen oder eine örtliche Verwaltungsstelle haben, verpflichtet, der Gemeindebehörde auf Verlangen die für die Fertigung der Wählerliste für Arbeitgeber und Arbeitnehmer erforderlichen Auskünfte zu geben, insbesondere Einsicht der Mitgliederverzeichnisse beziehungsweise der Gewerbeanzeigen zu gewähren.

1. Zu Abs. 1 Satz 1 und Abs. 2.

In der Kommission wurde als einstimmige Auffassung der Mitglieder und der Regierungsvertreter konstatirt, „daß eine Wahl nach Wahlbezirken durch die angenommene Fassung des Absatz 4 (jetzt §. 15 Abs. 1) nicht ausgeschlossen, und daß eine Aufstellung von Wählerlisten für die Wahl nicht nothwendig sei, es vielmehr den Ortsstatuten freistehe, auch andere Unterlagen für die Wahl zu benutzen, sofern sie vorhanden, oder solche zu schaffen. Dementsprechend sei auch das bisherige Verfahren bei den rheinischen Gewerbegerichten, wonach nur diejenigen mitwählen dürfen, welche sich unter Nachweis ihres aktiven Wahlrechts vorher in die offen zu legende Wählerliste hätten eintragen lassen, keineswegs ausgeschlossen." Komm.-Ber. S. 16. Ein Vorschlag, die Aufstellung von Wählerlisten obligatorisch zu machen, wurde von der XII. Komm. wegen der damit verbundenen Mühen und Kosten abgelehnt. Falls aber das Statut die Aufstellung vorschreibt, soll die neue Vorschrift in Abs. 2 die Beschaffung des Materials für die Wählerliste erleichtern. Komm.-Ber. XII. S. 33.

2. Zu Abs. 1 Satz 2.

„Es wurde zwar anerkannt, daß auch ohne eine solche ausdrückliche Bestimmung die Anordnung einer Wahl nach Gruppen den Statuten freistehe. Doch war man der Meinung, daß es sich empfehle, auf diese Art der Wahl, welche in vielen Fällen die naturgemäße sei, ausdrücklich hinzuweisen." Komm.-Ber. S. 16.

3. Zu Abs. 1 Satz 3.

Verhältnißwahl, Proportionalwahl, im Gegensatz zur Mehrheitswahl liegt vor, wenn nicht die Stimmenmehrheit entscheidet, sondern jeder Partei nach Verhältniß der für sie abgegebenen Stimmen eine entsprechende Anzahl von Plätzen zugewiesen werden. „Dieses Wahlverfahren sei geeignet, die Wahlkämpfe zu mildern, es gewähre und sichere auch einer größeren Minderheit eine angemessene Vertretung." Komm.-Ber. XII S. 27.

Ein Beispiel der Regelung nach den Grundsätzen der Verhältnißwahl unter Beschränkung der Stimmabgabe auf Vorschlagslisten bietet der Entwurf zum Statut des G.G. Frankfurt a. M.:

§. 12. Die Wahl der Beisitzer ist unmittelbar und geheim; sie findet nach den Grundsätzen der Verhältnißwahl statt. — In der im §. 8 genannten Bekanntmachung fordert der Wahlausschuß zur Einreichung von getrennten Wahlvorschlagslisten für Arbeitgeber und Arbeiter auf. Jede Vorschlagsliste darf höchstens 33 Namen enthalten, muß von mindestens 20 Wahlberechtigten des betreffenden Theiles unterzeichnet und spätestens eine Woche vor dem Wahltermin bei dem G.G. eingereicht sein. — §. 13. Jeder Stimmzettel, der mit einer eingereichten Liste übereinstimmt oder auf dem höchstens ein Drittel der in der Vorschlagsliste enthaltenen Namen gestrichen oder durch andere ersetzt sind, wird für diese Liste gezählt. Alle übrigen giltigen Stimmzettel, werden gemeinsam als eine besondere Liste (Ergänzungsliste) betrachtet und besonders gezählt. Dann wird ermittelt, wie viel giltige Stimmzettel im ganzen abgegeben und wie viel auf jede der eingereichten und die Ergänzungsliste gefallen sind. Von den auf jeder Liste enthaltenen Personen gilt diejenige Zahl als gewählt, welche sich zu der Gesammtzahl der zu wählenden Beisitzer ebenso verhält, wie die Zahl der auf die Liste entfallenen Stimmen zu der Gesammtzahl der abgegebenen Stimmzettel. — §. 14. Personen, welche auf mehreren eingereichten Listen vorgeschlagen sind, werden vom Wahlausschuß schriftlich befragt, welcher Liste sie zugetheilt werden wollen. Erfolgt bis zum Ablauf der Abstimmungszeit keine Antwort, so sind sie der Liste zuzurechnen, auf der sie an frühester Stelle stehen, oder, falls sie auf mehreren Listen an gleicher Stelle stehen, derjenigen, welche zuerst eingereicht ist. — Innerhalb der einzelnen Vorschlagslisten werden die Gewählten wie folgt bestimmt: Denjenigen Personen, welche auf mehreren Listen enthalten sind, werden die Stimmen zugezählt, welche auf den für die anderen Listen abgegebenen Stimmzetteln für sie abgegeben sind. Umgekehrt werden den auf einer Liste Vorgeschlagenen, falls sie auf einzelnen für diese Liste abgegebenen Stimmzetteln gestrichen sind, entsprechend viele Stimmen abgezogen. Gewählt sind diejenigen Personen, welche unter Berücksichtigung dieser Zu- und Abrechnungen die höchsten Stimmenzahlen erhalten haben, bei Stimmengleichheit entscheidet die Reihenfolge auf dem eingereichten Exemplar der Vorschlagsliste. In der Ergänzungsliste entscheidet über die Reihenfolge der Gewählten die Zahl der erhaltenen Stimmen, welche nach Maßgabe des Abs. 3 zu berechnen ist, und bei Stimmengleichheit das Loos." G.G. VII Nr. 3 Sp. 98.

Ueber die Frage der Zulassung von Ergänzungslisten, Bevorzugung der auf mehreren Listen erscheinenden Kandidaten, Mindestzahl der für einen Gewählten erforderlichen Stimmen vgl. Flesch im G.G. VI Nr. 11 Sp. 209 ff. sowie G.G. VII Nr. 3 Sp. 101.

§. 16.

1. Als Arbeitgeber im Sinne der §§. 12 bis 14 gelten diejenigen selbständigen Gewerbetreibenden, welche mindestens einen Arbeiter (§. 3) regelmäßig das Jahr hindurch oder zu gewissen Zeiten des Jahres beschäftigen. Den Arbeitgebern stehen im Sinne der bezeichneten Vorschriften die mit der Leitung eines Gewerbebetriebs oder eines bestimmten Zweiges desselben betrauten Stellvertreter der selbständigen Gewerbetreibenden gleich, sofern sie nicht nach §. 3 Abs. 2 als Arbeiter gelten.

Inwieweit die nach §. 5 der Zuständigkeit der Gewerbegerichte unterstellten Hausgewerbetreibenden als Arbeitgeber oder Arbeiter wahlberechtigt und wählbar sind, wird durch das Statut bestimmt. 2.

1. Zu Abs. 1 Satz 1.

Der Satz ist durch die Novelle eingefügt. In der Praxis hat sich die Bestimmung des Begriffs „Arbeitgeber" als nothwendig erwiesen; „regelmäßig" ist dahin zu verstehen, „daß als Arbeitgeber gelten soll, wer unter normalen gewöhnlichen Verhältnissen einen Arbeiter beschäftigt"; „zu gewissen Zeiten des Jahres" berücksichtigt die Verhältnisse der Saisongewerbe (Komm.-Ber. XII S. 35).

2. Zu Abs. 1 Satz 2.

„Die Bestimmung entspricht einem Zusatz, welchen der Reichstag im Jahre 1878 zu der damaligen Vorlage beschlossen hat, und wird im Allgemeinen einer näheren Begründung nicht bedürfen. Durch die Fassung ist zum Ausdrucke gebracht, daß die Vertretungsbefugniß der betreffenden Personen, wenn sie sich auch nicht auf die gesammte Thätigkeit des Gewerbeunternehmers zu erstrecken braucht, doch nothwendig einen Geschäftskreis umfassen muß, der seiner Natur nach zur Thätigkeit des Unternehmers gehört. Gewöhnliche Werkmeister, Faktoren und ähnliche Betriebsbeamte fallen nicht unter die Bestimmung. Dagegen wird es keinen Unterschied begründen können, ob der Stellvertreter außer der technischen Leitung auch mit der geschäftlichen Vertretung nach außen betraut ist oder nicht. Die Bestimmung hat daher ebensowohl auf die Vorstandsmitglieder von Aktiengesellschaften, Genossenschaften u. s. w. als auf die dirigirenden Betriebsbeamten größerer Fabrikunternehmungen Anwendung zu finden."

Mot. S. 23, 24. Vgl. Entsch. der Kgl. Regierung der Pfalz v. 9. Oktober 1896, G.G. III Nr. 1 Sp. 5, VI Sp. 205.

Im übrigen ist eine Stellvertretung des Wahlberechtigten nicht gestattet.

Die im Abs. 1 bezeichneten Vertreter sind auch in Bezug auf die Ausübung des aktiven Wahlrechts den Arbeitgebern völlig gleichgestellt; sie können daher neben denselben, nicht nur im Verhinderungsfalle, an den Wahlen Theil nehmen, ebenso können sie neben ihren Arbeitgebern zu Beisitzern gewählt werden. Sten. Ber. S. 417, 418, 421 — immer vorausgesetzt, daß sie den Anforderungen des §. 14 entsprechen. Auch sind sie, ebenso wie ihre Arbeitgeber, vom Vorsitz ausgeschlossen. S. Anm. 2 zu §. 12.

Wegen der Bergwerksbetriebe rc. s. §. 82 Abs. 2 Nr. 5.

3. Das Gesetz hat sich nicht darüber ausgesprochen, ob juristische Personen ihr Stimmrecht durch ihre gesetzlichen Vertreter ausüben dürfen, ob die Vertreter den Voraussetzungen des §. 14 entsprechen müssen, wie das Wahlrecht auszuüben sei, wenn die gesetzliche Vertretung einer Mehrheit von Personen zusteht, ohne daß jede für sich allein vertretungsberechtigt ist (Magistrat einer Stadtgemeinde, Vorstand einer Aktiengesellschaft), vgl. Anm. 2 zu §. 12. Da die juristische Person doch nur eine Stimme führen könnte, würde das vertretende Organ sein Stimmrecht nur durch einen Bevollmächtigten ausüben können. Eine solche Vertretung in der Ausübung des Wahlrechts kennt aber das Gesetz nicht. Man wird daher annehmen müssen, daß juristische Personen als Arbeitgeber nicht wahlberechtigt sind. Sie können daher nur nach Maßgabe des Abs. 1 Satz 2 dieses Paragraphen bei der Wahl betheiligt

sein. (Vgl. Soetbeer in den Bl. f. soz. Pr. Nr. 103 Sp. 222.)

Zu den „Stellvertretern" im Sinne des Abs. 1 Satz 2 gehören auch die gesetzlichen Vertreter. Sofern also die gesetzliche Vertretung eines Handlungsunfähigen einer einzelnen Person zusteht (Vormund eines Minderjährigen, Bürgermeister einer Stadtgemeinde ohne kollegialen Gemeindevorstand, Vorstand einer Aktiengesellschaft, nach deren Statut jedes Vorstandsmitglied für sich allein zur Vertretung berechtigt ist), sind diese Personen wahlberechtigt und wahlfähig, vorausgesetzt, daß sie den Anforderungen des §. 14 entsprechen. Dagegen kann Abs. 1 Satz 2 nicht ohne weiteres auf das einzelne Mitglied eines vertretenden Organs angewendet werden, da eben nur das Organ in seiner Gesammtheit Vertreter ist, das einzelne Mitglied nur an der Vertretung theilnimmt, vgl. die bei §. 12 cit. Entsch. des O.V.G. v. 30. November 1893, Entsch. Bd. 25 S. 314 ff. Das einzelne Mitglied des vertretenden Organs wird daher nur dann wahlberechtigt und wahlfähig sein, wenn es — von der rechtsgeschäftlichen Vertretung nach außen abgesehen — in Folge seiner Thätigkeit im Betriebe, etwa als technischer Leiter des Gewerbebetriebes oder eines Zweiges desselben, als Stellvertreter des Unternehmers anzusehen ist.

4. Sofern eine Person zugleich als Arbeitgeber auf Grund des Satz 1 und als Stellvertreter eines Gewerbetreibenden im Sinne des Satz 2 wahlberechtigt ist, wird ihr ein mehrfaches Stimmrecht zuzusprechen sein. Zu weit geht der Beschluß der Königl. Regierung zu Speyer (G.G. III Nr. 1 Sp. 5), welcher einer Person als Arbeitgeber mehrerer Betriebe oder Betriebsarten ein mehrfaches Stimmrecht zugesteht.

5. Zu Abs. 2. Die in Rede stehenden Personen gelten im Verhältniß zu ihren Arbeitgebern gemäß §. 5 theils ohne Weiteres, theils nach der Bestimmung des Statuts, als Arbeiter im Sinne dieses Gesetzes, im Verhältniß zu

ihren Arbeitern dagegen als Arbeitgeber. In welcher Kategorie sie nun wahlberechtigt und wählbar sein sollen, kann nur unter Berücksichtigung der lokalen Verhältnisse bestimmt werden; die Regelung kann auch für verschiedene Arten von Hausgewerbetreibenden abweichend erfolgen.

„Statut" s. §. 1 Abs. 5.

§. 17.

1. Beschwerden gegen die Rechtsgültigkeit der Wahlen sind nur binnen eines Monats nach der Wahl zulässig. Sie werden durch die höhere Verwaltungsbehörde entschieden. Dieselbe hat auf erhobene Beschwerde Wahlen, welche gegen das Gesetz oder die auf Grund des Gesetzes erlassenen Wahlvorschriften verstoßen, für ungültig zu erklären.

2. Die Wahl der Vorsitzenden und der Stellvertreter bedarf der Bestätigung der höheren Verwaltungsbehörde, in deren Bezirke das Gewerbegericht seinen Sitz hat. Diese Bestimmung findet auf Staats- oder Gemeindebeamte, welche ihr Amt kraft staatlicher Ernennung oder Bestätigung verwalten, keine Anwendung, solange sie dieses Amt bekleiden.

1. Abs. 1 bezieht sich sowohl auf die Wahl der Beisitzer, als auch auf die der Vorsitzenden und ihrer Stellvertreter.

„Ein . . . Antrag, zu sagen,

„Beschwerden gegen die Rechtsgültigkeit der Wahlen der Beisitzer werden durch die höhere Verwaltungsbehörde entschieden u. s. w."

wurde abgelehnt, weil auch Beschwerden gegen die Wahlen des Vorsitzenden und seines Stellvertreters, sofern sie nicht aus dem Schooße des Wahlkörpers kommen, auf demselben Wege entschieden werden sollen, während Beschwerden aus dem Schooße des Wahlkörpers heraus in dem gewöhnlichen, von den Städte- und Gemeindeordnungen geregelten Wege zu erledigen sind." Komm.-Ber. S. 18. Die letzterwähnte Beschränkung ist im Gesetze nicht zum Ausdruck gelangt; nach demselben können auch aus dem Schooße des Wahlkörpers heraus Beschwerden an die höhere Verwaltungsbehörde gelangen. Wo die Beschwerde einzulegen ist, bestimmt das Gesetz nicht; es wird zur Wahrung der Frist auch Einlegung bei der die Wahl anordnenden Behörde (dem Magistrat ꝛc.) oder auch beim Wahlvorstande während des Wahlaktes genügen. Verstöße, welche auf das Wahlresultat keinen Einfluß haben konnten, geben keinen Anlaß zur Ungiltigkeitserklärung, denn dann verstößt die Wahl nicht gegen das Gesetz ꝛc. Gegen die Entscheidung der höheren Verwaltungsbehörde ist ebenso, wie im Falle des §. 21 Abs. 1 (s. Anm. 1 hierzu), Beschwerde innerhalb des landesgesetzlich geordneten Instanzenzuges gegeben (ebenso Haas S. 47). Ohne erhobene Beschwerde ist eine Ungültigkeitserklärung der Wahlen unzulässig. (Wilhelmi u. Fürst S. 67.)

„Höhere Verwaltungsbehörde" im Sinne des Abs. 1 ist in Preußen der Bezirksausschuß, bezw. für Gewerbegerichte, die von einem Provinzialverbande oder den Kommunalständischen Verbänden Cassel und Wiesbaden errichtet sind, der Provinzialrath, für ein vom Hohenzollernschen Kommunalverbande errichtetes Gewerbegericht der Minister des Innern, für Berlin der Ober-Präsident. S. Anm. 3 zu §. 88.

2. Zu Abs. 2:

Nach dem durch die Kommissionsbeschlüsse (Ber. S. 17, 18) hinzugefügten Satz 2 sind unter bestimmten Voraussetzungen **Staats-** und **Gemeindebeamte** dem Bestätigungsrecht nicht unterworfen; **Reichsbeamte** gehören nicht hierher (a. M. Haas S. 47). Der Begriff „Staatsbeamte" bestimmt sich nach den landesrechtlichen Normen. Nach §§. 68, 69 Allg. Landrecht II. 10 gehören hierzu die unmittelbaren und **mittelbaren** Beamten, also auch die Beamten der Gemeinden und weiteren Kommunalverbände; der Zusatz „und Gemeindebeamte" hat demnach für dieses Rechtsgebiet keine Bedeutung. Die Ernennung oder Bestätigung muß staatlich sein, d. h. von dem Landesherrn oder von einer **staatlichen** Behörde ausgehen. Unter Satz 2 fallen u. a. im Bereiche der Städte-Ordnung vom 30. Mai 1853 sämmtliche Magistratsmitglieder (§. 33 a. a. O.), dagegen nach dem Gemeindeverfassungs-Gesetz für die Stadt Frankfurt a. M. v. 25. März 1867 (G.S. S. 401) nur der erste und zweite Bürgermeister, nicht die Stadträthe (§§. 40, 42). — Für die Versagung der Bestätigung ist die Angabe von Gründen nicht nothwendig; gegen die Versagung findet die Beschwerde an die vorgesetzten Dienststellen nach Landesrecht statt.

„In deren Bezirk — Sitz hat." Hierdurch soll die Zuständigkeit zur Bestätigung bei gemeinsamen Gewerbegerichten außer Zweifel gestellt werden. Sten. Ber. S. 632.

„**Höhere Verwaltungsbehörde**" im Sinne des Abs. 2 ist in Preußen der Regierungs-Präsident, bezw. wenn es sich um ein von einem der Kommunalverbände Cassel und Wiesbaden errichtetes Gericht handelt, sowie für Berlin der Ober-Präsident, wenn es sich um ein von dem Hohenzollernschen Kommunalverbande errichtetes Gericht handelt, der Minister des Innern. S. Anm. 3 zu §. 83.

§. 18.

Sind Wahlen nicht zu Stande gekommen oder wiederholt für ungültig erklärt, so ist die höhere Verwaltungsbehörde befugt,

a) die Wahlen, soweit sie durch Arbeitgeber oder Arbeiter vorzunehmen waren, durch den Magistrat und, wo ein solcher nicht vorhanden ist oder wo das Statut dies bestimmt, durch die Gemeindevertretung, in weiteren Kommunalverbänden durch die Vertretung des Verbandes vornehmen zu lassen;

b) soweit die Wahlen vom Magistrat oder der Gemeindevertretung oder der Vertretung eines weiteren Kommunalverbandes vorzunehmen waren, die Mitglieder selbst zu ernennen.

1. Es genügt zur Anwendbarkeit des §. 18, daß die Wahlen auch nur theilweise (wegen Wahlenthaltung 2c.) nicht zu Stande gekommen sind, daß also nicht die erforderliche Anzahl von Beisitzern gewählt ist oder auch nur die von einem Bezirke, einer Gruppe 2c. vollzogenen Wahlen wiederholt, d. h. mindestens zweimal, für ungültig erklärt worden sind.

2. Abs. a betrifft die Wahl der Beisitzer (§. 13 Abs. 2). Ohne Anordnung der höheren Verwaltungsbehörde darf der Magistrat 2c. die Wahlen nicht vornehmen.

Abs. b betrifft zunächst die Wahl des Vorsitzenden und des Stellvertreters (§. 12 Abs. 2), sodann aber auch die gemäß Abs. a vom Magistrat 2c. zu vollziehenden Beisitzer-Wahlen, wenn diese wiederum nicht zu Stande gekommen oder wiederholt für ungültig erklärt sind.

3. „Statut" s. §. 1 Abs. 5. „Höhere Verwaltungsbehörde" ist die in Anm. 2 zu §. 17 Abs. 2 genannte Stelle (Regierungs-Präsident, Ober-Präsident, Minister des Innern); s. Anm. 3 zu §. 88.

§. 19.

Namen und Wohnort der Mitglieder des Gewerbegerichts werden nach näherer Bestimmung des Statuts öffentlich bekannt gemacht.

„Statut" s. §. 1 Abs. 5. Auch Namen und Wohnort der Vorsitzenden und Stellvertreter müssen bekannt gemacht werden.

§. 20.

1. Das Amt der Beisitzer ist ein Ehrenamt. Die Uebernahme kann nur aus den Gründen verweigert werden, welche zur Ablehnung eines unbesoldeten Gemeindeamts berechtigen. Wo landesgesetzliche Bestimmungen über die zur Ablehnung von Gemeindeämtern berechtigenden Gründe nicht bestehen, darf die Uebernahme nur aus denselben Gründen verweigert werden, aus welchen das Amt eines Vormundes abgelehnt werden kann. Wer das Amt eines Beisitzers sechs Jahre versehen hat, kann während der nächsten sechs Jahre die Uebernahme des Amtes ablehnen. Ablehnungsgründe gewählter Beisitzer sind nur zu berücksichtigen, wenn dieselben, nachdem der betheiligte Beisitzer von seiner Wahl in Kenntniß gesetzt ist, schriftlich geltend gemacht werden. Ueber den Ablehnungsantrag entscheidet die im §. 12 Abs. 2 bezeichnete Stelle.

2. Die Beisitzer erhalten für jede Sitzung, der sie beigewohnt haben, Vergütung etwaiger Reisekosten

und eine Entschädigung für Zeitversäumniß. Die Höhe der letzteren ist durch das Statut festzusetzen; eine Zurückweisung derselben ist unstatthaft.

1. Zu Abs. 1. Satz 1 „Ehrenamt". Jede Besoldung der Beisitzer ist hierdurch ausgeschlossen.

2. Zu Abs. 1 Satz 2 bis 4. Ueber Ablehnung der Vormundschaft bestimmt §. 1786 B.G.B. §. 74 der Städte-Ordnung für die sechs östlichen Provinzen der Preußischen Monarchie v. 30. Mai 1853 (G.S. S. 261) bestimmt:

„Ein jeder stimmfähiger Bürger ist verpflichtet, eine unbesoldete Stelle in der Gemeindeverwaltung oder -Vertretung anzunehmen, sowie eine angenommene Stelle mindestens drei Jahre lang zu versehen.

Zur Ablehnung oder zur früheren Niederlegung einer solchen Stelle berechtigen nur folgende Entschuldigungsgründe:

1) anhaltende Krankheit;
2) Geschäfte, die eine häufige oder lange dauernde Abwesenheit mit sich bringen;
3) ein Alter über sechszig Jahre;
4) die früher stattgehabte Verwaltung einer unbesoldeten Stelle für die nächsten drei Jahre;
5) die Verwaltung eines anderen öffentlichen Amtes;
6) ärztliche oder wundärztliche Praxis;
7) sonstige besondere Verhältnisse, welche nach dem Ermessen der Stadtverordneten-Versammlung eine gültige Entschuldigung begründen."

Die Anwendung der Nr. 4 auf die hier in Rede stehenden Fälle in Verbindung mit Satz 4 des Abs. 1 ergiebt, daß, wer einmal das Amt eines Beisitzers weniger als 6 Jahre hindurch bekleidet hat, für die nächsten 3 Jahre ablehnen kann, daß dagegen derjenige, welcher 6 Jahre hindurch Beisitzer gewesen ist, für die nächsten 6 Jahre befreit ist. Vgl. Sten. Ber. S. 429, 430,

Wilhelmi u. Fürst S. 74. An die Stelle der Stadtverordneten-Versammlung (Nr. 7) tritt die im §. 12 Abs. 2 bezeichnete Stelle (Magistrat rc.).

Auch eine den Vorschriften des §. 11 zuwider erfolgte Berufung berechtigt zur Ablehnung; Anm. 3 zu §. 11.

Nicht nur die Ablehnung der Annahme, sondern auch die Niederlegung des angenommenen Beisitzeramtes ist aus den erwähnten Gründen zulässig.

Ob und inwieweit bei erfolgreicher Verweigerung der Uebernahme Ersatzwahlen anzuordnen sind, wird das Statut zu bestimmen haben.

3. Zu Abs. 1 Satz 5 und 6. Eine Frist für die Geltendmachung der Ablehnungsgründe (d. h. Weigerungsgründe, da es sich auch um die Niederlegung des bereits angenommenen Amtes handelt), ist gesetzlich nicht vorgeschrieben; solange ein Beisitzer einen Ablehnungsgrund nicht mit Erfolg geltend gemacht hat, unterliegt er der Strafvorschrift des §. 23 Abs. 1. Gegen die Entscheidung über die Ablehnung findet die Beschwerde innerhalb des landesrechtlich geordneten Instanzenzuges statt. Sten. Ber. S. 430.

4. Zu Abs. 2. Während der Entwurf nur die Vergütung der Reisekosten obligatorisch machte, die Gewährung einer Vergütung für Zeitversäumniß aber dem Statut überließ, ging die gegenwärtige Gestalt des Abs. 2 aus der Erwägung hervor, „daß Arbeiter, welche keine Entschädigung für Zeitversäumniß erhielten, wohl selten in der Lage sein würden, das Amt eines Beisitzers anzunehmen. Wenn die Annahme der Wahl obligatorisch sein solle, so könne man den Arbeitern eine Vergütung für Zeitversäumniß ohne Unbilligkeit nicht verweigern. Der Gleichheit halber und damit die Arbeiter sich nicht als Beisitzer zweiter Klasse fühlten, sei es nothwendig, auch den Arbeitgebern diese Vergütung zu geben. Komm.-Ber. S. 19.

Die Höhe der Vergütung für Zeitversäumniß muß im Statut für Arbeiter und Arbeitgeber gleichmäßig und auch ohne weitere Abstufungen innerhalb der einzelnen Kategorien festgesetzt sein; zulässig aber ist eine Abstufung nach der aufgewendeten Zeit. Für etwaige Reisekosten sind die thatsächlich erwachsenen baaren Auslagen zu erstatten, falls das Statut nicht bestimmte Sätze vorschreibt (Wilhelmi u. Fürst S. 74). Eine Zurückweisung des Ersatzes der Reisekosten ist statthaft; der Schluß des Abs. 2 bezieht sich nur auf die Entschädigung für Zeitversäumniß. In der Zurückweisung der letzteren kann eine grobe Verletzung der Amtspflicht (§. 21 Abs. 3) gefunden werden; direkter Zwang zur Annahme ist nicht anwendbar.

Den Parteien fallen die Vergütungen für Reisekosten nicht zur Last. Mot. S. 25.

5. Der ganze §. bezieht sich nur auf die Beisitzer, nicht auf die Vorsitzenden und Stellvertreter. Wegen der Besoldung der letzteren s. Anm. 4 zu §. 12. Eine Verpflichtung zur Annahme und Beibehaltung des Amts als Vorsitzender oder Stellvertreter kennt das Gesetz nicht. Inwieweit Beamte des betr. Kommunalverbandes zur Annahme und Führung des Amts verpflichtet sind und welche Folgen die Weigerung nach sich zieht, bestimmen die landesrechtlichen Normen. Ob und inwieweit ein Beamter, welcher nicht dem betr. Kommunalverbande dient, zur Uebernahme des Amts der Genehmigung seiner Dienstbehörde bedarf, richtet sich ebenfalls nach den betr. dienstpragmatischen Vorschriften.

6. „Statut" s. §. 1 Abs. 5.

§. 21.

Ein Mitglied des Gewerbegerichts, hinsichtlich dessen Umstände eintreten oder bekannt werden, welche die Wählbarkeit zu dem von ihm bekleideten Amt nach Maßgabe dieses Gesetzes ausschließen, ist des Amtes zu entheben. Die Enthebung erfolgt durch 1.

die höhere Verwaltungsbehörde nach Anhörung des Betheiligten.

2. Aus den Arbeitgebern entnommene Beisitzer, die erst nach ihrer Wahl Mitglied einer im §. 14 Abs. 3 bezeichneten Innung werden, sowie aus den Arbeitern entnommene Beisitzer, die erst nach ihrer Wahl bei einem Mitglied einer solchen Innung in Arbeit treten, bleiben bis zur nächsten Wahl im Amte.

3. Ein Mitglied des Gewerbegerichts, welches sich einer groben Verletzung seiner Amtspflicht schuldig macht, kann seines Amtes entsetzt werden. Die Entsetzung erfolgt durch das Landgericht, in dessen Bezirke das Gewerbegericht seinen Sitz hat. Hinsichtlich des Verfahrens und der Rechtsmittel finden die Vorschriften entsprechende Anwendung, welche für die zur Zuständigkeit der Landgerichte gehörigen Strafsachen gelten. Die Klage wird von der Staatsanwaltschaft auf Antrag der höheren Verwaltungsbehörde erhoben.

1. Zu Abs. 1:

Zu den im Abs. 1 bezeichneten „Umständen" gehören auch die im §. 11 Abs. 1, §. 14 Abs. 2 und 3 hervorgehobenen Hindernisse (s. Anm. 3 zu §. 11, Anm. 1 zu §. 13). Eine Ausnahme schreibt der durch die Novelle eingefügte Abs. 2 vor. Solange die Enthebung nicht erfolgt ist, kann eine unter Mitwirkung eines solchen Mitgliedes ergangene Entscheidung mit der Nichtigkeitsklage nur angefochten werden, wenn ein Beisitzer mitwirkte, der zur Zeit der Wahl zum Amte eines Schöffen unfähig war (§. 56, Bl. f. Soz. Pr. IV Nr. 44 Sp. 825, Nr. 50 Sp. 978).

„Höhere Verwaltungsbehörde" im Sinne des Abs. 1 ist in Preußen der Bezirksausschuß, bezw. sofern es sich um ein von einem Provinzialverbande oder einem der Kommunalverbände Cassel und Wiesbaden errichtetes Gericht handelt, der Provinzialrath, sofern es sich um ein von dem Hohenzollernschen Kommunalverbande errichtetes Gericht handelt, der Minister des Innern, für Berlin der Ober-Präsident. S. Anm. 3 zu §. 88.

Gegen die Entscheidung der höheren Verwaltungsbehörde ist die Beschwerde innerhalb des geordneten Instanzenzuges gegeben; Sten. Ber. S. 435. Die Anhörung des Beisitzers kann mündlich oder schriftlich erfolgen, auch durch den Vorsitzenden.

2. Zu Abs. 2.

Der durch die Novelle eingefügte Zusatz will im Interesse der Stetigkeit in der Besetzung der Gewerbegerichte dem Mißstand vorbeugen, daß bisher ein Ausscheiden stattfinden mußte, wenn ein Arbeitgeberbeisitzer Mitglied einer Innung wurde, für die ein Innungsschiedsgericht besteht, oder ein Arbeiterbeisitzer bei einem solchen Innungsmitglied in Arbeit trat. In solchem Fall soll ein Ausscheiden erst bei der „nächsten Wahl" — nicht etwa erst am Ende der Amtsdauer — erfolgen (Komm. Ber. XII S. 30 ff.). Dem „in Arbeit treten" wird es gleich zu erachten sein, wenn ein Arbeiterbeisitzer bei einem Arbeitgeber in Arbeit bleibt, welcher erst nach der Wahl einer Innung beitritt.

3. Zu Abs. 3:

Zuständig ist die Strafkammer des betr. Landgerichts (§. 72 Abs. 2 G.V.G.) ev. auch nach Anordnung der Landesjustizverwaltung die sog. detachirte Strafkammer (§. 78 a. a. O.), in deren Bezirk das Gewerbegericht seinen Sitz hat, und zwar ist die Kammer in der Hauptverhandlung mit fünf Mitgliedern besetzt (§. 77 a. a. O.). Die Klage ist die öffentliche Klage der St.P.O. (§§. 151, 152 Abs. 1) und wird durch den Antrag auf gerichtliche Voruntersuchung oder durch Einreichung einer Anklageschrift erhoben (§. 168 Abs. 1 a. a. O.). Lehnt die Staatsanwaltschaft den Antrag der höheren Verwaltungsbehörde ab, so hat letztere die Beschwerde im Instanzenzuge, nicht aber das Recht zur Herbeiführung einer gerichtlichen Entscheidung (§§. 170 ff. a. a. O.), da sie nicht als „Verletzter" im Sinne des §. 170 gelten kann. Verhaftung, vorläufige Festnahme und Vorführung des Beschuldigten (vgl. §. 155 a. a. O.) müssen als unzulässig angesehen werden (Haas S. 56, a. M. theilweise Wilhelmi u. Fürst S. 78). Gegen das Urtheil der Strafkammer findet die Revision gemäß §§. 374 ff. a. a. O. statt. Der Antrag der höheren Verwaltungsbehörde hat nicht den Charakter eines Strafantrags gemäß §§. 61 ff. des Strafgesetzbuchs, die nicht für anwendbar erklärt sind. Die Staatsanwaltschaft darf nicht von Amtswegen einschreiten; wenn sie aber einmal in Folge des Antrags die öffentliche Klage erhoben hat, so kann diese nach Eröffnung der Untersuchung nicht zurückgenommen werden (§. 154 St.P.O.).

„Höhere Verwaltungsbehörde" im Sinne des Abs. 3 ist der Regierungs-Präsident, bezw. sofern es sich um ein von einem Provinzialverbande oder einem der Kommunalverbände Cassel und Wiesbaden errichtetes Gericht handelt, und für Berlin der Ober-Präsident, sofern es sich um ein von dem Hohenzollernschen Kommunalverbande errichtetes Gericht handelt, der Minister des Innern.

4. Abs. 1 und 3 beziehen sich auch auf den Vorsitzenden und Stellvertreter. Letztere unterliegen neben der Vorschrift des Abs. 3 natürlich auch ev. dem für ihr Hauptamt angeordneten Disziplinarverfahren: Erl. d. preuß.

Min. d. J. u. f. Handel v. 11. März 1901, G.G. VI Nr. 11 Sp. 302. Entsch. des großherz. hessischen Ministeriums des Innern G.G. III Nr. 3 Sp. 29. In Württemberg sind durch Landesgesetz vom 14. April 1893 die Gewerbegerichte der Dienstaufsicht des Landgerichts in derselben Weise unterstellt wie die Amtsgerichte. Ebenso in Baden durch Gesetz vom 19. Februar 1892; für Preußen vgl. Erlaß der Minister des Innern und für Handel und Gewerbe vom 18. August 1898, Min.Bl. d. i. V. S. 188 und vom 30. Mai 1899 G.G. VI Nr. 11 Sp. 301. Wegen einer Kollision des Straf- und Disziplinarverfahrens vgl. §. 4 des preuß. Ges. betr. die Dienstvergehen der nicht richterlichen Beamten &c. v. 21. Juli 1852 (G.S. S. 465) und §. 3 des preuß. Ges. betr. die Dienstvergehen der Richter &c. v. 7. Mai 1851 (G.S. S. 218).

§. 22.

Der Vorsitzende des Gewerbegerichts und dessen Stellvertreter sind vor ihrem Amtsantritte durch den von der höheren Verwaltungsbehörde beauftragten Beamten, die Beisitzer vor der ersten Dienstleistung durch den Vorsitzenden auf die Erfüllung der Obliegenheiten des ihnen übertragenen Amtes eidlich zu verpflichten.

1. Eine Eidesnorm ist reichsgesetzlich nicht vorgeschrieben. Ein Antrag, Mitglieder, welche bereits im Hauptamt eidlich verpflichtet sind, von der neuen Eidesleistung zu entbinden, wurde in der Komm. abgelehnt, da ein solcher Eid sich mit den hier zu übernehmenden Verpflichtungen vielfach nicht decke. „Doch schloß sich die Kommission darin einstimmig der Anschauung des Antragstellers an, daß, wenn ein entsprechender Eid bereits ge-

leistet sei, auch nach dem Paragraphen, wie er jetzt geblieben ist, eine Bezugnahme auf den geleisteten Eid bei Antritt des Amtes genüge." Komm.-Ber. S. 20. Es genügt für die ganze Wahlperiode Vereidigung bei der ersten Dienstleistung; bei Wiederwahl ist eine Wiederholung der Vereidigung nicht erforderlich. Oeffentlichkeit der Vereidigung ist nicht vorgeschrieben. Die Unterlassung der Vereidigung macht das Gericht zu einem nicht vorschriftsmäßig besetzten; s. Anm. 4 zu §. 11.

2. Für Preußen s. Erlaß der Minister für Handel u. Gewerbe und des Innern v. 17. Februar 1891 (M.Bl. d. i. V. S. 26):

a) Behufs Vereidigung derjenigen Mitglieder eines Gewerbegerichts, welche den Staatsdienereid abgelegt haben oder als Mitglieder eines Gewerbegerichtes bereits vereidet worden sind, genügt der Hinweis auf den früher geleisteten Eid.

b) Die Vereidigung der übrigen Mitglieder eines Gewerbegerichtes hat in folgender Weise zu geschehen:

Der mit der Vereidigung beauftragte Beamte oder Vorsitzende des Gewerbegerichts richtet an die zu Vereidigenden die Worte:

„Sie schwören bei Gott dem Allmächtigen und Allwissenden, die Pflichten eines Vorsitzenden (Beisitzers) des Gewerbegerichtes getreulich zu erfüllen und Ihre Stimme nach bestem Wissen und Gewissen abzugeben."

Die zu Vereidigenden leisten alsdann den Eid, indem Jeder unter Erheben der rechten Hand die Worte spricht:

„Ich schwöre es, so wahr mir Gott helfe".

Dem Schwörenden bleibt es dabei überlassen, diesen Eidesworten die seinem religiösen Bekenntnisse entsprechende Bekräftigungsformel hinzuzufügen. Ist der zu Vereidigende Mitglied einer Religionsgesellschaft, welcher das Gesetz den Gebrauch gewisser Betheuerungsformeln an Stelle des Eides gestattet[1]), so wird die Abgabe einer Erklärung unter der Betheuerungsformel dieser Religionsgesellschaft der Eidesleistung gleich geachtet.

Ueber die Vereidigung wird ein Protokoll aufgenommen."

3. „Höhere Verwaltungsbehörde" ist die in Anm. 3 zu §. 21 Abs. 2 bezeichnete Stelle; s. Anm. 3 zu §. 88.

§. 23.

Beisitzer, welche ohne genügende Entschuldigung 1.
zu den Sitzungen nicht rechtzeitig sich einfinden oder ihren Obliegenheiten in anderer Weise sich entziehen, sind zu einer Ordnungsstrafe bis zu dreihundert Mark sowie in die verursachten Kosten zu verurtheilen. Die Verurtheilung wird durch den Vorsitzenden ausgesprochen. Erfolgt nachträglich genügende Entschuldigung, so kann die Verurtheilung ganz oder theilweise zurückgenommen werden.

Gegen die Entscheidungen findet Beschwerde an 2.
das Landgericht statt, in dessen Bezirke das Gewerbegericht seinen Sitz hat. Das Verfahren richtet sich nach den Vorschriften der Strafprozeßordnung.

1. Zu Abs. 1. Eine Strafe wegen Ausbleibens oder zu späten Erscheinens kann nur verhängt werden, wenn der Beisitzer in gehöriger Weise vorgeladen ist. Ob eine

---

[1]) Dies ist in Preußen für die Mennoniten durch Verordn. v. 11. März 1827 (G.S. S. 28) und für die Philipponen durch Kabinets-Ordre v. 19. November 1836 (v. Kamptz, Jahrbücher Bd. 49 S. 175) geschehen.

Entschuldigung genügt, unterliegt dem Ermessen des Vorsitzenden. Seinen Obliegenheiten entzieht sich auch ein Beisitzer, welcher die Theilnahme an einer Abstimmung verweigert (§. 53 Abs. 3 d. Ges., § 197 G.V.G.). Vgl. Löwe, St.P.O. Anm. 2 bis 4 zu §. 56 G.V.G. Auch derjenige Beisitzer fällt hierunter, welcher, solange er nicht gemäß §. 20 einen Ablehnungsgrund mit Erfolg geltend gemacht hat, die Ausübung des Amtes überhaupt verweigert oder die Eidesleistung ablehnt. Die Substituirung einer Freiheitsstrafe für den Fall des Unvermögens ist unzulässig. Der verurteilende Beschluß wird in analoger Anwendung des §. 35 St.P.O. dem Beisitzer zu verkünden, ev. zuzustellen und gemäß §. 34 a. a. O. mit Gründen zu versehen sein. Die Vollstreckung erfolgt auf Grund einer vom Gerichtsschreiber zu ertheilenden vollstreckbaren Ausfertigung durch den Gerichtsvollzieher (vgl. Anm. 2 zu §. 25). Theilnahme an den Sitzungen des Gewerbegerichts oder eines Ausschusses desselben zur Abgabe von Gutachten gehört zu den Obliegenheiten des Beisitzers (G.G. II S. 44).

2. Die Beschwerde steht nach §. 338 Abs. 1 St.P.O. hier nur dem Verurtheilten zu, nicht etwa anderen Beisitzern 2c. Die Entscheidung erfolgt durch die Strafkammer in der Besetzung von drei Mitgliedern (§§. 72, 77, 78 G.V.G.). Die Beschwerde, welche an keine Frist gebunden ist, ist beim Gewerbegericht schriftlich oder zu Protokoll des Gerichtsschreibers einzulegen, in dringenden Fällen auch beim Beschwerdegericht; letzterem ist die Beschwerde, falls der Vorsitzende ihr nicht abhelfen will, sofort spätestens vor Ablauf von 3 Tagen, vorzulegen. Das Rechtsmittel hat keine aufschiebende Wirkung; doch kann der Vorsitzende des Gewerbegerichts oder auch das Beschwerdegericht die Aussetzung der Vollziehung anordnen. Gegen die Entscheidung des Landgerichts ist ein weiterer Rechtsbehelf nicht gegeben. §§. 348, 349, 352 Abs. 2 St.P.O.

§. 24.

Das Gewerbegericht verhandelt und entscheidet, 1.
soweit nicht in diesem Gesetz ein Anderes bestimmt ist, in der Besetzung von drei Mitgliedern mit Einschluß des Vorsitzenden.

Durch das Ortsstatut kann bestimmt werden, 2.
daß allgemein oder für gewisse Streitigkeiten eine größere Zahl von Beisitzern zuzuziehen ist.

In gleicher Weise ist zu bestimmen, nach welchen 3.
Grundsätzen der Vorsitzende die einzelnen Beisitzer zuzuziehen hat.

Arbeitgeber und Arbeiter müssen stets in gleicher 4.
Zahl zugezogen werden.

1. Zu Abs. 2. Die Regelung muß durch das Statut erfolgen; ohne eine diesbezügliche Vorschrift darf der Vorsitzende nicht mehr Beisitzer theilnehmen lassen; doch kann ihm das Statut die Vollmacht ertheilen, in den ihm geeignet erscheinenden Fällen mehr Beisitzer einzuberufen. Nach dem gemäß §. 53 Abs. 3 anwendbaren §. 194 G.V.G. kann aber der Vorsitzende bei Verhandlungen von längerer Dauer Ergänzungsbeisitzer heranziehen, welche der Verhandlung beizuwohnen und im Falle der Verhinderung eines Beisitzers einzutreten haben. Die Zuziehung von Beisitzern mit berathender Stimme kennt das Gesetz nicht. Vergl. Komm.-Ber. S. 24.

2. Zu Abs. 3:

„Die Auswahl der zu den einzelnen Sitzungen zuzuziehenden Beisitzer ausschließlich dem Ermessen des Vorsitzenden zu überlassen, kann schon mit Rücksicht auf die Möglichkeit einer zu ungleichmäßigen Belastung der einzelnen Personen nicht als rathsam betrachtet werden.

Gewisse Regeln wird der Vorsitzende hierbei jedenfalls beobachten müssen, und der Entwurf verlangt deshalb, daß in dieser Richtung entsprechende Vorschriften in das Statut aufgenommen werden. Dieselben können sehr wohl in der Weise getroffen werden, daß der Vorsitzende in der Lage bleibt, die für die einzelnen Fälle durch ihre Sachkenntniß besonders geeigneten Personen heranzuziehen." Mot. S. 26.

3. Zu Abs. 4. Wenn das Statut nach Abs. 2 mehr als zwei Beisitzer verlangt, die Beschlußfähigkeit aber beim Erscheinen einer geringeren Zahl annimmt, so muß es für den Fall des Ausbleibens von Einberufenen Vorkehrungen zur Herstellung der Gleichheit beider Kategorien treffen, z. B. dahin, daß der jüngste Beisitzer der stärker besetzten Kategorie ausscheidet.

4. „Statut" s. §. 1 Abs. 5.

§. 25.

1. Bei jedem Gewerbegerichte wird eine Gerichtsschreiberei eingerichtet.

2. Für die Bewirkung der Zustellungen in dem Verfahren vor den Gewerbegerichten können an Stelle der Gerichtsvollzieher Gemeindebeamte verwendet werden.

1. „Die näheren Bestimmungen über die Einrichtung der Gerichtsschreibereien und über die Auswahl der für die Zustellungen zu verwendenden Gemeindebeamten kann der statutarischen Regelung überlassen bleiben. Die Verwendung von Gemeindebeamten zur Bewirkung der Zustellungen wird jedenfalls die Regel bilden; sie unbedingt vorzuschreiben, ist nicht angezeigt, da unter besonderen Umständen auch die Beauftragung eines Gerichtsvollziehers mit der Zustellung zweckmäßig sein kann. Ein

Grund, dies auszuschließen, ist um so weniger vorhanden, als Gebühren für die Zustellung weder in dem einen noch in dem anderen Falle von den Parteien erhoben werden (vergl. §. 51 [jetzt 58] Abs. 5 und die Begründung zu demselben)." Mot. S. 26.

2. Zu Abs. 2. Statt der Gerichtsvollzieher dürfen Gemeindebeamte nur für Zustellungen, nicht auch für Zwangsvollstreckungen verwendet werden. Letztere müssen, auch soweit es sich um Strafen handelt (§. 9 Abs. 2), durch Gerichtsvollzieher bewirkt werden; wegen der Beitreibung der Gerichtskosten s. §. 59 Abs. 2. Wenn Gerichtsvollzieher vom Gewerbegericht mit Zustellungen oder Zwangsvollstreckungen beauftragt werden, so haben sie nach der Gebührenordnung vom 20. Mai 1898 (R.G.Bl. 1898 S. 659) gegenüber dem im §. 9 bezeichneten Verbande Anspruch auf Gebühren und Auslagen.

Eine Modifikation des Abs. 2 s. in §. 82 Abs. 2 Nr. 4.

3. Ueber die Vereidigung der Gerichtsschreiber bestimmt für Preußen der Erlaß v. 17. Februar 1891 (Anm. 2 zu §. 22):

„Vorstehende Bestimmungen[1]) finden auf die Verpflichtung der bei den Gewerbegerichten amtirenden Gerichtsschreiber, welche mit Rücksicht auf den §. 24 (jetzt 26) a. a. O. und im Hinblick auf die Vorschrift des §. 9 Absatz 3 des Gesetzes, betreffend die Dienstverhältnisse der Gerichtsschreiber, vom 3. März 1879 ebenfalls zu vereidigen sind, mit der Maßgabe entsprechende Anwendung, daß bei der Vereidigung dieser Personen, welche durch die Vorsitzenden der Gewerbegerichte zu erfolgen hat, in der Eidesformel an die Stelle der Worte „Vorsitzenden (Beisitzers)" das Wort „Gerichtsschreibers" tritt und die Worte „und Ihre Stimme nach bestem Wissen und Gewissen abzugeben" in Fortfall kommen."

---

[1]) d. h. die S. 110 abgedruckten Bestimmungen über die Vereidigung der Mitglieder.

Zweiter Abschnitt.

Verfahren.

§. 26.

Auf das Verfahren vor den Gewerbegerichten finden, soweit im Nachstehenden nicht besondere Bestimmungen getroffen sind, die für das amtsgerichtliche Verfahren geltenden Vorschriften der Civilprozeßordnung entsprechende Anwendung.

1. „Besondere Bestimmungen": Dabei . . „ist als die prinzipiell wichtigste Aenderung hervorzuheben, daß der Grundsatz des Prozeßbetriebes durch die Parteien, wie er der Civilprozeßordnung eigenthümlich ist, in der Hauptsache beseitigt und durch den Offizialbetrieb seitens des Gerichts ersetzt ist. Auch in der einigermaßen abgeschwächten Form, in welcher die Civilprozeßordnung jenen Grundsatz für das amtsgerichtliche Verfahren durchführt, eignet sich derselbe für das Verfahren vor den Gewerbegerichten nicht. Die des Geschäftsganges unkundigen Parteien müßten dabei, um dem Prozesse Fortgang zu geben, immer noch in ausgedehntem Maße thätig werden, womit Verzögerungen und Arbeitsversäumnisse nothwendig verbunden sein würden. Die hauptsächlichen Konsequenzen des im Entwurfe befolgten Prinzips äußern sich darin, daß alle Zustellungen von Amtswegen erfolgen (§. 26 [jetzt §. 32]), die erforderlichen Verhandlungstermine von Amtswegen angesetzt und die Ladungen den Parteien abgenommen und durch den Gerichtsschreiber veranlaßt werden (§. 29 [jetzt §. 33])". Mot. S. 26, 27.

2. §. 495 C.P.O. bestimmt:

„Auf das Verfahren vor den Amtsgerichten finden die Vorschriften über das Verfahren vor den Landgerichten

Anwendung, soweit nicht aus den allgemeinen Bestimmungen des ersten Buchs, aus den nachfolgenden besonderen Bestimmungen und aus der Verfassung der Amtsgerichte sich Abweichungen ergeben."

Von den „besonderen Vorschriften" der C.P.O. über das amtsgerichtliche Verfahren sind §. 496 durch § 36, §. 497 durch §. 32, §. 498 durch §. 35 Abs. 2, §. 499 durch §. 36 Abs. 2, §. 500 durch §. 37, §. 501 durch §. 32, §. 503 durch §. 42 ersetzt. §§. 505 und 506 sind nicht anwendbar, vgl. Anm. 3 u. 5 zu §. 28. Die im gewerbegerichtlichen Verfahren anwendbaren §§. des zweiten Abschnitts des zweiten Buchs der C.P.O. lauten:

§. 502. „Auch wenn eine Partei nicht zu laden ist, können ihr Anträge und Erklärungen, auf welche sie ohne vorgängige Mittheilung voraussichtlich eine Erklärung in einer mündlichen Verhandlung nicht abzugeben vermag, durch Zustellung eines Protokolls des Gerichtsschreibers mitgetheilt werden.

Diese Mittheilung kann auch unmittelbar und ohne besondere Form geschehen.[1])

§. 504. Die Vorschrift, daß prozeßhindernde Einreden gleichzeitig und vor der Verhandlung zur Hauptsache vorzubringen sind, findet nur insoweit Anwendung, als die Einrede der Unzuständigkeit des Gerichts vor der Verhandlung zur Hauptsache geltend zu machen ist.

Ist das Amtsgericht sachlich unzuständig, so hat es vor der Verhandlung des Beklagten zur Hauptsache denselben auf die Unzuständigkeit aufmerksam zu machen.

---

[1]) Der Gerichtsschreiber ist verpflichtet, das Protokoll aufzunehmen, auch wenn er eine Mittheilung nicht für erforderlich hält. Nach Abs. 2 braucht er das Protokoll nicht zuzustellen; es genügt Zusendung durch die Post. A. A. Struckmann u. Koch zu §. 502, welche Abs. 2 nur auf die unmittelbare Mittheilung von Partei zu Partei beschränken wollen.

Auf Grund prozeßhindernder Einreden darf die Verhandlung zur Hauptsache nicht verweigert werden; das Gericht kann jedoch die abgesonderte Verhandlung über diese Einreden auch von Amtswegen anordnen.[1])

§. 507. Wegen unterbliebener Erklärung ist eine Urkunde nur dann als anerkannt anzusehen, wenn die Partei durch das Gericht zur Erklärung über die Echtheit der Urkunde aufgefordert ist.

§. 508. Die Vorschriften des §. 261 Abs. 2, des §. 297 und der §§. 348—354 finden auf das Verfahren vor den Amtsgerichten keine Anwendung.

§. 509. Anträge, sowie die Erklärungen über Annahme oder Zurückschiebung zugeschobener Eide sind durch das Sitzungsprotokoll festzustellen; anstatt der Feststellung genügt die Bezugnahme auf den Inhalt eines vorbereitenden Schriftsatzes.

Sonstige Erklärungen einer Partei, insbesondere Geständnisse, sind durch das Protokoll soweit festzustellen, als das Gericht bei dem Schlusse der mündlichen Verhandlung die Feststellung für angemessen erachtet.

§. 510. Wer eine Klage zu erheben beabsichtigt, kann unter Angabe des Gegenstandes seines Anspruchs zum Zwecke eines Sühneversuchs den Gegner vor das Amtsgericht laden, vor welchem dieser seinen allgemeinen Gerichtsstand hat.

Erscheinen beide Parteien, und wird ein Vergleich geschlossen, so ist derselbe zu Protokoll festzustellen. Kommt ein Vergleich nicht zu Stande, so wird auf Antrag beider Parteien der Rechtsstreit sofort verhandelt; die Erhebung der Klage erfolgt in diesem Falle durch den mündlichen Vortrag derselben.

---

[1]) Das Gewerbegericht muß die sachliche Zuständigkeit von Amtswegen prüfen und bei sachlicher Unzuständigkeit die Klage abweisen.

Ist der Gegner nicht erschienen, oder der Sühneversuch erfolglos geblieben, so werden die erwachsenden Kosten als Theil der Kosten des Rechtsstreits behandelt."

3. Das Mahnverfahren (§§. 688—703 C.P.O.) ist hier unzulässig; nach §§. 36 ff. kann nur auf Grund mündlicher Verhandlung entschieden werden; die Bestimmungen über den Urkundenprozeß (§§. 592 ff. C.P.O.) sind von der Anwendung nicht ausgeschlossen. Im übr. vergl. Anm. zu den einzelnen §§. dieses Abschnitts.

4. Die Vorschriften des G.V.G. (§§. 201—204) über die Gerichtsferien sind nicht für anwendbar erklärt; demgemäß bleiben auch die Vorschriften der C.P.O. (§. 223) über den Einfluß der Ferien auf die Fristen außer Betracht.

§. 27.

Zuständig ist dasjenige Gewerbegericht, in dessen Bezirke die streitige Verpflichtung zu erfüllen ist oder sich die gewerbliche Niederlassung des Arbeitgebers befindet oder beide Parteien ihren Wohnsitz haben. 1.

Unter mehreren zuständigen Gewerbegerichten hat der Kläger die Wahl. 2.

1. Das Gesetz vom 29. Juli 1890 hatte aus Zweckmäßigkeitsgründen nur den Gerichtsstand des Erfüllungsortes zugelassen. Man meinte, daß der Erfüllungsort stets leicht feststellbar sei und das Gericht des Erfüllungsorts mit den maßgebenden örtlichen Zuständen am meisten vertraut sei. Die in der Praxis hervorgetretenen Mißstände haben in der Novelle auch zur Zulassung des Gerichtsstandes der gewerblichen Niederlassung des Arbeitgebers und des Wohnsitzes beider Parteien geführt. (Komm.-Ber. XII. S. 36.)

Wo der Ort der Erfüllung für die streitige Verpflichtung ist, bestimmt das materielle Recht. Vgl. §. 269 B.G.B., Struckmann u. Koch Anm. 2 u. 3 zu §. 29, Gewerbliche Niederlassung vgl. §. 21 C.P.O., Wohnsitz vgl. §. 13 C.P.O.

2. „Den Gerichtsstand zu einem ausschließlichen im Sinne der Civilprozeßordnung zu machen, fehlt es an einem genügenden Grund; den Parteien bleibt es daher unbenommen, kraft ausdrücklicher oder stillschweigender Uebereinkunft (C.P.O. §§. 38 bis 40) die Entscheidung ihres Streites einem anderen, als dem im §. 22 [jetzt 27] bezeichneten Gewerbegericht zu übertragen. Die Prorogation auf das ordentliche Gericht ist durch die Bestimmung im §. 3 Absatz 2 (jetzt §. 6) ausgeschlossen." Mot. S. 27, vgl. auch Sten. Ber. S. 438, 439, Anm. 1 zu §. 6 (theilweise abweichend Bachem S. 45, a. A. v. Wilmowski, G.G. II. Sp. 44, Unger Nr. 220, s. jedoch auch G.G. III. Sp. 42).

Stillschweigende Vereinbarung ist anzunehmen, wenn der Beklagte, ohne die Unzuständigkeit geltend zu machen, zur Hauptsache mündlich verhandelt. §. 39 C.P.O.

3. Eine weitere örtliche Zuständigkeit ist vorgesehen in §. 6 des R.G. betr. die Binnenschifffahrt vom 20. Mai 1898:

„Das Gericht des Ortes, von dem aus die Schifffahrt mit dem Schiffe betrieben wird (Heimathsort), ist für alle gegen den Schiffseigner als solchen zu erhebenden Klagen zuständig, ohne Unterschied, ob er persönlich oder nur mit Schiff und Fracht haftet.

Unter mehreren hiernach in Betracht kommenden Orten gilt als Heimathsort der Ort, wo die Geschäftsniederlassung, bei mehreren Niederlassungen die Hauptniederlassung und in Ermangelung einer Geschäftsniederlassung der Wohnsitz des Schiffseigners sich befindet.

Ist ein Heimathsort nicht festzustellen, so gilt als solcher der Ort, wo der Schiffseigner zur Gewerbesteuer oder Einkommensteuer veranlagt wird."

Der hier angeordnete Gerichtsstand ist ein besonderer, welcher mit dem Gerichtsstand des §. 27 konkurrirt, ihn aber nicht ausschließt (Urth. d. R.Ger. v. 12. Juli 1897 Deutsche Juristen-Zeitung III. S. 352).

4. „Die Bestimmungen über den Gerichtsstand der Widerklage finden auch auf die Gewerbegerichte Anwendung. Aus der beschränkten Jurisdiktion dieser Gerichte ergiebt sich aber von selbst, daß eine Widerklage bei denselben nur insoweit erhoben werden kann, als es sich dabei um einen Anspruch der im §. 3 (jetzt §. 4) bezeichneten Art handelt. Die einredeweise Geltendmachung von Ansprüchen ist dieser Beschränkung an und für sich nicht unterworfen; doch werden die Gewerbegerichte auf Grund der ihnen nach §. 136 Abs. 2 (jetzt §. 145 Abs. 3) der Civilprozeßordnung zustehenden Befugniß zur Verweisung ad separatum auch hier in der Regel in der Lage sein, die Kognition über Ansprüche, welche in fremdartigen Verhältnissen ihren Grund haben, abzulehnen." Mot. S. 27, 28.

Vgl. C.P.O. „§. 33. Bei dem Gerichte der Klage kann eine Widerklage erhoben werden, wenn der Gegenanspruch mit dem in der Klage geltend gemachten Anspruche oder mit den gegen denselben vorgebrachten Vertheidigungsmitteln in Zusammenhang steht.

Diese Bestimmung findet keine Anwendung, wenn die Zuständigkeit des Gerichts für eine Klage wegen des Gegenanspruchs auch durch Vereinbarung nicht würde begründet werden können.

§. 280. Bis zum Schlusse derjenigen mündlichen Verhandlung, auf welche das Urtheil ergeht, kann der Kläger durch Erweiterung des Klagantrags, der Beklagte durch Erhebung einer Widerklage beantragen, daß ein im Laufe des Prozesses streitig gewordenes Rechtsverhältniß, von dessen Bestehen oder Nichtbestehen die Entscheidung des Rechtsstreits ganz oder zum Theile abhängt, durch richterliche Entscheidung festgestellt werde."

Eine Widerklage, für welche das Gewerbegericht sachlich nicht zuständig ist, muß wegen Unzuständigkeit des Gerichts abgewiesen werden; aber auch eine Widerklage, die an sich vor dem Gewerbegericht zulässig ist, auch mit der Klageforderung oder den Vertheidigungsmitteln thatsächlich, jedoch nicht rechtlich im Zusammenhange steht, kann nach §. 145 Abs. 2 C.P.O. vom Gewerbegericht zum getrennten Verfahren — hier natürlich vor dem Gewerbegericht — verwiesen werden, und zwar in Beschlußform (Urth. d. R.Gr. v. 23. Februar 1888, Gruchot Bd. 32 S. 1170, v. 22. Oktober 1888, ebenda Bd. 33 S. 1143, v. 12. November 1889, Entsch. Bd. 24 S. 423); liegt dagegen ein rechtlicher Zusammenhang vor, so ist in demselben Verfahren auch über die Widerklage zu entscheiden. Ferner hat nach §. 301 C.P.O. das Gewerbegericht, sofern keine vorherige Trennung stattgefunden hat, die Befugniß, wenn nur die Klage oder die Widerklage zur Entscheidung reif ist, ein Theilurtheil zu erlassen.

Ueber die prozessuale Behandlung der Aufrechnung bestimmen:

§. 145 Abs. 3. „Macht der Beklagte die Aufrechnung einer Gegenforderung geltend, welche mit der in der Klage geltend gemachten Forderung nicht in rechtlichem Zusammenhange steht, so kann das Gericht anordnen, daß über die Klage und über die Aufrechnung getrennt verhandelt werde; die Vorschriften des §. 302 finden Anwendung."

§. 302. „Hat der Beklagte die Aufrechnung einer Gegenforderung geltend gemacht, welche mit der in der Klage geltend gemachten Forderung nicht in rechtlichem Zusammenhange steht, so kann, wenn nur die Verhandlung über die Forderung zur Entscheidung reif ist, diese unter Vorbehalt der Entscheidung über die Aufrechnung erfolgen.

Enthält das Urtheil keinen Vorbehalt, so kann die Ergänzung des Urtheils nach Vorschrift des §. 321 beantragt werden.

Das Urtheil, welches unter Vorbehalt der Entscheidung über die Aufrechnung ergeht, ist in Betreff der Rechtsmittel und der Zwangsvollstreckung als Endurtheil anzusehen.

In Betreff der Aufrechnung, über welche die Entscheidung vorbehalten ist, bleibt der Rechtsstreit anhängig. Soweit sich in dem weiteren Verfahren ergiebt, daß der Anspruch des Klägers unbegründet war, ist das frühere Urtheil aufzuheben, der Kläger mit dem Anspruch abzuweisen und über die Kosten anderweit zu entscheiden. Der Kläger ist zum Ersatze des Schadens verpflichtet, der dem Beklagten durch die Vollstreckung des Urtheils oder durch eine zur Abwendung der Vollstreckung gemachte Leistung entstanden ist. Der Beklagte kann den Anspruch auf Schadensersatz in dem anhängigen Rechtsstreite geltend machen; wird der Anspruch geltend gemacht, so ist er als zur Zeit der Zahlung oder Leistung rechtshängig geworden anzusehen."

Danach kann des Gewerbegericht zwar, wenn die Gegenforderung mit der Forderung nicht in rechtlichem Zusammenhange steht, die Trennung der Verhandlung anordnen oder über die zur Entscheidung reife Forderung ein Urtheil erlassen, das Urtheil über die Klageforderung erledigt aber den Rechtsstreit nicht endgiltig, es ist vielmehr in weiterem Verfahren vor demselben Gericht darüber zu entscheiden, ob das über die Klageforderung ergangene Urtheil wieder aufzuheben ist, weil die Einrede der Aufrechnung für begründet befunden wird. Daraus ergiebt sich, daß auch über eine Gegenforderung nichtgewerblicher Natur vom Gewerbegericht trotz Trennung der Verhandlung Entscheidung zu treffen ist. Die Vorschrift der §§. 145 Abs. 3, 302 entspricht der durch die Rechtsprechung des Reichsgerichts (Beschluß der vereinigten Civilsenate vom 11. April 1893, Entsch. Bd. 31 S. 1) zur Anerkennung gelangten Auslegung der §§. 136 Abs. 2, 274 der C.P.O. vom 30. Januar 1877.

Die in den früheren Auflagen vertretene Ansicht, daß das Gewerbegericht eine Gegenforderung nicht gewerblicher Natur im Urtheil über die Klageforderung zurückweisen könne, beruhte auf der vom R.Gr. mißbilligten Auslegung der §§. 136 Abs. 2, 274, wonach nach Erledigung der Klage durch Zusprache der Forderung des Klägers über die Gegenforderung in demselben Rechtsstreit nicht weiter verhandelt werden könne, die Aufrechnung der Gegenforderung vielmehr in besonderer Klage geltend zu machen sei.

Materiell wird übrigens die Aufrechnung gegen gewerbliche Forderungen vielfach durch die Vorschrift des §. 395 B.G.B. sich erledigen.

§. 28.

Die Vorschrift im §. 11 der Civilprozeßordnung über die bindende Wirkung der rechtskräftigen Entscheidung, durch welche ein Gericht sich für sachlich unzuständig erklärt hat, findet in dem Verhältnisse der Gewerbegerichte und der ordentlichen Gerichte Anwendung. Eine solche Entscheidung des ordentlichen Gerichts ist auch insoweit, als sie auf der Annahme der örtlichen Zuständigkeit eines bestimmten Gewerbegerichts beruht, für das letztere bindend.

1. C.P.O. §. 11. „Ist die Unzuständigkeit eines Gerichts auf Grund der Bestimmungen über die sachliche Zuständigkeit der Gerichte rechtskräftig ausgesprochen, so ist diese Entscheidung für das Gericht bindend, bei welchem die Sache später anhängig wird."

2. „Dem Mißstande, welcher sich ergeben würde, wenn in Folge einer Meinungsverschiedenheit sowohl das ordent-

liche als das Gewerbegericht in derselben Streitsache sich für sachlich unzuständig erklären, sucht der Entwurf dadurch vorzubeugen, daß er die Bestimmung im §. 11 . . . auf das Verhältniß der beiden Gattungen von Gerichten zu einander für anwendbar erklärt. Hierbei kommt jedoch in Betracht, daß das ordentliche Gericht, da nicht für jeden Bezirk ein Gewerbegericht bestehen wird, nur dann dazu gelangen kann, seine sachliche Zuständigkeit zu verneinen, wenn es sich zugleich von dem Vorhandensein eines für die einzelne Streitsache örtlich zuständigen Gewerbegerichts überzeugt, also die Zuständigkeit eines solchen auch in dieser Hinsicht geprüft und bejaht hat. Eine Trennung der bezeichneten Elemente der Entscheidung ist nicht wohl durchführbar, und, um Komplikationen zu verhüten, räumt der Entwurf der Entscheidung des ordentlichen Gerichts auch insoweit, als sie auf die örtliche Zuständigkeit eines bestimmten Gewerbegerichts gestützt ist, bindende Wirkung für das letztere ein." Mot. S. 28.

Sollte trotzdem sowohl das Gewerbegericht als das ordentliche Gericht sich rechtskräftig für unzuständig erklärt haben, so findet §. 36 Z. 6 C.P.O. Anwendung. Beschl. d. Kammergerichts v. 6.1.01. Soz. Pr. XI Sp. 164.

§. 11 C.P.O. findet aber auch auf das gegenseitige Verhältniß mehrerer Gewerbegerichte mit verschiedener sachlicher Zuständigkeit (§. 7 Abs. 1, §. 82) Anwendung (Bachem S. 71, Haas S. 68, Schier S. 59, Wilhelmi u. Fürst S. 107). Vgl. ferner §. 86.

3. Die Vorschriften der §§. 276 und 505 C.P.O., wonach das Landgericht im Falle seiner sachlichen Unzuständigkeit den Rechtsstreit auf Antrag des Klägers an ein bestimmtes Amtsgericht und das Amtsgericht in gleichem Falle den Rechtsstreit vor das Landgericht verweisen kann, beides mit der Wirkung, daß mit der Rechtskraft dieses Urtheils der Rechtsstreit als bei dem betr. Amts- bez. Landgericht anhängig gilt, können für das Verhältniß der ordentlichen Gerichte zu den Gewerbe-

gerichten keine Anwendung finden, da §. 26 des Ges. keine Vorschriften darüber giebt, wie ein Rechtsstreit vor dem ordentlichen Gericht anhängig wird oder daß durch Urtheil eines ordentlichen Gerichts der Rechtsstreit vor dem Gewerbegericht anhängig werde. Levy bei Gruchot Bd. 35 S. 744, Struckmann und Koch Anm. 3 zu §. 505 (a. M.: Wilhelmi und Fürst S. 107, Schier S. 59, Fredrich S. 25, theilweise Haas S. 68). Es ist also stets neue Erhebung der Klage vor dem ordentlichen Gericht bezw. dem Gewerbegericht nothwendig.

4. Die örtliche Zuständigkeit des ordentlichen Gerichts wird durch die rechtskräftige Erklärung der sachlichen Unzuständigkeit Seitens des Gewerbegerichts nicht bindend festgestellt, ist vielmehr von jenem unabhängig hiervon zu prüfen; nur für den umgekehrten Fall macht das Ges. eine Ausnahme.

5. §. 506 C.P.O. (s. Anm. 2 zu §. 26) kann auf das Verfahren vor dem Gewerbegericht schon deshalb nicht angewendet werden, weil die Zuständigkeit desselben ohne Rücksicht auf den Werth des Streitgegenstandes (§. 4 Abs. 1), andererseits aber nur für bestimmte Materien begründet ist; jedes Ueberschreiten der letzteren Grenzen muß von Amtswegen zurückgewiesen werden, während der übrige Rechtsstreit anhängig bleibt; eine Erweiterung des Klageantrags 2c. innerhalb der sachlichen Zuständigkeit aber kann eine Unzuständigkeitserklärung nicht begründen.

§. 29.

Ueber Gesuche wegen Ablehnung von Gerichtspersonen entscheidet das Gewerbegericht.

1. Ueber die Voraussetzungen der Ablehnung von Mitgliedern des Gewerbegerichts und des Gerichtsschreibers (wegen Vorliegens eines gesetzlichen Ausschließungsgrundes und wegen Besorgniß der Befangenheit) und das Verfahren s. §§. 41 bis 43 C.P.O.

2. Nach der Vorlage sollte über Ablehnungsgesuche das Gewerbegericht unter Theilnahme von Beisitzern entscheiden; dieses Erforderniß ist im Plenum in der 3. Lesung beseitigt. Wird die Ablehnung in der mündlichen Verhandlung erklärt, so müssen nach §. 53 die Beisitzer bei der Entscheidung mitwirken, jedoch (§. 45 Abs. 1 C.P.O.) ohne Mitwirkung des abgelehnten Mitgliedes; an Stelle der abgelehnten Beisitzer sind andere einzuberufen, an Stelle des Vorsitzenden sein Vertreter. Ist ein solcher Ersatz nicht ausführbar, so entscheidet nach §. 45 Abs. 1 C.P.O. das Landgericht (Civilkammer), und zwar auch dann, wenn sich die Beschlußunfähigkeit nur auf eine Kammer (§. 10 Abs. 2) erstreckt. (Beschl. d. R.Gr. v. 19. Juni 1886, Entsch. Bd. 16 S. 413.) Geht das Ablehnungsgesuch vor der mündlichen Verhandlung ein, so kann, da nach §. 46 Abs. 1 C.P.O. die Entscheidung ohne mündliche Verhandlung ergehen kann, der Vorsitzende, bez. wenn dieser abgelehnt wird, sein Vertreter das Gesuch allein erledigen. (§. 53 Abs. 1.) Vgl. Sten. Ber. S. 642, 643.

§. 30.

Nichtprozeßfähigen Parteien, welche ohne gesetz- 1.
lichen Vertreter sind, kann auf Antrag bis zum Eintritte des gesetzlichen Vertreters von dem Vorsitzenden ein besonderer Vertreter bestellt werden.

Das Gleiche gilt im Falle erheblicher Entfer- 2.
nung des Aufenthaltsorts des gesetzlichen Vertreters.

Die nicht prozeßfähige Partei ist auf ihr Ver- 3.
langen selbst zu hören.

1. §. 57 Abs. 1 C.P.O. bestimmt: „Soll eine nicht prozeßfähige Partei verklagt werden, welche ohne gesetzlichen Vertreter ist, so hat der Vorsitzende des Prozeß-

gerichts derselben, falls mit dem Verzuge Gefahr verbunden ist, auf Antrag bis zu dem Eintritte des gesetzlichen Vertreters einen besonderen Vertreter zu bestellen."

Nach Abs. 1 des §. 30 kann die Bestellung auch ohne Gefahr im Verzuge, nach Abs. 2 auch bei erheblicher Entfernung des Aufenthaltsortes erfolgen. „Gerade bei Streitigkeiten aus Arbeitsverhältnissen wird es nicht selten vorkommen, daß minderjährige Personen, deren Vormund nicht am Platze ist, betheiligt sind, und es erscheint geboten, gegen das hieraus sich ergebende Hemmniß des sofortigen Austrags der Sache thunlichst Vorkehrung zu treffen." Mot. S. 28.

2. Abs. 3 wurde von der Kommission eingefügt: „mit Rücksicht darauf, daß es wünschenswerth ist, das Anhören der Partei selbst durch das Gericht sowohl im Interesse der Gerechtigkeit gegen die Partei, als auch im Interesse der Klarstellung des Sachverhalts überall da sicherzustellen, wo es irgend möglich ist. . . . Der Zusatz: „auf ihr Verlangen", besagt, nach Ansicht der Kommission, daß ein Anhören der Partei auch dann nicht nothwendig ist, wenn dieselbe im Termin nicht persönlich erscheint." Komm.-Ber. S. 21, 22. Das Gericht kann aber nach §. 157 Abs. 1 C.P.O. der nicht prozeßfähigen Partei, der die Fähigkeit zum geeigneten Vortrage mangelt, den *weiteren* Vortrag untersagen.

3. Wegen der Prozeßfähigkeit s. im übr. C.P.O. §§. 50 bis 56, insbes. §. 52: „Eine Person ist insoweit prozeßfähig, als sie sich durch Verträge verpflichten kann. Die Prozeßfähigkeit einer Frau wird dadurch, daß sie Ehefrau ist, nicht beschränkt."

§. 31.

Rechtsanwälte und Personen, welche das Verhandeln vor Gericht geschäftsmäßig betreiben, werden als Prozeßbevollmächtigte oder Beistände vor dem Gewerbegerichte nicht zugelassen.

1. Mit den Rechtsanwälten sind auch die von ihnen substituirten Personen ausgeschlossen. Dagegen wurde in der Kommission einstimmig festgestellt, daß durch diese Bestimmung Rechtsanwälte nur als Prozeßvertreter ausgeschlossen sind, nicht auch etwa dann, wenn sie selber domini causae, etwa in ihrer Eigenschaft als Direktoren einer Aktiengesellschaft betheiligt sind." Komm.-Ber. S. 22.

2. „Geschäftsmäßig." Ein gewerbsmäßiges Betreiben ist nicht erforderlich, so daß der Nachweis der Honorirung nicht geführt zu werden braucht. Struckmann u. Koch Anm. 2 zu §. 157.

3. Die Nichtzulassung erstreckt sich nicht nur auf die mündliche Verhandlung (so §. 157 Abs. 2 C.P.O.), sondern auf das ganze Verfahren vor dem Gewerbegericht. Schriftsätze, welche von einer in §. 31 bezeichneten Person unterschrieben sind, müssen zurückgewiesen werden. Gegen den zurückweisenden Beschluß findet in entsprechender Anwendung des §. 157 Abs. 3 C.P.O. kein Rechtsbehelf statt (a. M. Haas S. 73, Wilhelmi u. Fürst S. 121).

4. Im übrigen kann als Prozeßbevollmächtigter oder Beistand vor dem Gewerbegericht jede prozeßfähige Person auftreten; §§. 79, 90 C.P.O. Vgl. wegen der Vollmacht §§. 80 bis 89 a. a. O. Wegen der Erstattung der durch die Zuziehung eines Bevollmächtigten oder Beistandes erwachsenen Kosten s. §. 52 d. Ges.

§. 32.

Die Zustellungen in dem Verfahren vor den 1.
Gewerbegerichten erfolgen von Amtswegen.

Urtheile und Beschlüsse, gegen welche ein Rechts- 2.
mittel stattfindet, sind den Parteien zuzustellen, so-

weit diese nicht auf die Zustellung verzichten. Sonstige Urtheile und Beschlüsse sind einer Partei nur zuzustellen, wenn sie nicht in Anwesenheit derselben verkündet sind. Auf Verlangen einer Partei ist derselben auch Ausfertigung eines in ihrer Anwesenheit verkündeten Urtheils oder Beschlusses zu ertheilen.

3. Anträge und Erklärungen einer Partei, welche zugestellt werden sollen, sind bei dem Gericht einzureichen oder mündlich zum Protokolle des Gerichtsschreibers anzubringen.

4. Sofern durch die Zustellung eine Frist gewahrt oder die Verjährung unterbrochen werden soll, tritt diese Wirkung, wenn die Zustellung demnächst erfolgt, bereits mit der Einreichung oder Anbringung des Antrags oder der Erklärung ein.

1. Ueber Zustellungen von Amtswegen vgl. §§. 208 bis 213 C.P.O. Unter Abs. 1 fällt die Zustellung der Klage, etwaiger vorbereitender Schriftsätze, von Nebeninterventionen, Streitverkündungen 2c., ferner von sämmtlichen im Laufe des Verfahrens nothwendigen Ladungen der Parteien, der Zeugen und Sachverständigen. Wegen der Zustellung der Urtheile und Beschlüsse gelten die besonderen Vorschriften des Abs. 2. Aber auch dann, wenn die Zustellung nur auf Antrag einer Partei erfolgt (vgl. §. 57 Abs. 4), geschieht die Zustellung insofern von Amtswegen, als auch hier der Gerichtsschreiber für die Bewirkung der Zustellung Sorge zu tragen, und die zu übergebenden Abschriften zu beglaubigen hat. Es findet also in dem Verfahren vor dem Gewerbegerichte niemals

eine Zustellung in Folge ausdrücklich ertheilten oder vermutheten (§§. 168, 497 C.P.O.) Parteiauftrages statt, sondern nur, wenn nöthig, auf Antrag der Partei, durch den Gerichtsschreiber und die von ihm beauftragten Organe; die Partei steht hier niemals in einem Auftragsverhältniß zu dem Zustellungsbeamten, der Gerichtsschreiber ist hier nicht vermittelndes Gerichtsorgan, sondern Auftraggeber im Namen des Gerichts. Zustellung im Auftrag der Partei ist wirkungslos. (Entsch. des Landgerichts Stuttgart, G.G. II. Sp. 23).

2. Zu Abs. 2. Ob gegen das Urtheil oder den Beschluß ein Rechtsmittel — d. h. die Berufung oder die Beschwerde, s. §. 55 — stattfindet, muß der Gerichtsschreiber (§. 33 Abs. 1) von Amtswegen prüfen; jede Partei kann aber auf die Zustellung verzichten. Urtheile und Beschlüsse, die in Abwesenheit einer Partei verkündet sind, insbesondere also Versäumnißurtheile, sind der ausgebliebenen Partei von Amtswegen zuzustellen. Jede Partei hat aber außerdem das Recht, eine Ausfertigung eines in ihrer Anwesenheit verkündeten Urtheils oder Beschlusses dann zu verlangen, wenn eine Zustellung an sie von Amtswegen nicht zu erfolgen hat; hier ist jedoch keine förmliche Zustellung erforderlich, es genügt eine formlose Uebermittelung. Schreibgebühren kommen auch hier nicht zum Ansatz; §. 58 Abs. 5.

Die zuzustellenden Ausfertigungen von Urtheilen und Beschlüssen sind vom Gerichtsschreiber zu unterschreiben und mit dem Gerichtssiegel (s. Anm. 7 zu §. 1) zu versehen. §§. 317 Abs. 3, 329 Abs. 2 C.P.O.

3. Unter Abs. 3 fallen die in Anm. 1 bezeichneten Schriftstücke. Nothwendig ist hier nur die Einreichung einer Urschrift, welche bei den Akten verbleibt. Die erforderlichen Abschriften sind — kostenfrei (§. 58 Abs. 5) — in der Gerichtsschreiberei anzufertigen.

4. Zu Abs. 4. Es bedarf „einer besonderen Vorschrift in Bezug auf den Zeitpunkt, in welchem die

Wirkungen der Zustellung als eingetreten gelten. Denn wenn die letztere der Einwirkung und insbesondere der Beschleunigung seitens der Parteien entzogen wird, so muß Sorge dafür getragen werden, daß in den Fällen, in welchen die Zustellung zur Wahrung einer Frist oder zur Unterbrechung der Verjährung erforderlich ist, der Zeitraum, welchen die Bewirkung derselben nach der Einreichung oder Anbringung des Antrags oder der Erklärung durch die Partei noch in Anspruch nimmt, dieser nicht zum Nachtheile gereiche. Der Abs. 4 enthält zu diesem Zweck eine an den §. 207 der Civilprozeßordnung sich anlehnende Vorschrift". Mot. S. 29.

Wegen Unterbrechung der Verjährung s. §. 267 C.P.O.

§. 33.

1. Der Gerichtsschreiber hat für die Bewirkung der Zustellung Sorge zu tragen und die bei derselben zu übergebenden Abschriften zu beglaubigen.

2. Er hat das zu übergebende Schriftstück in einem verschlossenen, mit der Adresse der Person, an welche zugestellt werden soll, sowie mit einer Geschäftsnummer versehenen Briefumschlage dem Zustellungsbeamten und im Falle der Zustellung durch die Post dieser zur Zustellung zu übergeben. Auf den Briefumschlag ist der Vermerk zu setzen: Vereinfachte Zustellung.

3. Die auf dem Briefumschlag angegebene Geschäftsnummer ist in den Akten zu vermerken.

1. „Die in der C.P.O. vorgesehenen Arten der Zustellung, insbesondere die Zustellung durch den Zustellungsbeamten in Person und die Zustellung durch die Post,

müssen auch in dem gewerbegerichtlichen Verfahren Anwendung finden. Die Zustellung von Anwalt zu Anwalt fällt hier von selbst weg. Auch die Vorschriften der Prozeßordnung über Ort und Zeit der Zustellung und über die Person, an welche zugestellt werden muß (§§. 171 bis 187), bleiben unberührt." Mot. S. 29.

Ebenso greifen die Vorschriften der C.P.O. über die Zustellung im Auslande (§. 199), an exterritoriale Deutsche und die Vorsteher der Reichskonsulate (§. 200), an Personen, welche zu einem mobilen Truppentheile ꝛc. gehören (§. 201), Platz. Hier erläßt der Vorsitzende des Gewerbegerichts die erforderlichen Ersuchungsschreiben, und es wird die Zustellung durch das schriftliche Zeugniß der ersuchten Behörden und Beamten nachgewiesen (§. 202). Ferner aber finden die Vorschriften der C.P.O. über die öffentliche Zustellung (§§. 203 bis 207) entsprechende Anwendung; in den im §. 203 bezeichneten Fällen hat daher das Prozeßgericht, und zwar, wenn eine Zustellung ohne Parteiantrag vorgeschrieben ist, von Amtswegen, anderenfalls auf einen solchen Antrag die öffentliche Zustellung anzuordnen, die dann vom Gerichtsschreiber von Amtswegen besorgt wird. Die hierdurch erwachsenden, oft bedeutenden baaren Auslagen fallen nach §. 58 Abs. 5 auch hier der Partei nicht zur Last. — Auch §. 188 C.P.O. (Zustellung an Sonn- und Feiertagen) findet Anwendung.

2. Zu Abs. 1. Wenn eine Ausfertigung zuzustellen ist (Ladungen, Urtheile, Beschlüsse), so wird nicht eine beglaubigte Abschrift, sondern die Ausfertigung selbst übergeben (§. 170 Abs. 1 C.P.O.).

3. Zu Abs. 2 bis 3. „Im übrigen wird durch den Grundsatz, daß für die Bewirkung sämmtlicher Zustellungen von Amtswegen Sorge zu tragen ist, eine erhebliche Vereinfachung des Zustellungsverfahrens ermöglicht. Das zu übergebende Schriftstück kann ohne

Unterschied der verschiedenen Zustellungsarten in einem verschlossenen Briefumschlage behändigt werden. Die Identität desselben ist aus der auf dem adressirten Umschlag und in den Akten zu vermerkenden Geschäftsnummer zu entnehmen, und die Uebereinstimmung der in dem Briefumschlage befindlichen Abschrift mit der Urschrift wird durch den Beglaubigungsvermerk des Gerichtsschreibers bezeugt. Es bedarf hiernach weder der Aushändigung der Urschrift an den Zustellungsbeamten, noch der Verbindung der Zustellungsurkunde mit der Urschrift, noch im Falle der Zustellung durch die Post einer Bescheinigung der Uebergabe an die Post (C.P.O. §. 155, §. 173 Abs. 2, §§. 177, 179, 211—213 C.P.O.)."

§. 34.

1. Die von dem Zustellungsbeamten oder dem Postboten aufzunehmende Zustellungsurkunde muß die Art und Weise, in welcher der seiner Adresse und seiner Geschäftsnummer nach bezeichnete Briefumschlag übergeben ist, insbesondere den Ort und die Zeit der Uebergabe, sowie die Person, welcher zugestellt ist, bezeichnen und, wenn die Zustellung nicht an den Adressaten persönlich erfolgt ist, den Grund hiervon angeben. Die Urkunde ist von dem die Zustellung vollziehenden Beamten zu unterschreiben.

2. Bei der Zustellung wird eine Abschrift der Zustellungsurkunde nicht übergeben. Der Tag der Zustellung ist von dem zustellenden Beamten auf dem Briefumschlage zu vermerken.

Zu Abs. 1. Wenn nach §. 182 C.P.O. verfahren wird (Niederlegung des zuzustellenden Schriftstückes auf der Gerichtsschreiberei des Amtsgerichts, in dessen Bezirk der Ort der Zustellung liegt, bei der Postanstalt, dem Gemeinde- oder Polizeivorsteher), so muß aus der Urkunde hervorgehen, wie die bezeichneten Vorschriften befolgt sind. §. 191 Nr. 4 a. a. O., §. 182 C.P.O. kann nicht in der Weise entsprechend angewendet werden, daß die Niederlegung auf der Gerichtsschreiberei des Gewerbegerichts erfolgen muß oder kann; denn es handelt sich hier um eine den Amtsgerichten als Distriktsbehörden, nicht als Prozeßgerichten, zugewiesene Funktion (s. Busch Bd. 16 S. 332, a. M. Wilhelmi u. Fürst S. 139).

§. 35.

Die zur Erledigung des Rechtsstreits erforderlichen Verhandlungstermine werden von dem Vorsitzenden von Amtswegen angesetzt. Nach Ansetzung des Termins ist die Ladung der Parteien durch den Gerichtsschreiber zu veranlassen. Ladungen durch die Parteien finden nicht statt. 1.

Die Zustellung der Ladung muß spätestens am Tage vor dem Termin erfolgen. 2.

Die Zustellung der Ladung an eine Partei ist nicht erforderlich, wenn der Termin in Anwesenheit derselben verkündet oder ihr bei Einreichung oder Anbringung der Klage oder des Antrags, auf Grund dessen die Terminsbestimmung stattfindet, mitgetheilt worden ist. Die erfolgte Mittheilung ist zu den Akten zu vermerken. 3.

1. Zu Abs. 1. „Aus der Vorschrift, daß die erforderlichen Verhandlungstermine von Amtswegen anzusetzen und Ladungen durch die Parteien ausgeschlossen sind, folgt einerseits, daß dem Verfahren, soweit angängig — z. B. nach Erledigung eines Zwischenstreites oder nach Eintritt der Rechtskraft eines bedingten Endurtheils —, durch Anberaumung des Termins von Amtswegen Fortgang zu geben ist, und andererseits, daß der Vorsitzende auch ohne besonders darauf gerichteten Antrag einen Termin anzusetzen hat, sofern eine Parteihandlung, wie die Anbringung der Klage, des Einspruchs, des Antrags auf Ergänzung des Urtheils u. s. w., dies erforderlich macht. Die Befugniß der Parteien, das Verfahren ruhen zu lassen (C.P.O. §. 251, Entwurf §. 33 [jetzt 39] Absatz 3), wird hierdurch nicht berührt." Mot. S. 30.

Die Schriftsätze bedürfen also nicht, wie nach §§. 214 Abs. 2, 253 Abs. 2 Nr. 3 C.P.O. des Vermerks, daß die Partei den Gegner zur Verhandlung lade. Die Ladung erfolgt hier nach Ansetzung des Termins durch Zustellung einer vom Gerichtsvollzieher vollzogenen und mit dem Gerichtssiegel versehenen Ausfertigung der Ladung, sowie einer beglaubigten Abschrift des gleichzeitig zuzustellenden Schriftsatzes oder Protokolles. Der Androhung der Versäumnißfolgen bedarf es bei der Ladung der Parteien nach §. 231 Abs. 1 C.P.O. nicht.

Die Bestimmung der Termine hat nach §. 216 Abs. 2 C.P.O. binnen 24 Stunden durch den Vorsitzenden zu erfolgen; auf Sonntage und allgemeine Feiertage sind Termine nur im Nothfalle anzuberaumen (Abs. 3 a. a. O.).

2. Abs. 2 bestimmt sowohl die Ladungsfrist (§. 217 C.P.O.), als auch die Einlassungsfrist (§§. 262, 498 a. a. O.). Eine weitere Abkürzung dieser Fristen ist nach §. 226 C.P.O. auf Antrag zulässig (Wilhelmi u. Fürst S. 143, a. M. Schier S. 71). Ist die Zustellung der Klage im Auslande vorzunehmen, so hat das Gericht (d. h. der Vorsitzende, Abs. 1 dieses §., §. 53 Abs. 1)

bei Festsetzung des Termins die Einlassungsfrist zu bestimmen (§. 498 Abs. 2 C.P.O.). Im übrigen ist für Zustellungen, welche nicht im Bezirke des Prozeßgerichts erfolgen, die Wahrung einer längeren Frist nicht vorgeschrieben. Ist die Frist nicht innegehalten, so kann gegen den Ausgebliebenen ein Versäumnißurtheil nicht ergehen (§. 335 Nr. 2 C.P.O.). Erscheint der Geladene, so kann er Vertagung verlangen; durch Unterlassung der Rüge des Mangels und Verhandeln zur Sache wird derselbe gemäß §§. 295 C.P.O. geheilt (Wilhelmi u. Fürst S. 144).

3. Zu Abs. 3. Nach §. 218 C.P.O. ist die Ladung nur entbehrlich, wenn der Termin in einer durch das Gericht verkündeten Entscheidung bestimmt ist; hier aber genügt auch Bekanntmachung durch den Gerichtsschreiber. Die Verkündung durch das Gericht ersetzt die Ladung nach der ausdrücklichen Vorschrift des Abs. 3 nur gegenüber der anwesenden Partei (anders §§. 218, 312, 329 Abs. 2 C.P.O.); die ausgebliebene Partei muß daher zu dem etwa erforderlichen neuen Termin stets von Amtswegen geladen werden.

§. 36.

Nachdem die Klage eingereicht oder zum Protokolle des Gerichtsschreibers angebracht ist, hat der Vorsitzende einen möglichst nahen Termin zur Verhandlung anzusetzen. 1.

Die Klage gilt, unbeschadet der Bestimmung im §. 32 Abs. 4, erst mit der Zustellung an den Beklagten als erhoben. 2.

1. Zu Abs. 1. Die Klage muß enthalten: a) die Bezeichnung der Parteien und des Gerichts; b) die bestimmte Angabe des Gegenstandes und des Grundes des

erhobenen Anspruchs, sowie einen bestimmten Antrag (§. 253 Abs. 2 Nr. 1 u. 2 C.P.O., s. jedoch §. 254 C.P.O.). Die Ladung des Beklagten (Nr. 3 a. a. O.) ist nicht nothwendig (s. §. 35 Abs. 1), ebensowenig die Angabe des Werthes des nicht in einer bestimmten Summe bestehenden Streitgegenstandes (Abs. 3 a. a. O.), da die Zuständigkeit des Gewerbegerichts von dem Werthe des Streitgegenstandes unabhängig ist (§. 4). Ferner soll die Klage enthalten: die beabsichtigten Anträge, die Angabe der zur Begründung der Anträge dienenden thatsächlichen Verhältnisse, die Bezeichnung der Beweismittel, die Unterschrift der Partei bezw. ihres Vertreters; die in Bezug genommenen Urkunden sind in Abschrift oder Urschrift beizufügen (§§. 130, 131, 253 Abs. 4 C.P.O.). Ueber die Folgen der Nichtbeachtung dieser instruktionellen Vorschriften s. §. 335 Abs. 1 Nr. 3 C.P.O. (§. 39 des Ges. u. Anm.).

Wegen der Zulässigkeit der Klage auf künftige Zahlung oder Leistung s. §§. 257—259 C.P.O.

Wegen der Abschrift der Klage s. Anm. 3 zu §. 32, wegen der Einlassungsfrist s. §. 35 Abs. 2 u. Anm.

2. Die Einreichung einer Klagebeantwortung oder weiterer vorbereitender Schriftsätze ist nicht nothwendig (§. 129 Abs. 2 C.P.O.). An Stelle derartiger Schriftsätze können auch Erklärungen zum Protokoll des Gerichtsschreibers treten; dieselben, wie auch die vorbereitenden Schriftsätze können der Gegenpartei ohne besondere Form mitgetheilt werden. §. 502 C.P.O., s. Anm. zu diesem §. bei §. 26 C.P.O.

3. Ueber die Zulässigkeit der Verbindung mehrerer Ansprüche des Klägers gegen denselben Beklagten s. §. 260 C.P.O., über Streitgenossenschaft §§. 59, 60 a. a. O., (vgl. jedoch Anm. 6 zu § 4), über die Aenderung der Klage §§. 264, 268, 269, 270, über die Zurücknahme derselben § 271 C.P.O.

§. 37.

An ordentlichen Gerichtstagen können die Parteien 1.
zur Verhandlung des Rechtsstreits ohne Terminsbestimmung und Ladung vor dem Gericht erscheinen.

Die Erhebung der Klage erfolgt in diesem Falle 2.
durch den mündlichen Vortrag derselben. Die Klage ist zu Protokoll zu nehmen, falls die Sache streitig bleibt.

1. Entspricht dem §. 500 C.P.O. Der zweite Satz des Abs. 2 soll die Partei von der Nothwendigkeit befreien, nachher noch schriftlich oder zum Protokolle des Gerichtsschreibers Klage zu erheben. Komm. Ber. S. 23, 24. Wenn nach Erhebung der Klage ein Vergleich zu Stande kommt, so findet aus demselben gemäß §. 57 Abs. 1 die Zwangsvollstreckung statt. Auch §. 510 C.P.O. (s. Anm. 2 zu §. 26) findet entsprechende Anwendung. Wegen der Vollstreckung der geschlossenen Vergleiche s. §. 57 Anm. 2 a. E.

§. 38.

Die Verhandlung vor dem erkennenden Gericht 1.
einschließlich der Verkündung der Urtheile und Beschlüsse desselben erfolgt öffentlich.

Durch das Gericht kann die Oeffentlichkeit für 2.
die Verhandlung oder für einen Theil derselben nach Maßgabe der Vorschriften in den §§. 173 bis 175 des Gerichtsverfassungsgesetzes ausgeschlossen werden.

Die Vorschriften der §§. 176 bis 193 des Ge- 3.
richtsverfassungsgesetzes über die Aufrechterhaltung

der Ordnung in den Sitzungen und über die Gerichtssprache finden Anwendung.

1. Zu Abs. 1. Die Verhandlung vor dem beauftragten oder ersuchten Richter oder Gericht ist nicht öffentlich.

2. Zu Abs. 2. G.V.G. „§. 173. In allen Sachen kann durch das Gericht für die Verhandlung oder für einen Theil derselben die Oeffentlichkeit ausgeschlossen werden, wenn sie eine Gefährdung der öffentlichen Ordnung, insbesondere der Staatssicherheit, oder eine Gefährdung der Sittlichkeit besorgen läßt.

§. 174. Die Verkündung des Urtheils erfolgt in jedem Falle öffentlich.

Durch einen besonderen Beschluß des Gerichts kann für die Verkündung der Urtheilsgründe oder eines Theiles derselben die Oeffentlichkeit ausgeschlossen werden, wenn sie eine Gefährdung der Staatssicherheit oder eine Gefährdung der Sittlichkeit besorgen läßt.

§. 175. Die Verhandlung über die Ausschließung der Oeffentlichkeit findet in nicht öffentlicher Sitzung statt, wenn ein Betheiligter es beantragt oder das Gericht es für angemessen erachtet. Der Beschluß, welcher die Oeffentlichkeit ausschließt, muß öffentlich verkündet werden. Bei der Verkündung ist anzugeben, ob die Ausschließung wegen Gefährdung der öffentlichen Ordnung, insbesondere wegen Gefährdung der Staatssicherheit, oder ob sie wegen Gefährdung der Sittlichkeit erfolgt.

Ist die Oeffentlichkeit wegen Gefährdung der Staatssicherheit ausgeschlossen, so kann das Gericht den anwesenden Personen die Geheimhaltung von Thatsachen, welche durch die Verhandlung, durch die Anklageschrift oder durch andere amtliche Schriftstücke des Prozesses zu ihrer Kenntniß gelangen, zur Pflicht machen. Der Beschluß ist in das Sitzungsprotokoll aufzunehmen. Gegen denselben findet Beschwerde statt. Die Beschwerde hat keine aufschiebende Wirkung."

Strafbestimmungen s. Art. II, III, d. Ges. vom 5. April 1888 (R.G.Bl. S. 133) und §. 184b St.G.B. (R.G. vom 25. Juni 1900).

3. Zu Abs. 3. G.V.G. „§. 176. Der Zutritt zu öffentlichen Verhandlungen kann unerwachsenen und solchen Personen versagt werden, welche sich nicht im Besitze der bürgerlichen Ehrenrechte befinden, oder welche in einer der Würde des Gerichts nicht entsprechenden Weise erscheinen.

Zu nicht öffentlichen Verhandlungen kann der Zutritt einzelnen Personen vom Gerichte gestattet werden. Einer Anhörung der Betheiligten bedarf es nicht.

Die Ausschließung der Oeffentlichkeit steht der Anwesenheit der die Dienstaufsicht führenden Beamten der Justizverwaltung bei den Verhandlungen vor dem erkennenden Gerichte nicht entgegen.

§. 177. Die Aufrechthaltung der Ordnung in der Sitzung liegt dem Vorsitzenden ob.

§. 178. Parteien, Beschuldigte, Zeugen, Sachverständige oder bei der Verhandlung nicht betheiligte Personen, welche den zur Aufrechthaltung der Ordnung erlassenen Befehlen nicht gehorchen, können auf Beschluß des Gerichts aus dem Sitzungszimmer entfernt, auch zur Haft abgeführt und während einer in dem Beschlusse zu bestimmenden Zeit, welche vierundzwanzig Stunden nicht übersteigen darf, festgehalten werden.

§. 179. Das Gericht kann gegen Parteien, Beschuldigte, Zeugen, Sachverständige oder bei der Verhandlung nicht betheiligte Personen, welche sich in der Sitzung einer Ungebühr schuldig machen, vorbehaltlich der strafgerichtlichen Verfolgung, eine Ordnungsstrafe bis zu einhundert Mark oder bis zu drei Tagen Haft festsetzen und sofort vollstrecken lassen.[1])

---

[1]) Statt der Geldstrafe kann nicht entsprechende Haft für den Unvermögensfall festgesetzt werden. Struckmann und Koch, Anm. 3 zu §. 178.

§. 180. Das Gericht kann gegen einen bei der Verhandlung betheiligten Rechtsanwalt oder Vertheidiger, der sich in der Sitzung einer Ungebühr schuldig macht, vorbehaltlich der strafgerichtlichen oder disziplinaren Verfolgung, eine Ordnungsstrafe bis zu einhundert Mark festsetzen.[1])

§. 181. Die Vollstreckung der vorstehend bezeichneten Ordnungsstrafen hat der Vorsitzende unmittelbar zu veranlassen.

§. 182. Die in den §§. 177—181 bezeichneten Befugnisse stehen auch einem einzelnen Richter bei der Vornahme von Amtshandlungen außerhalb der Sitzung zu.

§. 183. Ist in den Fällen der §§. 179, 180, 182 eine Ordnungsstrafe festgesetzt, so findet binnen der Frist von einer Woche nach der Bekanntmachung der Entscheidung Beschwerde statt, sofern die Entscheidung nicht von dem Reichsgerichte oder einem Oberlandesgerichte getroffen ist.

Die Beschwerde hat in dem Falle des §. 179 keine aufschiebende Wirkung, in den Fällen des §. 180 und des §. 182 aufschiebende Wirkung.

Ueber die Beschwerde entscheidet das Oberlandesgericht.

§. 184. Ist eine Ordnungsstrafe wegen Ungebühr festgesetzt, oder eine Person zur Haft abgeführt, oder eine bei der Verhandlung betheiligte Person entfernt worden, so ist der Beschluß des Gerichts und dessen Veranlassung in das Protokoll aufzunehmen.

§. 185. Wird eine strafbare Handlung in der Sitzung begangen, so hat das Gericht den Thatbestand festzustellen und der zuständigen Behörde das darüber aufgenommene Protokoll mitzutheilen. In geeigneten Fällen ist die vorläufige Festnahme des Thäters zu verfügen.

---

[1]) Vgl. §. 31 Ges.

§. 186. Die Gerichtssprache ist die deutsche.

§. 187. Wird unter Betheiligung von Personen verhandelt, welche der deutschen Sprache nicht mächtig sind, so ist ein Dolmetscher zuzuziehen. Die Führung eines Nebenprotokolls in der fremden Sprache findet nicht statt; jedoch sollen Aussagen und Erklärungen in fremder Sprache, wenn und soweit der Richter dies mit Rücksicht auf die Wichtigkeit der Sache für erforderlich erachtet, auch in der fremden Sprache in das Protokoll oder in eine Anlage niedergeschrieben werden. In den dazu geeigneten Fällen soll dem Protokolle eine durch den Dolmetscher zu beglaubigende Uebersetzung beigefügt werden.

Die Zuziehung eines Dolmetschers kann unterbleiben, wenn die betheiligten Personen sämmtlich der fremden Sprache mächtig sind.

§. 188. Zur Verhandlung mit tauben oder stummen Personen ist, sofern nicht eine schriftliche Verständigung erfolgt, eine Person als Dolmetscher zuzuziehen, mit deren Hülfe eine Verständigung in anderer Weise erfolgen kann.

§. 189. Ob einer Partei, welche taub ist, bei der mündlichen Verhandlung der Vortrag zu gestatten sei, bleibt dem Ermessen des Gerichts überlassen.

Dasselbe gilt in Anwaltsprozessen von einer Partei, die der deutschen Sprache nicht mächtig ist.[1])

§. 190. Personen, welche der deutschen Sprache nicht mächtig sind, leisten Eide in der ihnen geläufigen Sprache.

§. 191. Der Dolmetscher hat einen Eid dahin zu leisten:

daß er treu und gewissenhaft übertragen werde.

Ist der Dolmetscher für Uebertragungen der betreffenden Art im Allgemeinen beeidigt, so genügt die Berufung auf den geleisteten Eid.

§. 192. Der Dienst des Dolmetschers kann von dem

---

[1]) Vgl. §. 31 Ges.

Gerichtsschreiber wahrgenommen werden. Einer besonderen Beeidigung bedarf es nicht.

§. 193. Auf den Dolmetscher finden die Bestimmungen über Ausschließung und Ablehnung der Sachverständigen entsprechende Anwendung. Die Entscheidung erfolgt durch das Gericht oder den Richter, von welchem der Dolmetscher zugezogen ist."

4. Zu §. 181 G.V.G. Die Beitreibung der Geldstrafen erfolgt auf Grund einer vom Gerichtsschreiber zu ertheilenden vollstreckbaren Ausfertigung des betr. Beschlusses durch den Gerichtsvollzieher. Die Vollziehung der Haft hat der Vorsitzende gemäß §. 181 a. a. O. auch im Falle des §. 179 direkt, also ohne Vermittelung der Staatsanwaltschaft (Urth. d. R.Gr. v. 10./17. Januar 1887, Entsch. i. Straff. Bd. 15 S. 227) zu veranlassen; der Verurtheilte ist daher auf Anordnung des Vorsitzenden durch einen Gerichtsvollzieher (§. 20b der preuß. Gerichtsvollzieherordnung v. 31. März 1900, J.M.Bl. S. 345) oder durch ein Polizeiorgan, und zwar regelmäßig mit einem schriftlichen Annahmebefehl des Vorsitzenden (§. 25 der Reglements für die Gefängnisse der Justizverwaltung, v. 16. März 1881, J.M.Bl. S. 50), dem Gefängniß zuzuführen. In Preußen sind die Haftstrafen in den zur Aufnahme der Polizei-Gefangenen aus dem örtlichen Zuständigkeitsbereiche des Gewerbegerichts bestimmten Gefängnissen zu vollstrecken. Min.Erl. v. 14. Februar 1898, G.G. III Sp. 77. Im Falle des §. 178 kann die Haft auch in einem verschlossenen Raume des Gerichtsgebäudes vollstreckt werden. Löwe, St.P.O., Anm. 8 zu §. 178.

§. 39.

1. Erscheint der Kläger im Verhandlungstermine nicht, so ist auf Antrag des Beklagten das Ver-

säumnißurtheil dahin zu erlassen, daß der Kläger mit der Klage abzuweisen sei.

2. Erscheint der Beklagte nicht und beantragt der Kläger das Versäumnißurtheil, so werden die in der Klage behaupteten Thatsachen als zugestanden angenommen. Soweit dieselben den Klageantrag rechtfertigen, ist nach dem Antrage zu erkennen; soweit dies nicht der Fall, ist die Klage abzuweisen,

3. Bleiben beide Parteien aus, so ruht das Verfahren, bis die Ansetzung eines neuen Verhandlungstermins beantragt wird.

1. Zu Abs. 1 und 2. Abs. 1 entspricht dem §. 330, Abs. 2 dem §. 331 C.P.O. Als nicht erschienen gilt nach §. 333 C.P.O. auch diejenige Partei, welche im Termine zwar erscheint, aber nicht verhandelt. Ueber die Zurückweisung des Antrags auf Erlaß eines Versäumnißurtheils und Vertagung auf Antrag s. §§. 335, 336 C.P.O., über die Vertagung von Amtswegen §. 337 a. a. O.

2. Zu Abs. 3. Nach §. 228 C.P.O. können die Parteien die Aufhebung eines Termins vereinbaren; nach §. 228 a. a. O. kann die Verlegung eines Termins, die Vertagung einer Verhandlung und die Anberaumung eines Termins zur Fortsetzung der Verhandlung auch von Amtswegen erfolgen. Ueber Unterbrechung und Aussetzung des Verfahrens s. §§. 239 bis 252 C.P.O.; die in diesen §§. angeordneten Ladungen und Zustellungen erfolgen hier auf Antrag der Partei durch das Gericht (s. §§. 34, 35).

§. 40.

1. Die Partei, gegen welche ein Versäumnißurtheil

erlassen ist, kann binnen der Nothfrist von drei Tagen seit der an sie bewirkten Zustellung des Urtheils die Erklärung abgeben, daß sie Einspruch einlege. Die Einlegung gilt mit der Einreichung der Erklärung oder mit der Abgabe derselben zum Protokolle des Gerichtsschreibers als bewirkt.

2. In dem Versäumnißurtheil ist der Partei zu eröffnen, in welcher Form und Frist ihr der Einspruch zusteht.

3. Nach Einlegung des Einspruchs hat der Vorsitzende einen neuen Verhandlungstermin anzusetzen.

4. Erscheint die Partei, welche den Einspruch eingelegt hat, auch in dem neuen Termine nicht, so gilt der Einspruch als zurückgenommen. Anderenfalls wird, sofern der Einspruch zulässig ist, der Prozeß in die Lage zurückversetzt, in welcher er sich vor Eintritt der Versäumniß befand.

1. Zu Abs. 1.

Die Einlegung des Einspruchs kann wirksam auch schon vor Zustellung des Urtheils erfolgen. Urth. d. R.Gr. v. 25. Januar 1881, Entsch. Bd. 3 S. 408. Gegen die Versäumung der Nothfrist findet gemäß §§. 233 bis 238 C.P.O. die Wiedereinsetzung in den vorigen Stand statt, doch kann §. 235 wegen der Kürze der Einspruchsfrist hier nicht zur Anwendung kommen (Schier S. 85, Wilhelmi u. Fürst S. 167). Wegen des Einflusses des Einspruchs und des Antrags auf Wiedereinsetzung in den vorigen Stand auf die Zwangsvollstreckung s. §§. 707, 719 C.P.O.

Ueber die Bestimmung der Einspruchsfrist bei der Zustellung im Auslande oder durch öffentliche Bekanntmachung s. §. 339 Abs. 2 C.P.O.

2. Zu Abs. 2. Ist die Eröffnung unterlassen, so beginnt nicht der Lauf der Einspruchsfrist.

3. Zu Abs. 3. Zu diesem Termin sind die Parteien durch den Gerichtsschreiber zu laden (§. 35). §. 54 Abs. 1 wird Anwendung finden können (§. 342 C.P.O.), a. A. Haas S. 87 und frühere Auflagen.

4. Zu Abs. 4. Im Falle des Satz 1 ist ein richterlicher Ausspruch nur nothwendig, um die dem Gegner etwa zu gewährende Entschädigung für Zeitversäumniß (§. 49 Abs. 1 Nr. 4) festzusetzen. Ob der Einspruch zulässig ist, hat das Gericht von Amtswegen zu prüfen; ev. ist er durch Urtheil zu verwerfen. §. 341 C.P.O.

§. 41.

Erscheinen die Parteien in dem Termine, so hat das Gewerbegericht thunlichst auf eine gütliche Erledigung des Rechtsstreits hinzuwirken. Es kann den Sühneversuch in jeder Lage des Verfahrens erneuern und hat denselben bei Anwesenheit der Parteien am Schlusse der Verhandlung zu wiederholen. 1.

Der Inhalt eines vor dem Gericht abgeschlossenen Vergleichs ist durch Aufnahme in das Protokoll festzustellen. Die Feststellung ist den Parteien vorzulesen. In dem Protokoll ist zu bemerken, daß die Vorlesung stattgefunden hat und daß die Ge- 2.

nehmigung erfolgt ist, oder welche Einwendungen erhoben sind.

1. Zu Abs. 1. Die erfolglose Vornahme des Sühneversuchs im Protokoll zu erwähnen, ist nicht nothwendig; s. Abs. 2 u. Anm. zu §. 47.

2. Zu Abs. 2. Es genügt nicht, wie nach §. 162 C.P.O., Vorlegung des Protokolls an die Betheiligten zur Durchsicht. Die Unterschrift der Parteien ist nicht nothwendig.

§. 42.

1. Kommt ein Vergleich nicht zu Stande, so ist über den Rechtsstreit zu verhandeln. Die Leitung der Verhandlung liegt dem Vorsitzenden ob. Derselbe hat dahin zu wirken, daß die Parteien über alle erheblichen Thatsachen sich vollständig erklären, die Beweismittel für ihre Behauptungen bezeichnen und die sachdienlichen Anträge stellen. Derselbe kann jederzeit das persönliche Erscheinen der Parteien anordnen und für den Fall des Nichterscheinens eine Geldstrafe bis zu einhundert Mark androhen. Gegen die Festsetzung der Strafe findet Beschwerde nach den Bestimmungen der Civilprozeßordnung statt.

2. Wird die Fortsetzung der Verhandlung in einem weiteren Termine nothwendig, insbesondere weil eine erforderliche Beweisaufnahme nicht sofort bewirkt werden kann, so ist der weitere Termin alsbald zu verkünden. Der zur Beweisaufnahme vor

dem Gericht anberaumte Termin ist zugleich zur Fortsetzung der Verhandlung bestimmt.

Erscheinen in dem zur Fortsetzung der Verhandlung bestimmten Termine die Parteien oder eine derselben nicht, so finden die Vorschriften der §§. 39, 40 Anwendung, auch wenn eine Beweisaufnahme vorausgegangen war. 3.

1. Abs. 1. Das Fragerecht des Vorsitzenden ist nach §. 503 C.P.O. geregelt (s. auch §. 139 Abs. 1, 2 a. a. O.). Auch im übrigen finden die Vorschriften der C.P.O. über die mündliche Verhandlung — vgl. §§. 136 bis 138 (437, 452, 507), 139 Abs. 3, 140 bis 271 (wegen §. 157 s. §. 31 Ges.) 274 (504), 278 bis 283 — Anwendung.[1])

Ueber die Vollstreckung der Geldstrafe s. Anm. 4 zu §. 38. „Beschwerde" s. §. 55 u. Anm.; aufschiebende Wirkung hat die Beschwerde nicht (§. 572 Abs. 1 C.P.O.), doch kann der Vorsitzende und das Beschwerdegericht die Aussetzung der Vollziehung anordnen (Abs. 2, 3 a. a. O.).

Die aus dem Ausbleiben einer persönlich vorgeforderten Partei sich ergebenden Folgerungen hat das Gericht nach der Sachlage auf Grund freier Beweiswürdigung zu bestimmen.

2. Abs. 2. Der neue Termin ist alsbald, also nicht etwa erst in einem Publikationstermine (§. 329 Abs. 2 in Verbindung mit §. 310 C.P.O.) zu verkünden.

---

[1]) §. 277 (vorbereitendes Verfahren) findet nicht Anwendung, da im amtsgerichtlichen Verfahren (s. §. 26 des Ges.) ein vorbereitendes Verfahren ausgeschlossen ist (s. §. 508 C.P.O.). Dungs bei Busch Bd. 16 S. 557, a. M. Schier S. 92.

3. Zu Abs. 3. Das Ges. vom 29. Juli 1890 sah in den §§. 41 und 42 ein besonders gestaltetes Versäumnißverfahren vor, wenn in einem zur Fortsetzung der Verhandlung bestimmten Termine die Parteien oder eine derselben nicht erschien. Es durfte nicht ein Versäumnißurtheil erlassen werden, es konnte nur ein Endurtheil ergehen. Durch Abs. 3 sind nunmehr unter Streichung der genannten §§. die §§. 39 und 40 anwendbar erklärt, d. h. wenn beide Parteien nicht erscheinen, ruht das Verfahren, wenn eine Partei ausbleibt, ergeht Versäumnißurtheil.

§. 43.

1. Die Beweisaufnahme erfolgt in der Regel vor dem Gewerbegerichte. Sie kann nur in den Fällen der §§. 372, 375, 382, 434, 479 der Civilprozeßordnung dem Vorsitzenden des Gerichts oder mittelst Ersuchens einem Amtsgericht übertragen werden.

2. Die Beweisaufnahme ist auch dann zu bewirken, wenn die Parteien oder eine derselben in dem für die Beweisaufnahme bestimmten Termine nicht erscheinen.

1. Zu Abs. 1. Satz 1 entspricht dem §. 355 Abs. 1 Satz 1 C.P.O. In den im Satz 2 hervorgehobenen Fällen kann die Beweisaufnahme nur dem Vorsitzenden oder einem Amtsgericht übertragen werden, nicht auch, wie nach §. 355 Abs. 1 Satz 2 C.P.O., einem Beisitzer, auch nicht einem andern Gewerbegericht.

C.P.O. „§. 372. Das Prozeßgericht kann anordnen, daß bei der Einnahme des Augenscheins ein oder mehrere Sachverständige zuzuziehen seien.

Es kann einem Mitgliede des Prozeßgerichts oder einem anderen Gerichte die Einnahme des Augenscheins übertragen, auch die Ernennung der zuzuziehenden Sachverständigen überlassen.

§. 375. Die Aufnahme des Zeugenbeweises kann einem Mitgliede des Prozeßgerichts oder einem anderen Gericht übertragen werden:

1. wenn zur Ausmittelung der Wahrheit die Vernehmung des Zeugen an Ort und Stelle dienlich erscheint;
2. wenn die Beweisaufnahme vor dem Prozeßgericht erheblichen Schwierigkeiten unterliegen würde;
3. wenn der Zeuge verhindert ist, vor dem Prozeßgerichte zu erscheinen;
4. wenn der Zeuge in großer Entfernung von dem Sitze des Prozeßgerichts sich aufhält.

Die Landesherren und die Mitglieder der landesherrlichen Familien sowie die Mitglieder der Fürstlichen Familie Hohenzollern sind durch ein Mitglied des Prozeßgerichts oder durch ein anderes Gericht in ihrer Wohnung zu vernehmen. Das Gleiche gilt in Ansehung der Mitglieder des vormaligen Hannoverschen Königshauses, des vormaligen Kurhessischen und des vormaligen Herzoglich Nassauischen Fürstenhauses.

§. 382. Der Reichskanzler, die Minister eines Bundesstaates, die Mitglieder der Senate der freien Hansestädte, die Vorstände der obersten Reichsbehörden und die Vorstände der Ministerien sind an ihrem Amtssitze oder, wenn sie sich außerhalb desselben aufhalten, an ihrem Aufenthaltsorte zu vernehmen.

Die Mitglieder des Bundesraths sind während ihres Aufenthalts am Sitze des Bundesraths an diesem Sitze, die Mitglieder einer deutschen gesetzgebenden Versammlung während der Sitzungsperiode und ihres Aufenthalts am Orte der Versammlung an diesem Orte zu vernehmen.

Zu einer Abweichung von den vorstehenden Bestimmungen bedarf es:

in Betreff des Reichskanzlers der Genehmigung des Kaisers,

in Betreff der Minister und der Mitglieder des Bundesraths der Genehmigung des Landesherrn,

in Betreff der Mitglieder der Senate der freien Hansestädte der Genehmigung des Senats,

in Betreff der übrigen vorbezeichneten Beamten der Genehmigung ihres unmittelbaren Vorgesetzten,

in Betreff der Mitglieder einer gesetzgebenden Versammlung der Genehmigung der letzteren.

§. 434. Wenn die Vorlegung einer Urkunde bei der mündlichen Verhandlung wegen erheblicher Hindernisse nicht erfolgen kann oder wegen der Wichtigkeit der Urkunde und der Besorgniß des Verlustes oder der Beschädigung bedenklich erscheint, so kann das Prozeßgericht anordnen, daß die Vorlegung vor einem seiner Mitglieder oder vor einem anderen Gerichte geschehe.

§. 479. Das Prozeßgericht kann anordnen, daß die Eidesleistung vor einem seiner Mitglieder oder vor einem anderen Gericht erfolge, wenn der Schwurpflichtige am Erscheinen vor dem Prozeßgerichte verhindert ist oder in großer Entfernung von dem Sitze desselben sich aufhält.

Die Eidesleistung der Landesherren und der Mitglieder der landesherrlichen Familien sowie der Mitglieder der fürstlichen Familie Hohenzollern erfolgt in der Wohnung derselben vor einem Mitgliede des Prozeßgerichts oder vor einem anderen Gerichte. Das Gleiche gilt in Ansehung der Mitglieder des vormaligen Hannoverschen Königshauses, des vormaligen Kurhessischen und des vormaligen Herzoglich Nassauischen Fürstenhauses."

§§. 375, 382 finden gemäß §. 402 auf den Beweis durch Sachverständige entsprechende Anwendung. §. 405 C.P.O. ist nicht für anwendbar erklärt; das Gewerbegericht darf daher nicht den mit der Beweisaufnahme betrauten Richter zur Ernennung der Sachverständigen ermächtigen (außer bei Einnahme des Augenscheins, s. §. 372 C.P.O. am Anfange der Anm.).

Eine Anfechtung des Beschlusses, durch welchen die eine oder die andere Art der Beweisaufnahme angeordnet wird, findet nicht statt (§. 355 Abs. 2 a. a. O.).

2. Abs. 2 entspricht dem §. 367 Abs. 1 C.P.O.

3. Soweit §§. 43—46 nicht abweichende Vorschriften enthalten, finden die Vorschriften der C.P.O. über die Beweisaufnahme, sowohl die allgemeinen (§§. 355—370, vgl. insbesondere Beweisbeschluß, §§. 358—361, Beweisaufnahme im Auslande, §§. 363, 364, als auch die speziellen Bestimmungen (Beweis durch Augenschein, §§. 371, 372, Zeugenbeweis, §§. 373—401, Beweis durch Sachverständige, §§. 402—414, Beweis durch Urkunden, §§. 415—444, Beweis durch Eid, §§. 445—477, Verfahren bei der Abnahme von Eiden, §§. 478—484, Sicherung des Beweises, §§. 485—494 entsprechende Anwendung. Auf die im Falle des §. 363 C.P.O. (Beweisaufnahme im Ausland) vom Vorsitzenden zu erlassenden Ersuchungsschreiben findet die preuß. Justizministerial-Verf. vom 20. März 1887 (J.M.Bl. S. 139, vgl. J.M.Bl. 1893 S. 124, 260), mit der Maßgabe Anwendung, daß an Stelle der Vermittelung des Justizministers die des Ministers für Handel und Gewerbe in Anspruch zu nehmen ist. (Erl. des Min. für Handel u. Gew. vom 10. 8. 01, H.M.Bl. Nr. 13).

§. 44.

1. Beschließt das Gericht die Vernehmung von Zeugen oder Sachverständigen, so sind dieselben, falls sie nicht von den Parteien zur Stelle gebracht sind, zu laden. Von der Ladung der Sachverständigen kann abgesehen werden, wenn schriftliche Begutachtung angeordnet wird.

2. Die Beeidigung der Zeugen und Sachverständigen erfolgt nur, wenn das Gericht die Beeidigung zur Herbeiführung einer wahrheitsgemäßen Aussage für nothwendig erachtet oder wenn eine Partei dieselbe beantragt. Die Bestimmungen, nach welchen die Beeidigung in gewissen Fällen unzulässig ist (Civilprozeßordnung §. 393), bleiben unberührt.

1. Abs. 1. Die Ladung ist durch den Gerichtsschreiber zu veranlassen (377 C.P.O.) und muß den dort aufgestellten Erfordernissen entsprechen; das Gericht kann gemäß §. 379 a. a. O. die Ladung von der Hinterlegung eines Vorschusses durch den Beweisführer abhängig machen. Ueber die Folgen des Ausbleibens, sowie die Verweigerung des Zeugnisses und der Eidesleistung s. §§. 380—390 a. a. O. Vgl. Sten. Ber. S. 482, 483. Die auf Grund dieser Vorschriften verhängten Geldstrafen sind auf Grund vollstreckbarer Ausfertigungen in derselben Weise zu vollstrecken, wie Urtheile; die Vollstreckung der Haft als Exekutivstrafe (§. 390 Abs. 2) erfolgt gemäß §§. 904 bis 913 a. a. O., dagegen die Vollstreckung der als Ordnungsstrafe (§§. 380 Abs. 1, 390 Abs. 1) festgesetzten Haft auf Ersuchen des

Vorsitzenden durch die zuständige Staatsanwaltschaft (§. 164 G.V.G.).

2. Abs. 2. „Daß die Vereidigung der Zeugen nur auf Antrag einer Partei nothwendig, im Uebrigen aber von dem Ermessen des Gerichts abhängig ist, entspricht dem Charakter des gewerbegerichtlichen Verfahrens, sowie dem Bedürfniß, Eidesleistungen in geringfügigen Sachen thunlichst einzuschränken. . . . Inwieweit ein vor dem Gewerbegericht abgegebenes unbeeidetes Zeugniß in der Berufungsinstanz zu berücksichtigen ist, bestimmt sich nach den Vorschriften der Civilprozeßordnung, welche nach §. 55 für das Berufungsgericht maßgebend sind. Da hiernach der in erster Instanz vorschriftsmäßig erhobene Zeugenbeweis vom Berufungsgerichte zu berücksichtigen ist, so wird dasselbe auch das unbeeidete Zeugniß seiner Entscheidung zu Grunde legen können, sofern es nicht gemäß §§. 398, 523 der Civilprozeßordnung die wiederholte Vernehmung des Zeugen anordnet.“ Mot. S. 31.

Der Antrag der Partei auf Beeidigung eines Zeugen kann auch nach der Vernehmung erfolgen; ebenso kann oft erst dann das Gericht ermessen, ob es die Beeidigung für nothwendig erachtet; in diesen Fällen erfolgt sie nachträglich, §. 391 Abs. 1 C.P.O. Sachverständige können nur vor der Erstattung des Gutachtens beeidigt werden, §. 410 a. a. O. Die Vorschrift der §§. 391 Abs. 2, 410, wonach beide Parteien wirksam auf die Vereidigung verzichten können, muß auch hier gelten, da Abs. 2 eine Verminderung der Eidesleistungen gegenüber den Vorschriften der Civilprozeßordnung bezweckt; beim Vorliegen des Verzichtes darf also der Richter den Eid nie verlangen.

§. 45.

Ob die Leistung eines zugeschobenen oder zurückgeschobenen Eides durch bedingtes Urtheil oder

durch Beweisbeschluß anzuordnen sei, bestimmt das Gericht nach freiem Ermessen.

„Dagegen würde die Ausdehnung der Vorschrift auf den richterlichen Eid (C.P.O. §. 475) mit Rücksicht auf die verschiedene Natur des letzteren bedenklich sein. Die Gewerbegerichte könnten hierdurch leicht zu einer vorschnellen Auflage von Eiden unter Abschneidung des Nachbringens sonstiger Beweismittel veranlaßt werden, und es empfiehlt sich daher, an dem Grundsatze der Civilprozeßordnung festzuhalten, nach welchem die Auflage eines richterlichen Eides nur im Endurtheil erfolgen darf. Es hat dies zur Folge, daß gegebenenfalls die Entscheidung noch vor Ableistung des Eides der Prüfung der Berufungsinstanz unterworfen werden kann." Mot. S. 31, 32. Diese Erwägungen haben in Folge der beschränkten Zulassung der Berufung (§. 55) erheblich an Bedeutung verloren. Bei Streitigkeiten, in denen eine Berufung nicht gestattet ist, wird das bedingte Endurtheil sofort rechtskräftig; der Gegner der schwurpflichtigen Partei kann daher hier gemäß §. 312 Abs. 2 C.P.O. die sofortige Abnahme des Eides verlangen, ohne daß das Urtheil dem Gegner zugestellt werden muß; ist der Gegner im Termin persönlich anwesend, so kann das Gericht auch hier, ebenso wie bei der Eidesauflage durch Beweisbeschluß, die sofortige Eidesabnahme anordnen und dann in demselben Termin den Eintritt der Folgen der Leistung oder Nichtleistung des Eides durch Endurtheil aussprechen.

§. 46.

1. Erscheint der Schwurpflichtige in dem zur Leistung eines Eides bestimmten Termine nicht, so ist der

Eid ohne Weiteres als verweigert anzusehen. Dem Verfahren ist Fortgang zu geben.

Der Schwurpflichtige kann binnen einer Noth- 2.
frist von drei Tagen nach dem Termine sich zur nachträglichen Leistung des Eides erbieten. Auf ein inzwischen ergangenes Urtheil finden die Bestimmungen des §. 707 der Civilprozeßordnung entsprechende Anwendung. Ein solches Urtheil ist, wenn der Eid nachträglich geleistet wird, insoweit aufzuheben, als es auf der Annahme der Eidesverweigerung beruht.

Erscheint der Schwurpflichtige auch in dem zur 3.
nachträglichen Eidesleistung bestimmten Termine nicht, so findet ein nochmaliges Erbieten zur Eidesleistung nicht statt.

1. Die Novelle zur C.P.O. hat in den §§. 465 bis 468 das durch §. 46 gestaltete Verfahren übernommen, das Versäumnißzwischenurtheil der früheren C.P.O. beseitigt.

2. Zu Abs. 1. War der Eid durch bedingtes Endurtheil auferlegt, so sind die für den Fall der Nichtleistung festgesetzten Folgen auszusprechen; war der Eid durch Beweisbeschluß angeordnet, so ist das Verfahren unter der Annahme der Nichtleistung des Eides fortzusetzen.

3. Zu Abs. 2. Auf die Vollstreckbarkeit des Urtheils (§. 57) hat die gegebene Nachfrist zunächst keinen Einfluß; erst nach Eingang des Erbietens kann das Gericht auf Antrag die im §. 707 erwähnten Anordnungen treffen.

C.P.O. §. 707: „Wird die Wiedereinsetzung in den

vorigen Stand oder eine Wiederaufnahme des Verfahrens beantragt, so kann das Gericht auf Antrag anordnen, daß die Zwangsvollstreckung gegen oder ohne Sicherheitsleistung einstweilen eingestellt werde oder nur gegen Sicherheitsleistung stattfinde, und daß die erfolgten Vollstreckungsmaßregeln gegen Sicherheitsleistung aufzuheben seien. Die Einstellung der Zwangsvollstreckung ohne Sicherheitsleistung ist nur zulässig, wenn glaubhaft gemacht wird, daß die Vollstreckung einen nicht zu ersetzenden Nachtheil bringen würde.

Die Entscheidung kann ohne vorgängige mündliche Verhandlung erfolgen. Eine Anfechtung des Beschlusses findet nicht statt."

Das Erbieten kann schriftlich oder zum Protokolle des Gerichtsschreibers geschehen; ist die Eidesabnahme gemäß §§. 43 Abs. 1, 61 (§. 479 C.P.O.) einem ersuchten Amtsgericht übertragen, so wird die Nothfrist durch rechtzeitigen Eingang des Erbietens bei diesem Amtsgericht gewahrt (Haas S. 98, Eccius bei Gruchot Bd. 36 S. 147, vgl. §. 467 Abs. 2 C.P.O).

§. 47.

Ueber die Verhandlung vor dem Gewerbegericht ist ein Protokoll aufzunehmen. Dasselbe ist von dem Vorsitzenden und dem Gerichtsschreiber zu unterzeichnen.

Vgl. §§. 159—163, 509 C.P.O. Danach sind durch das Protokoll festzustellen:

a) Anträge und Erklärungen, deren Feststellung vorgeschrieben ist (§. 509 C.P.O. s. diesen §. bei §. 26 Anm. 2).
b) Anerkenntnisse, Verzichtleistungen und Vergleiche, durch welche der geltend gemachte Anspruch ganz oder theilweise erledigt wird;

c) Aussagen der Zeugen und Sachverständigen, sofern dieselben früher nicht abgehört waren oder von ihrer früheren Aussage abweichen; die Feststellung dieser Aussagen kann jedoch unterbleiben, wenn das Endurtheil der Berufung nicht unterliegt, in welchem Falle nur zu bemerken ist, daß die Vernehmung stattgefunden habe;
d) das Ergebniß eines Augenscheines;
e) die Entscheidungen des Gerichts, sofern sie nicht dem Protokolle schriftlich beigefügt sind;
f) die Verkündung der Entscheidungen;
g) die Klage im Falle des §. 37 dieses Ges.[1])

Der Aufnahme in das Protokoll steht die Aufnahme in eine Schrift gleich, welche dem Protokolle als Anlage beigefügt und als solche in demselben bezeichnet ist.

Das Protokoll ist, soweit es die unter a bis d bezeichneten Punkte betrifft, den Betheiligten vorzulesen oder zur Durchsicht vorzulegen, Vergleiche sind stets vorzulesen (§. 41 Abs. 2 und Anm.); in dem Protokolle ist zu bemerken, daß dies geschehen und die Genehmigung erfolgt sei, oder welche Einwendungen erhoben sind. Bei Verhinderung des Vorsitzenden genügt die Unterschrift des Gerichtsschreibers. Nach §. 164 C.P.O. kann die Beobachtung der für die mündliche Verhandlung vorgeschriebenen Förmlichkeiten nur durch das Protokoll bewiesen werden; gegen seinen darauf bezüglichen Inhalt ist nur der Nachweis der Fälschung zulässig.

§. 48.

Das Urtheil ist in dem Termin, in welchem 1.
die Verhandlung geschlossen wird, zu verkünden. Ist dies nicht ausführbar, so erfolgt die Verkündung

---

[1]) Vgl. auch §§. 184, 185 G.V.G. (Anm. 3 zu § 38).

in einem sofort anzuberaumenden Termine, welcher nicht über drei Tage hinaus anberaumt werden soll.

2. Die Wirksamkeit der Verkündung des Urtheils ist von der Anwesenheit der Parteien und der Beisitzer nicht abhängig.

1. Zu Abs. 1. Der zweite Satz enthält nur eine Anweisung („soll"), durch welche eine weitere Hinausschiebung aus besonderen Gründen nicht ausgeschlossen ist. Nach §. 32 Abs. 2 Satz 2 muß die Anberaumung des Publikationstermins der nicht anwesenden Partei durch Zustellung des Beschlusses mitgetheilt werden.

Die Verkündung des Urtheils erfolgt durch Vorlesung der Urtheilsformel; Versäumnißurtheile, Urtheile, welche auf Grund eines Anerkenntnisses erlassen werden, sowie Urtheile, welche die Folge der Zurücknahme der Klage oder des Verzichts auf den Klageanspruch oder welche den Eintritt der in einem bedingten Endurtheil ausgedrückten Folgen aussprechen, können vor Abfassung der Formel verkündet werden. Die etwa für angemessen erachtete Mittheilung der Gründe erfolgt durch Vorlesung oder mündliche Eröffnung des wesentlichen Inhalts. §. 311 C.P.O. Ein Urtheil, welches bei der Verkündung noch nicht in vollständiger Form abgefaßt war, ist vor Ablauf einer Woche von der Verkündung an in vollständiger Abfassung dem Gerichtsschreiber zu übergeben. §. 315 Abs. 2 a. a. O.

2. Abs. 2 entspricht dem §. 312 Abs. 1 Satz 1 C.P.O. und erklärt darüber hinaus auch die Anwesenheit der Beisitzer für entbehrlich.

3. Die Vorschriften der §§. 286, 285 C.P.O. (freie Beweiswürdigung) finden auch hier Anwendung.

§. 49.

Aus dem Urtheile müssen ersichtlich sein: 1.

1. die Mitglieder des Gerichts, welche bei der Entscheidung mitgewirkt haben,
2. die Parteien,
3. das Sach- und Streitverhältniß in gedrängter Darstellung nebst den wesentlichen Entscheidungsgründen,
4. der Spruch des Gerichts in der Hauptsache und in Betreff der Kosten. Der Betrag der letzteren mit Einschluß einer der obsiegenden Partei etwa zu gewährenden Entschädigung für Zeitversäumniß soll, soweit sie sofort zu ermitteln sind, im Urtheile festgestellt werden.

Das Urtheil ist von dem Vorsitzenden zu unterzeichnen. 2.

1. §. 49 entspricht im Wesentlichen dem §. 313 C.P.O. Bei der Darstellung des Thatbestandes (Nr. 3) ist eine Bezugnahme auf den Inhalt vorbereitender Schriftsätze und auf die Feststellungen des Protokolls nicht ausgeschlossen (§. 313 Abs. 2 a. a. O.).

2. Satz 2 der Nr. 4 soll ein besonderes Kostenfestsetzungsverfahren überflüssig machen; er bezieht sich auf die dem Gegner zu erstattenden Kosten und die Gerichtskosten (§§. 52, 58). Wenn die Festsetzung der ersteren im Urheil unterbleibt, so erfolgt sie gemäß §§. 104, 105 C.P.O. im Wege des Kostenfestsetzungsverfahrens regelmäßig durch den Vorsitzenden (§. 53), sofern nicht die Partei im Falle der Uebergehung gemäß §. 321 C.P.O. eine nachträgliche Ergänzung des Urheils beantragt.

§. 91 Abs. 1 Satz 2 C.P.O. bestimmt jetzt:

„Die Kostenerstattung umfaßt auch die Entschädigung des Gegners für die durch nothwendige Reisen oder durch die nothwendige Wahrnehmung von Terminen entstandene Zeitversäumniß; die für die Entschädigung von Zeugen geltenden Vorschriften finden entsprechende Anwendung."

Mit Rücksicht auf diesen Zusatz der Novelle zur C.P.O. konnte die entsprechende Vorschrift in §. 52 Abs. 2 gestrichen, und durch die hier in Nr. 4 eingeschobenen Worte: „mit Einschluß der der obsiegenden Partei etwa zu gewährenden Entschädigung für Zeitversäumniß" die Festsetzung dieser Entschädigung der sonstigen Kostenfestsetzung gleichgestellt werden.

3. Andere nothwendige Bestandtheile des Urtheils, als die im Abs. 1 aufgezählten, können durch das Statut, dem hier kein Spielraum gelassen ist, nicht mit prozessualer Wirksamkeit gefordert werden. Wenn z. B. das Statut vorschreibt, daß das Urtheil eine Belehrung über die ev. zulässige Berufung enthalten müsse, so liegt in der Unterlassung dieser Belehrung kein prozessualer Mangel; die Berufungsfrist läuft also unabhängig hiervon (anders §. 40 Abs. 2 d. Ges., s. Anm. 2 hierzu); das Gleiche gilt von der Vorschrift, wonach diese Belehrung bei der Verkündung des Urtheils mündlich zu verkünden ist.

4. Zu Abs. 2. Die Unterschrift der Beisitzer ist auch hier nicht beizufügen.

5. Der Gerichtsschreiber hat auf dem Urtheil den Tag der Verkündung zu bemerken und diese Bemerkung zu unterschreiben (§. 315 Abs. 3 C.P.O.). Vgl. wegen der Beweiskraft des Thatbestandes §. 314, wegen des Aushanges eines Verzeichnisses der verkündeten und unterschriebenen Urtheile §. 316, wegen der Berichtigung von Schreib- und Rechnungsfehlern rc. §. 319, wegen Berichtigung des Thatbestandes §. 320, wegen Ueber-

gehung von Haupt- und Nebenansprüchen und des Kostenpunktes §. 321, wegen der materiellen Rechtskraft der Urtheile §. 322 C.P.O. Wegen der Ausfertigungen s. Anm. 2 a. E. zu §. 32.

§. 50.

Ein über den Grund des Anspruchs vorab entscheidendes Zwischenurtheil ist in Betreff der Rechtsmittel nicht als Endurtheil anzusehen.

Die Anwendbarkeit des §. 304 C.P.O. wird durch diese Bestimmung ausgeschlossen. Die Bestimmung hat für die der Berufung entzogenen Streitfälle keine praktische Bedeutung.

§. 51.

Erfolgt die Verurtheilung auf Vornahme einer Handlung, so ist der Beklagte zugleich auf Antrag des Klägers für den Fall, daß die Handlung nicht binnen einer zu bestimmenden Frist vorgenommen ist, zur Zahlung einer nach dem Ermessen des Gerichts festzusetzenden Entschädigung zu verurtheilen. 1.

In diesem Falle ist die Zwangsvollstreckung in Gemäßheit der §§. 887, 888 der Civilprozeßordnung ausgeschlossen. 2.

Dieser §. „gewährt für den bei Streitigkeiten aus Arbeitsverhältnissen nicht seltenen Fall der Verurtheilung zur Vornahme einer Handlung dem Kläger das Mittel, gegen den Beklagten, welcher dem Urtheil nicht Folge leistet, an Stelle direkter Vollstreckungsmaßregeln den Anspruch auf Schadensersatz ohne Anstellung einer neuen Klage auf dem kürzesten Wege zur Durchführung zu bringen." Mot. S. 32, 33. Hierher gehören besonders die Urtheile auf Rückkehr in die Arbeit oder Vollendung einer zu Unrecht verlassenen Arbeit. Nach §. 888 Abs. 2 C.P.O. ist es im Falle der Verurtheilung zur Leistung von Diensten aus einem Dienstvertrag unzulässig, den Schuldner durch Geldstrafe oder Haft zur Vornahme der Handlung anzuhalten. Soweit die Dienste nicht vertretbar sind (§. 887), würde der Kläger auf eine neue Interessenklage beim Gewerbegericht (§. 893 Abs. 2 a. a. O.) angewiesen sein. Daß das Ermessen des Gerichts über die Höhe der Entschädigung entscheidet, entspricht dem Prinzipe des §. 287 a. a. O., vgl. jedoch §. 127g G.O.

§. 52.

Die Verpflichtung der unterliegenden Partei, die Kosten des Rechtsstreits zu tragen, erstreckt sich auf die Erstattung der dem Gegner durch die Zuziehung eines Prozeßbevollmächtigten oder Beistandes entstandenen Auslagen nur unter der Voraussetzung, daß die Zuziehung durch besondere Umstände gerechtfertigt war, und nur in Ansehung des Betrags, welchen das Gericht für angemessen erachtet.

Durch diese Vorschrift soll auf die persönliche Prozeßführung der Parteien hingewirkt werden. Die durch Zuziehung einer der im §. 31 bezeichneten Personen entstandenen Auslagen sind nie erstattungsfähig. Ueber die Art der Kostenfestsetzung s. Anm. 2 zu §. 49, über die Rechtsbehelfe wegen der Kosten s. §. 55 Abs. 1 Satz 3.

§. 53.

Die nicht auf Grund einer mündlichen Verhandlung ergehenden Beschlüsse und Verfügungen werden, soweit nicht ein Anderes bestimmt ist, von dem Vorsitzenden allein erlassen. 1.

Im Uebrigen sind für die Befugnisse des Vorsitzenden und der Beisitzer die Vorschriften über das landgerichtliche Verfahren maßgebend. 2.

In Bezug auf die Berathung und Abstimmung finden die Vorschriften der §§. 194 bis 200 des Gerichtsverfassungsgesetzes entsprechende Anwendung. 3.

1. Zu Abs. 2. Vgl. §§. 127, 130 (464), 131 C.P.O., §. 181 G.V.G. (Anm. 3, 4 zu §. 38).

2. Zu Abs. 3: G.V.G. „§. 194. Bei Entscheidungen dürfen Richter nur in der gesetzlich bestimmten Anzahl mitwirken.

Bei Verhandlungen von längerer Dauer kann der Vorsitzende die Zuziehung von Ergänzungsrichtern anordnen, welche der Verhandlung beizuwohnen und im Falle der Verhinderung eines Richters für denselben einzutreten haben.

Die vorstehenden Bestimmungen finden auch auf Schöffen und Geschworene Anwendung.

§. 195. Bei der Berathung und Abstimmung dürfen außer den zur Entscheidung berufenen Richtern nur die bei demselben Gerichte zu ihrer juristischen Ausbildung beschäftigten Personen zugegen sein, soweit der Vorsitzende deren Anwesenheit gestattet.

§. 196. Der Vorsitzende leitet die Berathung, stellt die Fragen und sammelt die Stimmen.

Meinungsverschiedenheiten über den Gegenstand, die Fassung und die Reihenfolge der Fragen oder über das Ergebniß der Abstimmung entscheidet das Gericht.

§. 197. Kein Richter, Schöffe oder Geschworener darf die Abstimmung über eine Frage verweigern, weil er bei der Abstimmung über eine vorhergegangene Frage in der Minderheit geblieben ist.

§. 198. Die Entscheidungen erfolgen, soweit das Gesetz nicht ein Anderes bestimmt, nach der absoluten Mehrheit der Stimmen.

Bilden sich in Beziehung auf Summen, über welche zu entscheiden ist, mehr als zwei Meinungen, deren keine die Mehrheit für sich hat, so werden die für die größte Summe abgegebenen Stimmen den für die zunächst geringere abgegebenen so lange hinzugerechnet, bis sich eine Mehrheit ergiebt.

[Bilden sich in einer Strafsache, von der Schuldfrage abgesehen, mehr als zwei Meinungen, deren keine die Mehrheit für sich hat, so werden die dem Beschuldigten nachtheiligsten Stimmen den zunächst minder nachtheiligen so lange hinzugerechnet, bis sich eine Mehrheit ergiebt.]

§. 199. Die Reihenfolge bei der Abstimmung richtet sich nach dem Dienstalter, bei den Schöffengerichten und den Kammern für Handelssachen nach dem Lebensalter; der Jüngste stimmt zuerst, der Vorsitzende zuletzt. Wenn ein Berichterstatter ernannt ist, so giebt dieser seine Stimme zuerst ab.

[Bei der Abstimmung der Geschworenen richtet sich die Reihenfolge nach der Ausloosung. Der Obmann stimmt zuletzt.]

§. 200. Schöffen und Geschworene sind verpflichtet, über den Hergang bei der Berathung und Abstimmung Stillschweigen zu beobachten."

Die Beisitzer sind als Schöffen im Sinne der vorstehenden Bestimmungen anzusehen.

§. 54.

In dem ersten, auf die Klage angesetzen Termine kann die Zuziehung der Beisitzer unterbleiben. 1.

Erscheint in dem Termine nur eine der Parteien, so erläßt auf Antrag derselben der Vorsitzende das Versäumnißurtheil. 2.

Erscheinen beide Parteien, so hat der Vorsitzende einen Sühneversuch vorzunehmen. Kommt ein Vergleich zu Stande, so ist derselbe in Gemäßheit des §. 41 Abs. 2 im Protokolle festzustellen. Das Gleiche gilt, wenn die Klage zurückgenommen oder wenn auf den Klageanspruch verzichtet oder wenn derselbe anerkannt wird; in diesen Fällen hat, sofern beantragt wird, die Rechtsfolgen durch Urtheil auszusprechen, der Vorsitzende das Urtheil zu erlassen. 3.

Bleibt die Sache in dem Termine streitig, so hat der Vorsitzende die Entscheidung zu erlassen, wenn dieselbe sofort erfolgen kann und beide Parteien sie beantragen. Anderenfalls ist ein neuer Verhandlungstermin, zu welchem die Beisitzer zuzuziehen sind anzusetzen, und sofort zu verkünden. Zeugen und Sachverständige, deren Vernehmung der Vorsitzende für erforderlich erachtet, sind zu diesem Termine zu laden. 4.

1. Zu Abs. 1. Erster Termin ist auch der in Folge Einspruchs gegen das im ersten Termin ergangene Versäumniß-

urtheil angesetzte Termin vgl. §. 40 Abs. 4, Menzinger S. 97. Das Statut (§. 1 Abs. 5) darf an der Vorschrift nichts ändern. Es bleibt lediglich dem Ermessen des Vorsitzenden überlassen, ob er im ersten Termine Beisitzer zuziehen will oder nicht; im Beschwerdewege kann die Zuziehung nicht erzwungen werden. Vgl. Komm.-Ber. S. 23, Sten. Ber. S. 487, 489, 490. (Ebenso Schier S. 130, Wilhelmi u. Fürst S. 219, a. M. hinsichtlich der Zulässigkeit abweichender statutarischer Vorschriften Bachem S. 96, Haas S. 107.)

2. Zu Abs. 2. Der Inhalt des Versäumnißurtheils bestimmt sich nach §. 39 Abs. 1, 2.

3. Zu Abs. 3. Die Rechtsfolgen der Zurücknahme der Klage sind: Tragung der Kosten seitens des Klägers, soweit über die Kosten nicht bereits rechtskräftig erkannt ist, §. 271 Abs. 3 C.P.O., die des Verzichtes auf den Klageanspruch: Abweisung des Klägers mit dem Anspruche, §. 306 a. a. O., die des Anerkenntnisses: Verurtheilung dem Anerkenntnisse gemäß, §. 307 a. a. O.

4. Zu Abs. 4. Sobald aus irgend einem Grunde die Entscheidung erst in einem neuen Termine erfolgen könnte (z. B. wegen erforderlicher Vernehmung von nicht zur Stelle gebrachten Zeugen, wegen einer Eidesleistung seitens einer nicht persönlich erschienenen Partei), muß die Sache vor das vollbesetzte Kollegium verwiesen werden. Die mündliche Verhandlung muß nach §. 309 C.P.O. vor dem letzteren wiederholt werden, nicht dagegen eine etwa vom Vorsitzenden allein vorgenommene und protokollirte Beweisaufnahme. Eine solche Beweisaufnahme — z. B. Vernehmung der von den Parteien zur Stelle gebrachten Zeugen — muß für zulässig erachtet werden; denn der Vorsitzende ist hier „das Gewerbegericht" und hat daher gemäß §. 26 jene Befugniß ebenso, wie das ordentliche Gericht (§. 358 C.P.O.). Ebenso Bachem S. 96, Haas S. 108, Schier S. 132, a. M. Wilhelmi u. Fürst S. 222, Levy bei Gruchot Bd. 35 S. 173; vgl. auch Busch Bd. 16 S. 332.

§. 55.

In den vor die Gewerbegerichte gehörigen Rechts- 1.
streitigkeiten finden die Rechtsmittel statt, welche in den zur Zuständigkeit der Amtsgerichte gehörigen bürgerlichen Rechtsstreitigkeiten zulässig sind. Die Berufung ist jedoch nur zulässig, wenn der Werth des Streitgegenstandes den Betrag von einhundert Mark übersteigt. Entscheidungen über die Festsetzung der Kosten einschließlich der gemäß §. 52 ergangenen sind nicht anfechtbar.

Als Berufungs- und Beschwerdegericht ist das 2.
Landgericht, in dessen Bezirke das Gewerbegericht seinen Sitz hat, zuständig.

Ist für das Rechtsmittel gegen eine Entscheidung 3.
des Gewerbegerichts eine Nothfrist bestimmt, so beginnt diese für jede Partei mit der an sie bewirkten Zustellung und, sofern auf die Zustellung verzichtet war (§. 32 Abs. 2), mit der Verkündung der Entscheidung. Im Uebrigen richtet sich die Einlegung des Rechtsmittels und das Verfahren in der Rechtsmittelinstanz nach den Vorschriften der Civilprozeßordnung. Die Bestimmung im §. 569 Abs. 2 der Civilprozeßordnung über die Einlegung der Beschwerde in den bei einem Amtsgericht anhängigen oder anhängig gewesenen Sachen findet entsprechende Anwendung.

1. Zu Abs. 1. Die im Satz 1 erwähnten Rechtsmittel sind die Berufung (§§. 511—544 C.P.O.), sowie die Beschwerde (§§. 567—577 a. a. O.). Der Einspruch (§. 40) ist kein Rechtsmittel im Sinne der C.P.O.

Nach der Vorlage (§. 49) war die Berufung gegen jedes Endurtheil gegeben; die Beschränkung des Satz 2 rührt von den Kommissionsbeschlüssen her. Vgl. Komm.-Ber. S. 27, 28. Entscheidend für die Zulässigkeit der Berufung ist nicht der Werth des Beschwerdegegenstandes (§. 546 C.P.O.), sondern der des Streitgegenstandes erster Instanz.[1]) Vgl. Sten. Ber. S. 490, 491, 507—509. Dieser Werth ist nach den Vorschriften der §§. 3—9 C.P.O. von dem Gewerbegericht festzusetzen, und zwar (§. 3 a. a. O.) nach freiem Ermessen des Gerichts innerhalb der Grenzen der §§. 4—9 a. a. O., vgl. Komm.-Ber. S. 28. Die Festsetzung hat in den Gründen des Urtheils zu geschehen; wird eine bestimmte Geldsumme gefordert, so ist eine besondere Festsetzung nicht nothwendig. Die Angemessenheit und Richtigkeit der Festsetzung unterliegt der Nachprüfung seitens des Berufungsgerichts (Entsch. des Landgerichts Berlin, G.G. II. Sp. 58). Eine Beschwerde gegen die Festsetzung des Gewerbegerichts lediglich zu dem Zweck der Erhöhung des Streitwerths auf mehr als 100 M. ist nicht zuläſſig. Das Berufungsgericht hat vielmehr bei der ihm nach §. 535 C.P.O. obliegenden Prüfung der Zuläſſigkeit der Berufung darüber zu entscheiden, ob die vom Gewerbegericht erfolgte Festsetzung richtig ist. (Beschl. des Landgerichts Berlin, G.G. III, Sp. 30, a. A. Landgericht Dresden G.G. III Sp. 57).

Nach §. 4 C.P.O. ist für die Werthsberechnung der Zeitpunkt der Erhebung der Klage entscheidend. Diese Bestimmung hat den Zweck, eine Aenderung des Werths

[1]) Aehnlich §. 18 Abs. 1 d. Ges. über die Konsulargerichtsbarkeit v. 10. Juli 1879 (R.G.Bl. S. 197).

des unveränderten Streitgegenstandes auf die Werthsberechnung für einflußlos zu erklären. Durch Erweiterung oder Beschränkung der Klageanträge (§. 268 Nr. 2 C.P.O.), durch Verbindung mehrerer Prozesse (§. 147 C.P.O.) oder Trennung mehrerer in einer Klage erhobenen Ansprüche (§. 145 C.P.O.) wird der Streitgegenstand selbst, dessen Werth nach §. 4 zu berechnen ist, geändert. Durch die Bezugnahme auf diese Bestimmung ist daher keine Entscheidung darüber zu gewinnen, welcher Streitgegenstand für die Frage der Zulässigkeit der Berufung maßgebend ist. Für das ordentliche Verfahren hat die Aenderung der Klageanträge, Verbindung und Trennung mehrerer Prozesse mit der einen Ausnahme des §. 596 C.P.O. auf die Zuständigkeit keinen Einfluß (§. 263 Abs. 2 Nr. 2 C.P.O.); bezüglich des Einflusses solcher Aenderung auf die Zulässigkeit der Berufung fehlt eine Bestimmung. Wollte man den Zeitpunkt der Klageerhebung entscheidend sein lassen, so würde, wenn zunächst nur ein Theilbetrag bis 100 M. geltend gemacht wird, demnächst der Klageantrag auf über 100 M. erweitert wird, die Berufung unzulässig sein. Der Absicht des Gesetzgebers wird es entsprechen, wenn der Streitgegenstand für maßgebend erachtet wird, welcher bei der Urtheilsfällung vorliegt, dessen Werth dann nach §§. 3—8 C.P.O. zu berechnen ist. Zweck der Bestimmung ist, die Berufung dann zuzulassen, wenn das Gewerbegericht über erhebliche Vermögenswerthe Entscheidung trifft. Diese Annahme führt zu folgendem Ergebniß: Ist im Laufe des Rechtsstreits der Anspruch erweitert oder die Verbindung mehrerer Prozesse (desselben oder verschiedener Kläger) angeordnet worden, sodaß zur Zeit des Urtheils der Werth des Streitgegenstandes 100 M. übersteigt, so ist die Berufung zulässig; ob nur einer von mehreren Streitgenossen, für welche im einzelnen der Streitgegenstand unter der in diesem §. festgesetzten Grenze liegt, von dem Rechtsmittel Gebrauch machen will, ist unerheblich (a. A., abgesehen vom Fall nothwendiger Streitgenossenschaft, Wilhelmi u. Fürst S. 229).

Hat bei Erhebung der Klage der Streitgegenstand mehr als 100 M. betragen, ist aber im Laufe des Rechtsstreites durch Beschränkung des Klageanspruchs oder Trennung mehrerer Ansprüche auf 100 M. und darunter herabgemindert, so ist die Berufung nicht zulässig.

Bei Erlaß eines Theilurtheils richtet sich die Zulässigkeit der Berufung sowohl bezüglich des Theilurtheils als des Endurtheils nach dem Werth des Streitgegenstandes im Ganzen, nicht nach den getrennten Werthen, über die durch Theilurtheil und Endurtheil entschieden wird.

Der Werth der Klage und Widerklage sind nicht zusammenzurechnen. (§. 8 C.P.O.). Die Zulässigkeit der Berufung ist daher für Klage und Widerklage gesondert zu beurtheilen. (G.G. II. Sp. 124.)

In allen diesen Fragen hat die Praxis noch kein festes Prinzip ausgebildet. (Vgl. Bl. f. soz. Pr. Nr. 79 S. 6, Nr. 83 S. 39, Nr. 103 S. 223 Soz. Pr. V Nr. 26 Sp. 729, G.G. I Nr. 2 Sp. 13, III Nr. 4 Sp. 46, N. 10 Sp. 118. Zustimmend Menzinger S. 99. — Bachem S. 97, Wilhelmi u. Fürst S. 229, sowie frühere Auflagen dieses Kommentars sind theilweise anderer Ansicht).

Das Rechtsmittel der Beschwerde ist, ohne Rücksicht auf den Werth des Streitgegenstandes, in den in diesem Gesetze und der C.P.O. besonders hervorgehobenen Fällen und, von speziellen Ausnahmen abgesehen, gegen solche eine mündliche Verhandlung nicht erfordernde Entscheidungen gegeben, durch welche ein das Verfahren betreffendes Gesuch zurückgewiesen wird. Für das Verfahren vor dem Gewerbegericht ist die Beschwerde besonders hervorgehoben im Falle des §. 42 Abs. 1. Jede Anfechtung ist ausgeschlossen in dem Falle des Satz 3 des Abs. 1, sowie nach der C.P.O. in den bei Struckmann u. Koch zu §. 473 aufgeführten Fällen. Die sofortige Beschwerde (§. 577 C.P.O.) findet nur in den im Gesetze besonders erwähnten Fällen statt (s. Struckmann u. Koch Anm. 1 zu §. 577).

Satz 3 des Abs. 1 entzieht alle Entscheidungen über die Festsetzung der Kosten, mögen sie durch Urtheil oder Beschluß erfolgt sein (s. Anm. 2 zu §. 49), der Anfechtung durch Berufung oder Beschwerde. Wenn aber in der Berufungsinstanz die Kostenpflicht in Folge abweichender Entscheidung anders geregelt wird, als in erster Instanz, so wird insoweit auch die Vorentscheidung über die Kosten geändert.

2. Zu Abs. 2. Zuständig ist die Civilkammer (§. 71 G.V.G.). Ueber die geschäftliche Behandlung der gegen Entscheidungen der Gewerbegerichte eingelegten Rechtsmittel vgl. Allg. Verf. des Preuß. Justizministers vom 11. April 1892 (J.M.Bl. S. 146). In den Fällen der §§. 160 und 179 G.V.G. geht die Beschwerde an das Oberlandesgericht.

3. Zu Abs. 3. Satz 1 ist eine Konsequenz der Vorschriften des §. 32. Eine Nothfrist ist bestimmt für die Berufung (§. 516 C.P.O.) und die sofortige Beschwerde (§. 577 Abs. 2 a. a. O.). Das Material für die Prüfung, ob die Berufung an sich statthaft und in der gesetzlichen Frist eingelegt ist (§. 535 a. a. O.), bieten dem Berufungsrichter die gemäß §. 544 a. a. O. vom Gerichtsschreiber einzufordernden Akten des Gewerbegerichts, in denen sich auch die Urkunden über die Zustellung des Urtheils befinden.

Die Berufung unterliegt dem Anwaltszwange (§. 78 Abs. 1 C.P.O.). Ueber die obligatorische oder fakultative Zurückweisung der Sache an das Gewerbegericht s. §§. 538, 539 a. a. O.

Gegen die Berufungsurtheile der Landgerichte ist ein weiteres Rechtsmittel nicht gegeben; gegen ihre Entscheidungen in Beschwerdesachen findet, sofern in denselben ein neuer selbständiger Beschwerdegrund enthalten ist, weitere Beschwerde (an den Civilsenat des Oberlandesgerichts §. 123 Nr. 4 G.V.G.) statt. Gegen dessen Entschädigung findet eine weitere Beschwerde nicht statt. (§. 568 Abs. 4 C.P.O.)

Vgl. wegen Einlegung der Beschwerde beim Gewerbegericht und der Befugniß desselben zur Abhülfe §§. 569, 571, 577 Abs. 3, wegen der aufschiebenden Wirkung §. 572, wegen Beschwerden gegen Entscheidungen des Gerichtsschreibers §. 576 a. a. O.

Satz 3 des Abs. 3 stellt die Ausschließung des Anwaltszwanges für das Beschwerdeverfahren sicher. §. 569 Abs. 2 C.P.O.:

„. . . Die Einlegung kann auch durch Erklärung zum Protokolle des Gerichtsschreibers erfolgen, wenn der Rechtsstreit bei einem Amtsgericht anhängig ist oder anhängig war. . . .“

4. Beschwerden, welche Angelegenheiten der Verwaltung, insbesondere den Geschäftsbetrieb und Verzögerungen betreffen, werden im Aufsichtswege erledigt (vgl. §. 85 des Preuß. Ausführungsges. zum G.V.G. v. 24. April 1878). Da die Gewerbegerichte eine Einrichtung der betr. Gemeinden oder weiteren Kommunalverbände sind, so sind hier zunächst die leitenden Organe und in höherer Instanz die staatlichen Aufsichtsbehörden dieser Gemeinden und Verbände zuständig, vgl. Anm. 4 zu §. 21.

§. 56.

Die Anfechtung einer Entscheidung des Gewerbegerichts kann auf Mängel des Verfahrens bei der Wahl der Beisitzer oder auf Umstände, welche die Wählbarkeit eines Beisitzers zu dem von ihm bekleideten Amte nach Maßgabe dieses Gesetzes ausschließen, nicht gestützt werden. Diese Vorschrift findet keine Anwendung, wenn die Anfechtung darauf gestützt wird, daß ein Beisitzer zu den im §. 11 Abs. 2 bezeichneten Personen gehöre.

Ein durch rechtskräftiges Urtheil geschlossenes Verfahren vor dem Gewerbegericht kann nach Maßgabe der §§. 578—591 C.P.O. im Wege der Nichtigkeitsklage und Restitutionsklage wieder aufgenommen werden. Die Nichtigkeitsklage findet nach §. 579 C.P.O. u. a. statt, „wenn das erkennende Gericht nicht vorschriftsmäßig besetzt war.“ §. 56 schreibt eine Ausnahme von dieser Vorschrift vor. Es soll die Anfechtung von Entscheidungen wegen Theilnahme eines Beisitzers, der nicht wählbar ist, auf den Fall der Unfähigkeit zum Schöffenamt beschränkt sein. Auf den Vorsitzenden ist die Vorschrift nicht auszudehnen.

§. 57.

Aus den Endurtheilen der Gewerbegerichte, welche 1. rechtskräftig oder für vorläufig vollstreckbar erklärt sind, sowie aus den Vergleichen, welche nach Erhebung der Klage vor dem Gewerbegerichte geschlossen sind, findet die Zwangsvollstreckung statt.

Die der Berufung oder dem Einspruch unter- 2. liegenden Urtheile sind von Amtswegen für vorläufig vollstreckbar zu erklären, wenn sie die in Nr. 1 des §. 4 bezeichneten Streitigkeiten betreffen oder der Gegenstand der Verurtheilung an Geld oder Geldeswerth die Summe von dreihundert Mark nicht übersteigt.

Die vorläufige Vollstreckbarkeit ist nicht auszu- 3. sprechen, wenn glaubhaft gemacht wird, daß die Vollstreckung dem Schuldner einen nicht zu ersetzenden Nachtheil bringen würde; auch kann sie von einer vorgängigen Sicherheitsleistung abhängig gemacht werden.

4. Im Uebrigen finden auf die Zwangsvollstreckung sowie auf den Arrest und die einstweiligen Verfügungen die Vorschriften im achten Buche der Civilprozeßordnung Anwendung. Die für den Beginn der Zwangsvollstreckung erforderlichen Zustellungen (§§. 750, 751, 798 der Civilprozeßordnung) sind, soweit sie nicht bereits vorher erfolgt sind, auf Antrag des Gläubigers durch das Gewerbegericht zu bewirken.

1. Zu Abs. 1. Gemäß §. 705 C.P.O. tritt die Rechtskraft der Endurtheile vor Ablauf der für die Einlegung der Berufung oder des Einspruchs bestimmten Frist nicht ein und wird der Eintritt durch rechtzeitige Einlegung der Berufung oder des Einspruchs gehemmt. Zeugnisse über die Rechtskraft s. §. 706 C.P.O. „Vergleiche" s. §. 41 Abs. 2. Auch aus den in entsprechender Anwendung des §. 510 C.P.O. (s. Anm. 2 zu §. 26, Anm. zu §. 37) geschlossenen Vergleichen findet die Zwangsvollstreckung statt, da nach Satz 1 des Abs. 4 auch §. 794 Nr. 2 a. a. O. entsprechend anzuwenden ist.

2 Zu Abs. 2. Wenn das Urtheil eine in Nr. 1 und 2 des §. 4 bezeichnete Streitigkeit betrifft, z. B. auf Rückkehr in die Arbeit, ev. Schadensersatz geklagt ist, so kann, falls der zugebilligte Schadensersatz 300 Mark übersteigt, nur der auf Rückkehr in die Arbeit lautende Spruch für vorläufig vollstreckbar erklärt werden. Entscheidend ist der Gegenstand der Verurtheilung, nicht der Streitgegenstand (§. 55 Abs. 1), welcher höher sein kann. Der Werth des Gegenstandes der Verurtheilung

ist nach §§. 3—9 C.P.O. zu berechnen (§. 709 Nr. 4 C.P.O.).

Neben Abs. 2 findet ohne Rücksicht auf die Höhe des Gegenstandes der Verurtheilung auch §. 708 C.P.O. Anwendung:

„Auch ohne Antrag sind für vorläufig vollstreckbar zu erklären:

1. Urtheile, welche auf Grund eines Anerkenntnisses eine Verurtheilung aussprechen (§. 307);
2. Urtheile, welche den Eintritt der in einem bedingten Endurtheile ausgedrückten Folgen aussprechen;
3. ein zweites oder ferneres in derselben Instanz gegen dieselbe Partei zur Hauptsache erlassenes Versäumnißurtheil;
4. Urtheile, welche in Urkunden- [oder Wechsel] prozesse erlassen werden;
5. Urtheile, durch welche Arreste oder einstweilige Verfügungen aufgehoben werden;

Nr. 6 kann im Verfahren vor dem Gewerbegericht nicht zur Anwendung kommen.

Ist in Fällen, in denen das Urtheil von Amtswegen für vorläufig vollstreckbar zu erklären ist, eine derartige Entscheidung nicht erfolgt, so ist eine Ergänzung gemäß §. 321 C.P.O. herbeizuführen (§. 716 a. a. O.).

Auch Urtheile, welche nicht unter Abs. 2 fallen, sind auf Antrag (s. §. 714 C.P.O.) für vorläufig vollstreckbar zu erklären, wenn glaubhaft gemacht wird (§. 294 C.P.O.), daß die Aussetzung der Vollstreckung dem Gläubiger einen schwer zu ersetzenden oder schwer zu ermittelnden Nachtheil bringen würde oder wenn der Gläubiger sich erbietet, vor der Vollstreckung Sicherheit zu leisten, §. 710 C.P.O. Die Sicherheitsleistung erfolgt gemäß §. 108 C.P.O. durch Hinterlegung von Geld oder solchen Werthpapieren, welche nach §. 234 Absatz 1, 3 des B.G.B.

zur Sicherheitsleistung geeignet sind oder nach richterlichem Ermessen eine genügende Deckung gewähren; die Höhe ist unter Berücksichtigung der Hauptsumme nebst Zinsen und Kosten vom Gericht festzusetzen. Die Art der Hinterlegung bestimmt sich nach den landesgesetzlichen Vorschriften; in Preußen erfolgt sie bei den staatlichen Hinterlegungsstellen oder interimistisch bei dem Vollstreckungsgericht, ev. dem Amtsgericht, in dessen Bezirk das Gewerbegericht seinen Sitz hat (§§. 1, 70 bis 73, 74 Nr. 3a, 76 Abs. 1 Nr. 1 der Hinterlegungsordnung v. 14. März 1879, G.S. S. 249, Art. 84 des Ausf.-Ges. zum B.G.B. v. 20. September 1899). Ueber die Mitwirkung des Gerichts behufs Rückgabe der Sicherheit s. §. 109 C.P.O.

Bedingte Endurtheile (§. 45) können nie für vorläufig vollstreckbar erklärt werden (§. 460 Abs. 2 C.P.O.).

3. Zu Abs. 2. Von einer vorgängigen Sicherheitsleistung, deren Höhe das Gericht hier nach freiem Ermessen bestimmt, kann die vorläufige Vollstreckbarkeit auch ohne Antrag (anders §. 713 Abs. 1 C.P.O., abhängig gemacht werden.

Ferner findet aber §. 713 Abs. 2 C.P.O. Anwendung: „Das Gericht hat auf Antrag dem Schuldner nachzulassen, durch Sicherheitsleistung oder durch Hinterlegung die Vollstreckung abzuwenden, wenn nicht der Gläubiger sich erbietet, vor der Vollstreckung Sicherheit zu leisten."

Betreffs der Wirkungen der vorläufigen Vollstreckbarkeit s. §§. 717—720 C.P.O. Nach § 719 a. a. O. kann insbesondere das Gewerbegericht, wenn gegen ein für vorläufig vollstreckbar erklärtes Urtheil der Einspruch eingelegt wird, auf Antrag die in §. 707 C.P.O. (s. Anm. 3 zu §. 46) bezeichneten Maßregeln zur Verhütung der Vollstreckung treffen.

4. Zu Abs. 3 Satz 1. „Das Verfahren bei der Vollstreckung selbst folgt lediglich den für die gerichtliche

Zwangsvollstreckung geltenden Grundsätzen. Als Vollstreckungsgericht im Sinne des §. 764 der C.P.O. ist daher nicht das Gewerbegericht, sondern das Amtsgericht zuständig. Nur soweit es sich um Entscheidungen handelt, welche im Laufe der Zwangsvollstreckung von dem Prozeßgericht als solchem zu erlassen sind, gehören dieselben zur Zuständigkeit des Gewerbegerichts. Daß nur in den letzteren Fällen die besonderen Vorschriften über das gewerbegerichtliche Verfahren Platz greifen, ergiebt sich ohne Weiteres.

Die vorstehenden Grundsätze finden . . . auch in Bezug auf den Erlaß von Arresten und einstweiligen Verfügungen Anwendung." Mot. S. 35.

Hiernach erfolgt die Zwangsvollstreckung auf Grund einer mit der Vollstreckungsklausel versehenen, vom Gerichtsschreiber des Gewerbegerichts zu ertheilenden Ausfertigung des Urtheils (vollstreckbare Ausfertigung) §§. 724, 725 C.P.O. Die Ertheilung erfolgt in den Fällen der §§. 726, 727, 728, 729, 733, 738, 742, 744, 745 Abs. 2, 749 a. a. O. auf Anordnung des Vorsitzenden; im Falle des §. 731 muß der Kläger beim Gewerbegericht als Prozeßgericht I. Instanz auf Ertheilung der Vollstreckungsklausel klagen. Ebenso entscheidet das Gewerbegericht, wenn dessen Gerichtsschreiber die Vollstreckungsklausel ertheilt hat, über Einwendungen des Schuldners, welche die Zulässigkeit der Klausel betreffen, und zwar kann die Entscheidung ohne mündliche Verhandlung, also durch den Vorsitzenden, erfolgen (§. 53 Abs. 1); das Gericht, bezw. der Vorsitzende, kann vor der Entscheidung eine einstweilige Anordnung treffen, insbes. daß die Zwangsvollstreckung gegen oder ohne Sicherheitsleistung einstweilen einzustellen oder nur gegen Sicherheitsleistung fortzusetzen sei. §. 732 C.P.O. Ferner sind Einwendungen, welche den durch Urtheil festgestellten Anspruch selbst betreffen, gemäß §. 767

a. a. O. durch Klage beim Gewerbegericht geltend zu machen, ebenso Einwendungen der im §. 768 a. a. O. bezeichneten Art, sowie Einwendungen des Erben gemäß §§. 781, 782—784 a. a. O.; in diesen drei Fällen kann das Gewerbegericht (auch ohne mündliche Verhandlung, also durch den Vorsitzenden allein) auf Antrag die im §. 769 C.P.O. bezeichneten Maßregeln zur Hinderung der Vollstreckung erlassen, und es kann diese Anordnungen in seinem Urtheil aufheben, abändern oder bestätigen (§. 770 a. a. O.)[1]. Gemäß §. 791 a. a. O. hat, wenn die Zwangsvollstreckung in einem ausländischen Staate erfolgen soll, dessen Behörden im Wege der Rechtshülfe die Urtheile deutscher Gerichte vollstrecken, auf Antrag des Gläubigers das Gewerbegericht (d. h. der Vorsitzende) die zuständige ausländische Behörde, vgl. hierüber Anm. 3 zu §. 43, oder, falls angängig, einen Reichskonsul um die Vollstreckung zu ersuchen. Weiterhin hat das Gewerbegericht als Prozeßgericht I. Instanz bei der Zwangsvollstreckung zur Erwirkung von Handlungen oder Unterlassungen die in §§. 887, 888, 889, 890 a. a. O. bezeichneten Entscheidungen zu treffen, und zwar ist auch hier mündliche Verhandlung nicht erforderlich; §. 891. Ferner hat der Gläubiger, welcher in den Fällen der §§. 883—892 C.P.O. die Leistung des Interesses verlangt, beim Prozeßgericht I. Instanz, also ev. beim Gewerbegericht zu klagen. §. 893 Abs. 2 a. a. O. Soweit hiernach das Gewerbegericht zuständig ist, kann ein anderes Gericht durch Vereinbarung der Parteien nie zuständig werden (§. 802

[1]) Im Falle des §. 771 C.P.O. (Interventionsprozeß) ist das Gewerbegericht nicht zuständig; das Gericht, in dessen Bezirk die Zwangsvollstreckung erfolgt, ist das Amtsgericht bezw. Landgericht; das Gewerbegericht kommt im Zwangsvollstreckungsverfahren nur als Prozeßgericht in Betracht.

a. a. O.). Gegen Entscheidungen, welche im Zwangsvollstreckungsverfahren ohne vorgängige mündliche Verhandlung erfolgen können, findet sofortige Beschwerde statt (§§. 793, 577 a. a. O.).

Eine weitere Thätigkeit liegt dem Gewerbegericht bei der Zwangsvollstreckung nicht ob. Insbes. erfolgt dieselbe, soweit sie nicht einem Gerichte zugewiesen ist, im Auftrage des Gläubigers durch Gerichtsvollzieher; doch kann der Gläubiger wegen Ertheilung des Auftrags die Mitwirkung des Gerichtsschreibers in Anspruch nehmen; der von letzterem beauftragte Gerichtsvollzieher gilt als vom Gläubiger beauftragt (§. 753 C.P.O.).

5. Für die Anordnung von Arresten und einstweiligen Verfügungen ist das Gewerbegericht als Gericht der Hauptsache zuständig, sofern nicht die Hauptsache bereits in der Berufungsinstanz anhängig ist (§§. 919, 930, 931, 937, 941, 943 C.P.O.). Mit dem Gewerbegericht konkurrirt nach Wahl des Gläubigers in den Fällen der §§. 919, 942 a. a. O. das dort bezeichnete Amtsgericht. Im übrigen s. §§. 916—945 C.P.O. (insbes. vgl. §. 944 über die Befugnisse des Vorsitzenden).

6. Zu Abs. 4 Satz 2. C.P.O. „§. 750. Die Zwangsvollstreckung darf nur beginnen, wenn die Personen, für und gegen welche sie stattfinden soll, in dem Urtheil oder in der demselben beigefügten Vollstreckungsklausel namentlich bezeichnet sind und das Urtheil bereits zugestellt ist oder gleichzeitig zugestellt wird.

Handelt es sich um die Vollstreckung eines Urtheils, dessen vollstreckbare Ausfertigung nach §. 726 Abs. 1 ertheilt worden ist, oder soll ein Urtheil, welches nach den §§. 727 bis 729, 738, 742, 744, dem §. 745 Abs. 2 und dem §. 749 für oder gegen eine der dort bezeichneten Personen wirksam ist, für oder gegen eine dieser Personen vollstreckt werden, so muß außer dem zu vollstreckenden Urtheil auch die demselben beigefügte Vollstreckungsklausel und, sofern die Vollstreckungsklausel auf

Grund öffentlicher oder öffentlich beglaubigter Urkunden ertheilt ist, auch eine Abschrift dieser Urkunden vor Beginn der Zwangsvollstreckung zugestellt sein oder gleichzeitig mit Beginn derselben zugestellt werden.

Ist die Geltendmachung des Anspruchs von dem Eintritt eines Kalendertages abhängig, so darf die Zwangsvollstreckung nur beginnen, wenn der Kalendertag abgelaufen ist.

Hängt die Vollstreckung von einer dem Gläubiger obliegenden Sicherheitsleistung ab, so darf der Beginn der Zwangsvollstreckung nur erfolgen, wenn die Sicherheitsleistung durch eine öffentliche oder öffentlich beglaubigte Urkunde nachgewiesen und eine Abschrift dieser Urkunde bereits zugestellt ist oder gleichzeitig zugestellt wird (§. 751).

Die in den vorstehenden §§. vorgeschriebenen Zustellungen sind Voraussetzungen der Zwangsvollstreckung, gehören aber nicht zum Zwangsvollstreckungsverfahren selbst. Nach dem Grundsatz des §. 32 Abs. 1 darf daher die Partei diese Zustellungen nicht direkt durch einen Gerichtsvollzieher bewirken lassen; sie müssen vielmehr durch den Gerichtsschreiber veranlaßt werden. Ist nun der Schuldtitel gemäß §. 32 Abs. 2 bereits dem Schuldner zugestellt, so genügt dies für den Beginn der Zwangsvollstreckung; der Gläubiger kann sich auf der ihm ertheilten vollstreckbaren Ausfertigung durch den Gerichtsschreiber bescheinigen lassen, daß und wann die Zustellung an den Schuldnern erfolgt sei, und kann sich dann an den Gerichtsvollzieher ꝛc. wenden. Ist aber die Zustellung bisher nicht erfolgt, weil gegen das Urtheil oder den Beschluß ein Rechtsmittel nicht stattfindet oder der früher erschienene Schuldner auf die Zustellung verzichtet hatte, so muß der Gläubiger, da die zwingende Vorschrift des §. 750 C.P.O. für alle Schuldtitel gilt, nachträglich die Zustellung beim Gerichtsschreiber des Gewerbegerichts beantragen und kann sich dann, wie oben, die erfolgte

Zustellung bescheinigen lassen. (Ebenso Haas S. 115, sowie Komm.-Bericht XII S. 43, a. M. Wilhelmi und Fürst S. 240, Gewerbegericht und Landgericht Frankfurt a. M., Soz. Pr. IV. Nr. 32 Sp. 497, vgl. Busch Bd. 16 S. 333. Eine gleiche Bescheinigung wird auch für die Zustellung der Vollstreckungsklausel bezw. von Urkunden gemäß §§. 751 Abs. 2, 752 Abs. 2 erforderlich sein. Diese durch §. 30 Abs. 2 bedingte Auslegung des auf einem Antrag Eberty beruhenden zweiten Satzes des Abs. 4 führt zu einer wesentlichen Verzögerung der Zwangsvollstreckung im gewerbegerichtlichen Verfahren. Während im ordentlichen Verfahren meist das Urtheil durch den mit der Zwangsvollstreckung beauftragten Gerichtsvollzieher gleichzeitig zugestellt wird, muß hier in allen Fällen, in denen nach §. 32 Abs. 2 eine Zustellung des Urtheils nicht erforderlich ist, die Partei zunächst das Gewerbegericht um Zustelluug des Urtheils ersuchen und kann erst, nachdem ihr eine Bescheinigung über die erfolgte Zustellung ertheilt ist, den Gerichtsvollzieher mit der Zwangsvollstreckung beauftragen. Nach Absicht des Antragstellers sollten die Worte „auf Antrag des Gläubigers bedeuten: „sofern der Gläubiger es beantragt", ohne die Zustellung im Parteibetrieb auszuschließen. Es ist übersehen, daß nach §. 32 Abs. 1 die Zustellung im Parteibetrieb unzulässig ist. Es empfiehlt sich deshalb im Interesse der Parteien Urtheile und Vergleiche, wenn vollstreckbare Ausfertigung erbeten wird, zunächst dem Gegner zuzustellen; im Anschluß an die Vollstreckungsklausel wird die erfolgte Zustellung bescheinigt.

§. 58.

Für die Verhandlung des Rechtsstreits vor den 1. Gewerbegerichten wird eine einmalige Gebühr nach dem Werthe des Streitgegenstandes erhoben.

2. Dieselbe beträgt bei einem Gegenstand im
Werthe bis 20 Mark einschließlich 1,00 Mark,
von mehr als 20 Mark bis
50 Mark einschließlich . . . 1,50 „
von mehr als 50 Mark bis
100 Mark einschließlich . . 3,00 „ .
Die ferneren Werthsklassen steigen um je einhundert Mark, die Gebühren um je drei Mark. Die höchste Gebühr beträgt dreißig Mark.

3. Wird der Rechtsstreit durch Versäumnißurtheil oder durch eine auf Grund eines Anerkenntnisses oder einer Zurücknahme der Klage erlassene Entscheidung erledigt, ohne daß eine kontradiktorische Verhandlung vorhergegangen war, so wird eine Gebühr in Höhe der Hälfte der oben bezeichneten Sätze erhoben.

4. Wird ein zur Beilegung des Rechtsstreits abgeschlossener Vergleich aufgenommen, so wird eine Gebühr nicht erhoben, auch wenn eine kontradiktorische Verhandlung vorausgegangen war.

5. Schreibgebühren kommen nicht in Ansatz. Für Zustellungen werden baare Auslagen nicht erhoben. Im Uebrigen findet die Erhebung der Auslagen nach Maßgabe des §. 79 des Gerichtskostengesetzes statt. Der §. 2 desselben findet Anwendung.

6. Durch das Statut (§. 1 Abs. 2 bis 4) kann vorgeschrieben werden, daß Gebühren und Aus-

lagen in geringerem Betrag oder gar nicht erhoben werden.

1. Zu Abs. 1. Wegen Berechnung des Werthes des Streitgegenstandes s. §§. 9—11, 15—17 G.K.G. Hiernach sind die §§. 3—9 C.P.O. und die seitens des Prozeßgerichts erfolgte Festsetzung maßgebend; die letztere Festsetzung ist event. gemäß §. 16 G.K.G. nachzuholen; über die Beschwerde gegen diese Festsetzung s. Abs. 2 a. a. O. Die Entscheidung von Erinnerungen des Zahlungspflichtigen gegen den Ansatz von Gebühren und Auslagen erfolgt gemäß §. 4 a. a. O. erstinstanzlich durch das Gewerbegericht (ebenso Schier S. 137, 155, Wilhelmi u. Fürst S. 242, a. M. Haas S. 121). Wegen Nachforderung von Kosten s. §. 5 a. a. O.

2. Zu Abs. 5. Nach §. 79 G.K.G. werden daher an baaren Auslagen erhoben:

1. . . . . .
2. die Post- und Telegraphengebühren;
3. die durch Einrückung einer Bekanntmachung in öffentliche Blätter entstehenden Kosten;
4. die an Zeugen und Sachverständige zu zahlenden Gebühren;
5. die bei Geschäften außerhalb der Gerichtsstelle den Gerichtsbeamten zustehenden Tagegelder und Reisekosten;
6. die an andere Behörden oder Beamte oder an Rechtsanwälte für deren Thätigkeit zu zahlenden Beträge;
7. die Kosten eines Transports von Personen;
8. die Haftkosten nach Maßgabe der für die Strafhaft geltenden landesgesetzlichen Vorschriften.

Die unter 2 und 3 bezeichneten Auslagen werden jedoch nicht erhoben, wenn sie für Zustellungen erwachsen sind (s. Anm. 1 zu §. 33).

§. 2 G.K.G. lautet:

„Eine Erhebung von Stempeln und anderen Abgaben neben den Gebühren findet nicht statt.

Urkunden, von denen im Verfahren Gebrauch gemacht wird, sind nur insoweit einem Stempel oder einer anderen Abgabe unterworfen, als sie es ohne diesen Gebrauch sein würden.

Urkunden, welche im Verfahren errichtet werden, bleiben, soweit ihr Inhalt über den Gegenstand des Verfahrens hinausgeht, den allgemeinen Vorschriften über Erhebung von Stempeln oder anderen Abgaben unterworfen."

Damit ist insbesondere für Preußen die Stempelpflichtigkeit gewerbegerichtlicher Urtheile und Vergleiche ausgeschlossen. Prozeßvollmachten bleiben gemäß Abs. 2 des §. 2 in Preußen stempelpflichtig, wenn sie einen Gegenstand von mindestens 150 Mark betreffen.

3. Zu Abs. 6. Eine solche Bestimmung kann nur durch das Statut, nicht auch durch die Anordnung der Landes-Zentralbehörde (§. 1 Abs. 5), getroffen werden; letztere kann den Kommunalverbänden wider ihren Willen das Recht der Kostenerhebung nicht schmälern. Das Statut kann nur anordnen, daß Gebühren und Auslagen oder auch eine dieser Kategorien gar nicht oder in geringerem Maße als in Abs. 1—4 bestimmt, erhoben werden; es darf aber nicht andere Arten von Gebühren einführen, z. B. nicht sog. Sukkumbenzstrafen, wonach der unterliegenden Partei in geeigneten Fällen eine gewisse Gebühr auferlegt werden kann, oder bestimmen, daß die Kosten in geeigneten Fällen außer Ansatz gelassen werden können (Unger in der „Selbstverwaltung" 1892 S. 337).

4. Die Vorschriften der C.P.O. über das Armenrecht (§§. 114—127) finden nach §. 26 entsprechende Anwendung. Gemäß §. 115 Nr. 3 C.P.O. kann die Partei hier die Beiordnung eines Gerichtsvollziehers zur vor-

läufig unentgeltlichen Bewirkung von Zustellungen im Vollstreckungsverfahren und von Vollstreckungshandlungen fordern. Für Preußen hat sich die arme Partei nach §. 64 Abs. 2 der Gerichtsvollzieherordnung vom 31. März 1900 unmittelbar an den zuständigen Gerichtsvollzieher oder an die bei dem Amtsgericht eingerichtete Vertheilungsstelle zu wenden oder die Vermittelung des Gerichtsschreibers zur Beauftragung des Gerichtsvollziehers in Anspruch zu nehmen; die gerichtliche Entscheidung über die Bewilligung des Armenrechts ist vorzulegen. Die Erstattung der baaren Auslagen in Gemäßheit des §. 21 der Gebührenordnung für Gerichtsvollzieher vom 20. Mai 1898 hat der Gerichtsvollzieher, falls sie nicht gemäß §§. 124, 788 C.P.O. von dem Ersatzpflichtigen beigetrieben werden können, von dem nach §. 9 d. Ges. verpflichteten Verbande zu verlangen und bei dem Gewerbegericht in Antrag zu bringen (§. 6 der Gerichtsvollzieherordnung).

§. 59.

Schuldner der entstandenen Gebühren und Auslagen ist derjenige, welchem durch die gerichtliche Entscheidung die Kosten auferlegt sind, oder welcher dieselben durch eine vor dem Gewerbegericht abgegebene oder diesem mitgetheilte Erklärung übernommen hat, und in Ermangelung einer solchen Entscheidung oder Uebernahme derjenige, welcher das Verfahren beantragt hat. 1.

Die Einziehung der Gerichtskosten erfolgt nach den für die Einziehung der Gemeindeabgaben geltenden Vorschriften. 2.

1. Zu Abs. 1. Die Zahlung eines Kostenvorschusses darf nur im Falle des §. 379 C.P.O. gefordert werden, s. Anm. 1 zu §. 44.

„In Ermangelung einer Uebernahme." Dies bezieht sich auf diejenigen Fälle, in denen die Sache liegen geblieben ist und auch ein Vergleich, in welchem über die Tragung der etwaigen baaren Auslagen des Gerichts Bestimmung getroffen ist, nicht vorliegt. Sten. Ber. S. 512.

Wem durch die gerichtliche Entscheidung die Kosten aufzuerlegen sind, bestimmt die C.P.O. (§§. 91—96, 100—102, 278 Abs. 2, 283 Abs. 2. Vgl. §. 52 d. Ges.)

Betreffs der Verpflichtung von Ausländern zur Sicherheitsleistung gegenüber dem Beklagten wegen der Gerichtskosten s. §§. 110—113 C.P.O.

2. Zu Abs. 2. Die Einziehung geschieht in Preußen nach Maßgabe der V. betr. das Verwaltungszwangsverfahren wegen Beitreibung von Geldbeträgen v. 15. November 1899 (G.S. S. 545), also durch Vollziehungsbeamte, nicht durch Gerichtsvollzieher.

§. 60.

1. Die Kosten der Rechtsmittel und der Zwangsvollstreckung bestimmen sich nach den für die ordentlichen Gerichte maßgebenden Vorschriften. Das Gesuch um Festsetzung der Kosten zweiter Instanz ist bei dem Landgericht anzubringen.

2. Die Gebührenordnung für Zeugen und Sachverständige findet in dem Verfahren vor den Gewerbegerichten Anwendung.

„In Betreff der Gerichtsvollziehergebühren in der Zwangsvollstreckung ergiebt sich die Anwendbarkeit der Gebührenordnung aus Abs. 1." Mot S. 36.

§. 61.

Die ordentlichen Gerichte haben den Gewerbegerichten nach Maßgabe der Bestimmungen des Gerichtsverfassungsgesetzes Rechtshülfe zu leisten.

1. G.V.G. „§. 158. Das Ersuchen um Rechtshülfe ist an das Amtsgericht zu richten, in dessen Bezirke die Amtshandlung vorgenommen werden soll.

§. 159. Das Ersuchen darf nicht abgelehnt werden.

Das Ersuchen eines nicht im Instanzenzuge vorgesetzten Gerichts ist jedoch abzulehnen, wenn dem ersuchten Gerichte die örtliche Zuständigkeit mangelt, oder die vorzunehmende Handlung nach dem Rechte des ersuchten Gerichts verboten ist.

§. 160. Wird das Ersuchen abgelehnt, oder wird der Vorschrift des §. 159 Abs. 2 zuwider dem Ersuchen stattgegeben, so entscheidet das Oberlandesgericht, zu dessen Bezirke das ersuchte Gericht gehört. Eine Anfechtung dieser Entscheidung findet nur statt, wenn dieselbe die Rechtshülfe für unzulässig erklärt, und das ersuchende und das ersuchte Gericht den Bezirken verschiedener Oberlandesgerichte angehören. Ueber die Beschwerde entscheidet das Reichsgericht.

Die Entscheidungen erfolgen auf Antrag der Betheiligten oder des ersuchenden Gerichts ohne vorgängige mündliche Verhandlung.

§. 161. Die Herbeiführung der zum Zwecke von Vollstreckungen, Ladungen und Zustellungen erforderlichen Handlungen erfolgt nach Vorschrift der Prozeßordnungen ohne Rücksicht darauf, ob die Handlungen in dem Bundesstaate, welchem das Prozeßgericht angehört, oder in einem anderen Bundesstaate vorzunehmen sind.

§. 162. Gerichte, Staatsanwaltschaften und Gerichtsschreiber können wegen Ertheilung eines Auftrags an einen Gerichtsvollzieher die Mitwirkung des Gerichtsschreibers des Amtsgerichts in Anspruch nehmen, in dessen Bezirke der Auftrag ausgeführt werden soll. Der von dem Gerichtsschreiber beauftragte Gerichtsvollzieher gilt als unmittelbar beauftragt.

§. 163. Eine Freiheitsstrafe, welche die Dauer von sechs Wochen nicht übersteigt, ist in demjenigen Bundesstaate zu vollstrecken, in welchem der Verurtheilte sich befindet.

§. 164. Soll eine Freiheitsstrafe in dem Bezirke eines anderen Gerichts vollstreckt oder ein in dem Bezirke eines anderen Gerichts befindlicher Verurtheilter zum Zwecke der Strafverbüßung ergriffen und abgeliefert werden, so ist die Staatsanwaltschaft bei dem Landgerichte des Bezirks um die Ausführung zu ersuchen.

§. 165. Im Falle der Rechtshülfe unter den Behörden verschiedener Bundesstaaten sind die baaren Auslagen, welche durch eine Ablieferung oder Strafvollstreckung entstehen, der ersuchten Behörde von der ersuchenden zu erstatten.

Im Uebrigen werden Kosten der Rechtshülfe von der ersuchenden Behörde nicht erstattet.

Ist eine zahlungspflichtige Partei vorhanden, so sind die Kosten von derselben durch die ersuchende Behörde einzuziehen und der eingezogene Betrag der ersuchten Behörde zu übersenden.

Stempel-, Einregistrirungsgebühren oder andere öffentliche Abgaben, welchen die von der ersuchenden Behörde übersendeten Schriftstücke (Urkunden, Protokolle) nach dem Rechte der ersuchten Behörde unterliegen, bleiben außer Ansatz.

§. 166. Für die Höhe der den geladenen Zeugen und Sachverständigen gebührenden Beträge sind die Bestimmungen maßgebend, welche bei dem Gerichte gelten, vor welches die Ladung erfolgt.

Sind die Beträge nach dem Rechte des Aufenthaltsorts der geladenen Personen höher, so können die höheren Beträge gefordert werden.

Bei weiterer Entfernung des Aufenthaltsorts der geladenen Personen ist denselben auf Antrag ein Vorschuß zu bewilligen.

§. 167. Ein Gericht darf Amtshandlungen außerhalb seines Bezirks ohne Zustimmung des Amtsgerichts des Orts nur vornehmen, wenn Gefahr im Verzuge obwaltet. In diesem Falle ist dem Amtsgerichte des Orts Anzeige zu machen.

§. 169. Die in einem Bundesstaate bestehenden Vorschriften über die Mittheilung von Akten einer öffentlichen Behörde an ein Gericht dieses Bundesstaates kommen auch dann zur Anwendung, wenn das ersuchende Gericht einem anderen Bundesstaate angehört."

2. Die dem ersuchten Gericht entstandenen Kosten sind nur insoweit zu erstatten, als eine zahlungspflichtige Partei vorhanden ist. Dies ist bei den Gewerbegerichten nach §. 58 Nr. 5 bezüglich der Schreibgebühren und baaren Auslagen für Zustellungen nicht der Fall. (Bl. f. soz. Pr. Nr. 70 S. 7, GG. II Sp. 66). Ein Gewerbegericht ist zur Rechtshilfe nicht verpflichtet, ebensowenig das Amtsgericht im Bezirk des Gewerbegerichts. G.G. V Sp. 261.

Dritter Abschnitt.

Thätigkeit des Gewerbegerichts als Einigungsamt.

§. 62.

Das Gewerbegericht kann bei Streitigkeiten zwischen Arbeitgebern und Arbeitern über die Bedingungen der Fortsetzung und Wiederaufnahme des Arbeitsverhältnisses als Einigungsamt angerufen werden.

1. Ueber die Motive, die zur Betrauung der Gewerbegerichte mit den Funktionen der Einigungsämter geführt haben, s. Einl. Die Einigungsämter haben nie über individuelle Ansprüche einzelner Personen zu entscheiden, sondern nur über die Bedingungen der Fortsetzung oder Wiederaufnahme des Arbeitsverhältnisses, sei es in einem oder in mehreren Betrieben; ihre Aufgabe ist also nur die Verhütung drohender und die Beseitigung eingetretener Arbeitseinstellungen oder Aussperrungen.

Die Vorschriften gehen davon aus, daß Arbeitsbedingungen, welche eine Gesammtheit von Arbeitern eines Arbeitgebers, ja vielleicht sämmtliche Arbeiter eines Industriezweiges in einem bestimmten Bezirke oder gar in ganz Deutschland künftig verbinden sollen, nur mit der Gesammtheit der Arbeiter oder deren Vertretern vereinbart werden können.

Eine Streitigkeit im Sinne des §. 62 liegt vor, wenn eine von einer Partei — wobei mindestens auf der Arbeiterseite mehrere betheiligt sein müssen — für künftige Arbeitsverträge vorgeschlagene Vertragsbedingung von der andern Partei abgelehnt wird. (Vgl. Lotmar in Brauns Archiv Bd. 15 S. 29, 44, 82.) Ein Streit liegt nicht mehr vor, wenn der Arbeitgeber zu den von ihm bestimmten Bedingungen Arbeitswillige gefunden hat und sich damit zeigt, daß die eine streitende Partei nicht die Gesammtheit hinter sich hatte.

Durch die Thätigkeit des Einigungsamts wird der Regel nach der Abschluß eines sog. Tarifvertrages erstrebt, welcher für unter den Kontrahenten künftig abzuschließende Arbeitsverträge Bedingungen festsetzt. Diese Verträge werden auf der Arbeiterseite stets, auf der Arbeitgeberseite zuweilen nicht zwischen individuell bestimmten Personen geschlossen, sondern Namens einer bestimmten Kategorie, die durch Zugehörigkeit zu einem bestimmten Betriebe, Berufe, Bezirke gebildet wird, deren Angehörige wechseln. (Lotmar a. a. O.)

2. „Eine Verpflichtung, ihre Streitigkeiten vor einem Einigungsamt zum Austrage zu bringen, kann weder den Arbeitgebern noch den Arbeitern auferlegt werden, zumal es an geeigneten Mitteln fehlen würde, die Erfüllung dieser Verpflichtung zu erzwingen. Die Thätigkeit des Gewerbegerichts als Einigungsamt soll daher nur eintreten, wenn sie von beiden Theilen angerufen wird. Dadurch wird nicht ausgeschlossen, daß bei drohenden Arbeitseinstellungen das Gewerbegericht oder dessen Vorsitzender die Arbeitgeber und Arbeiter zur Anrufung zu veranlassen sucht, oder, wenn der eine Theil das Gewerbegericht angerufen hat, den anderen Theil zu gleicher Anrufung auffordert." Mot. S. 36. Durch die Novelle ist dem Vorsitzenden dieses zur Pflicht gemacht (§§. 64, 65).

3. Ueber die Zuständigkeit des Gewerbegerichts als Einigungsamt bei Streitigkeiten zwischen Innungsmeistern und deren Arbeitern s. §. 74. Die Grenzen der sachlichen und örtlichen Zuständigkeit des Gewerbegerichts (§. 7) werden auch hinsichtlich der Zuständigkeit des Einigungsamts zu beachten sein. Doch ist nicht ausgeschlossen, daß der Kreis der an der Streitigkeit Betheiligten weit über die örtliche Zuständigkeit hinausgreift, es müssen nur der örtlichen Zuständigkeit des Gewerbegerichts unterstehende betheiligte Arbeiter und Arbeitgeber vorhanden sein. Auf die im §. 81 genannten Personen und überhaupt auf alle Personen, welche nicht Arbeiter im Sinne dieses Gesetzes sind (§§. 3, 5), finden auch die Vorschriften über Einigungsämter keine Anwendung; Streitigkeiten, welche zwischen solchen Personen und ihren Arbeitgebern ausbrechen, können daher dem Gewerbegericht zur Schlichtung nicht unterbreitet werden.

4. Das Gesetz ordnet das Verfahren vor dem Einigungsamt nur in großen Zügen. Im übrigen, z. B. hinsichtlich der Form der Vorladungen, der Protokollirung der Verhandlungen, muß, sofern nicht etwa das Statut (s. §. 1 Abs. 5) spezielle Anordnungen enthält, das Ermessen des Vorsitzenden, event. ein Beschluß des Einigungsamts entscheiden, vgl. Cuno, Die Praxis des Berliner Gewerbegerichts als Einigungsamt, Soz. Pr. V Nr. 22 Sp. 623 ff.; Blendermann, Das Verfahren vor dem Einigungsamt, G.G. III Nr. 2 Sp. 13 ff.

5. Die Kosten des Verfahrens vor dem Einigungsamt fallen dem im §. 9 bezeichneten Verbande, bei den gemäß §. 82 Abs. 1 errichteten Gewerbegerichten nach Nr. 3 a. a. O. dem Staate zur Last; den Betheiligten dürfen keinerlei Kosten auferlegt werden.

§. 63.

1. Der Anrufung ist Folge zu geben, wenn sie von beiden Theilen erfolgt und die betheiligten Arbeiter und Arbeitgeber — letztere sofern ihre Zahl mehr als drei beträgt — Vertreter bestellen, welche mit der Verhandlung vor dem Einigungsamte beauftragt werden.

2. Als Vertreter können nur Betheiligte bestellt werden, welche das fünfundzwanzigste Lebensjahr vollendet haben, sich im Besitze der bürgerlichen Ehrenrechte befinden und nicht durch gerichtliche Anordnung in der Verfügung über ihr Vermögen beschränkt sind.

Soweit Arbeiter in diesem Alter nicht, oder nicht 3. in genügender Anzahl vorhanden sind, können jüngere Vertreter zugelassen werden.

Die Zahl der Vertreter jedes Theiles soll in 4. der Regel nicht mehr als drei betragen. Das Einigungsamt kann eine größere Zahl von Vertretern zulassen.

Ob die Vertreter für genügend legitimirt zu 5. erachten sind, entscheidet das Einigungsamt nach freiem Ermessen.

1. „Voraussetzung einer geordneten Verhandlung ist bei einer größeren Zahl von Betheiligten die Bestellung einer nicht zu großen Zahl von Vertretern. Für die Arbeiter wird eine Vertretung immer erforderlich sein, für die Arbeitgeber nur, wenn eine größere Zahl derselben betheiligt ist. Sind nicht mehr als drei Arbeitgeber betheiligt, so werden sie persönlich vor dem Einigungsamt verhandeln können. Der Regel nach soll die Zahl der beiderseitigen Vertreter nicht mehr als je drei betragen. Da es aber unter Umständen, z. B. wenn für einen Industriezweig verschiedene Klassen von Arbeitern in Betracht kommen, für die Verhandlungen förderlich sein kann, wenn eine größere Zahl von Vertretern an denselben theilnimmt, so soll das Einigungsamt befugt sein, eine größere als die regelmäßige Zahl von Vertretern zuzulassen.

Für die Bestellung der Vertreter kann ein bestimmtes Verfahren nicht vorgeschrieben werden, da die in Betracht kommenden Verhältnisse zu verschiedenartig sind, und da derartige Vorschriften leicht zu unnützen Streitigkeiten über die Einhaltung der vorgeschriebenen Formen führen könnten. Es muß daher dem Gewerbegerichte überlassen werden, zu beurtheilen, ob diejenigen, welche als Vertreter der beiden Theile auftreten, als solche legitimirt erscheinen. Wo für die Arbeitgeber und Arbeiter organisirte Vereinigungen bestehen, werden die Organe derselben oder die nach den Statuten gewählten besonderen Vertreter sich leicht als solche legitimiren können. Wo solche Vereinigungen nicht bestehen, wird sich für die Vertreter der meist weniger zahlreichen Arbeitgeber die Legitimation leicht durch schriftliche Vollmacht erbringen lassen. In manchen Fällen, z. B. bei Arbeitseinstellungen, die sich auf eine einzelne Fabrik beschränken, wird letzteres auch für die Vertreter der Arbeiter geschehen können. Im Uebrigen wird die Wahl der Vertreter der Arbeiter in der Regel in einer öffentlichen Versammlung erfolgen, und die darüber in den öffentlichen Blättern erscheinenden Berichte werden meist genügen, um sowohl den betheiligten Arbeitgebern wie dem Einigungsamte selbst ein Urtheil über die Legitimation der als Vertreter auftretenden Personen zu ermöglichen." Mot. S. 36, 37. Regelmäßig wird das Einigungsamt die Vertreter nur zulassen können, dann aber auch zulassen müssen, wenn die Vertreter beider Parteien sich gegenseitig — ausdrücklich oder stillschweigend — als legitimirt anerkennen. Vergl. Komm.-Ber. S. 31.

2. Eine besondere Form der Anrufung ist nicht vorgeschrieben; dieselbe wird daher auch mündlich beim Vorsitzenden erfolgen können. Wird der Anrufung zu Unrecht keine Folge gegeben, so steht die Beschwerde bei der vorgesetzten Dienstbehörde offen.

3. Als Vertreter werden nur Betheiligte zugelassen, also nur Arbeiter und Arbeitgeber, welche bei der ausgebrochenen Differenz Partei sind; den Arbeitgebern stehen ihre allgemeinen Stellvertreter (§. 45 der Gewerbeordnung) Prokuristen, Betriebsleiter, gleich (§. 66 Abs. 2). §. 16 Abs. 1 ist nicht anwendbar.

§. 64.

Erfolgt die Anrufung nur von einer Seite, so soll der Vorsitzende dem anderen Theile oder dessen Stellvertretern oder Beauftragten Kenntniß geben und zugleich nach Möglichkeit dahin wirken, daß auch dieser Theil sich zur Anrufung des Einigungsamts bereit findet.

§. 65.

Auch in anderen Fällen soll der Vorsitzende bei Streitigkeiten der im §. 62 bezeichneten Art auf die Anrufung des Einigungsamts hinzuwirken suchen und dieselbe den Betheiligten bei geeigneter Veranlassung nahe legen.

§. 66.

Der Vorsitzende ist befugt, zur Einleitung der 1.
Verhandlung und in deren Verlauf an den Streitigkeiten betheiligte Personen vorzuladen und zu vernehmen. Er kann hierbei, wenn das Einigungsamt gemäß §. 63 oder §. 64 angerufen worden ist, für den Fall des Nichterscheinens eine Geldstrafe bis zu einhundert Mark androhen. Gegen die Festsetzung der Strafe findet Beschwerde nach den Bestimmungen der Civilprozeßordnung statt.

Eine Vertretung betheiligter Personen durch 2.
deren allgemeine Stellvertreter (§. 45 der Gewerbeordnung), Prokuristen oder Betriebsleiter ist zulässig.

Die Strafvorschrift für den Fall, daß das Einigungsamt von beiden Theilen oder auch nur von einer Seite angerufen ist, ist durch die Novelle eingeführt, vgl. Komm.-Ber. XII. S. 49.

Es besteht die Verpflichtung, zur Vermeidung der Strafe zu erscheinen, nicht aber, sich auf Verhandlungen einzulassen oder sich der Anrufung anzuschließen. Der Vorgeladene muß anwesend bleiben, bis der Vorsitzende die Verhandlung schließt.

Im Falle des §. 65 darf der Vorsitzende die Strafandrohung nicht anwenden.

§. 67.

1. Das Gewerbegericht, welches als Einigungsamt thätig wird, besteht neben dem Vorsitzenden aus Vertrauensmännern der Arbeitgeber und der Arbeiter in gleicher Zahl.

2. Die Vertrauensmänner sind von den Betheiligten zu bezeichnen. Erfolgt die Bezeichnung nicht, so werden die Vertrauensmänner durch den Vorsitzenden ernannt.

3. Einigen sich die Betheiligten über die Zahl der zuzuziehenden Vertrauensmänner nicht, so ist die Zahl derselben von dem Vorsitzenden auf mindestens zwei für jeden Theil zu bestimmen.

4. Die Vertrauensmänner dürfen nicht zu den Betheiligten gehören.

5. Der Vorsitzende ist befugt, eine oder zwei unbetheiligte Personen als Beisitzer mit berathender

Stimme zuzuziehen; vor der Zuziehung sind die beiden Theile zu hören.

1. Zu Abs. 1. Falls das Gewerbegericht mehrere Vorsitzende hat (§. 10 Abs. 2), wird das Statut auch darüber, wer von ihnen im Einigungsamt den Vorsitz führt, Vorschriften enthalten müssen.

2. Zu Abs. 3. Während nach den früheren Bestimmungen Beisitzer des Gewerbegerichts als Beisitzer des Einigungsamts zuzuziehen waren, ist nunmehr vorgesehen, daß Vertrauensmänner, welche von den Betheiligten zu bezeichnen sind, dem Einigungsamt angehören.

Der unklare Wortlaut wird erläutert durch die Begründung des Antrags in dem Komm.-Ber. XII. S. 67:

„Um für eine dem jedesmaligen Bedürfnisse entsprechende Zusammensetzung des Einigungsamtes freie Bahn zu schaffen, werde vorgeschlagen, von der Mitwirkung der ständigen Beisitzer des Gewerbegerichts abzusehen und neben dem Vorsitzenden des Gewerbegerichts nur die von jedem Theile in gleicher Zahl zu benennenden Vertrauensmänner in das Einigungsamt zu berufen. Einigten sich die Parteien nicht über die Zahl, so bestimme diese der Vorsitzende."

Gemeint ist sonach, daß zunächst die Betheiligten auf der Arbeitgeber- und Arbeitnehmerseite sich über die Zahl der Vertrauensmänner, welche jede Partei zu wählen hat, verständigen, daß dann jede Partei die vereinbarte, falls eine Vereinbarung nicht zu Stande kommt, die vom Vorsitzenden bestimmte Zahl von Vertrauensmännern benennt.

Die „Betheiligten" haben die Zahl der Vertrauensmänner zu vereinbaren und die Vertrauensmänner zu bezeichnen, nicht die nach §. 63 bestellten Vertreter. Wie der Wille der Betheiligten ermittelt werden soll, ob

Mehrheit genügt oder Widerspruch auch nur eines Betheiligten die Vereinbarung bezw. Bezeichnung verhindert, läßt das Gesetz unklar. Man wird annehmen müssen, daß, wenn nicht alle Betheiligte über die Zahl einig sind, der Vorsitzende zu bestimmen hat, daß, wenn auf Seiten einer Partei nicht volle Uebereinstimmung über die Beisitzer erzielt wird, der Vorsitzende die Beisitzer für diese Partei zu bestimmen hat. Der Regel nach werden die Vertreter der Parteien auch bezüglich der Bestimmung der Zahl und der Wahl der Vertrauensmänner als Bevollmächtigte der Betheiligten gelten können.

3. Zu Abs. 5. „Wenn der Antrag dem Vorsitzenden die Befugniß ertheile, nach Anhörung beider Theile, eine oder zwei unbetheiligte Personen, also weder Arbeitgeber noch Arbeiter, als Beisitzer mit berathender Stimme in das Kollegium zu berufen, so sei dabei an die Zuziehung von Männern gedacht, die sich des allgemeinen Vertrauens erfreuten und durch ihre Stellung wie Erfahrung als Vermittler eine besondere Autorität genössen. Gerade die Mitwirkung solcher Männer habe sich vielfach als besonders erfolgreich bewiesen. Für sie müsse man Platz schaffen. Damit sei eine Verstärkung des neutralen Elementes gegeben, welches doch nicht minder bedeutungsvoll sei wie die Vertrauensstellung der von jedem Theile ernannten Delegirten. Speziell die Position des Vorsitzenden erfahre eine Festigung, die diesem unter Umständen sehr willkommen sein dürfte." (Komm.-Ber. XII. S. 67.)

4. Ein Zwang zur Uebernahme der Funktionen eines Vertrauensmannes oder eines Beisitzers kann nicht ausgeübt werden.

5. Dem Statut, event. dem Ermessen des Einigungsamts bleibt die Bestimmung überlassen, ob und inwieweit Oeffentlichkeit der Verhandlungen stattfindet.

6. Die Zuziehung eines Protokollführers ist nicht vorgeschrieben, aber zulässig.

§. 68.

Das Einigungsamt hat durch Vernehmung der Vertreter beider Theile die Streitpunkte und die für die Beurtheilung derselben in Betracht kommenden Verhältnisse festzustellen. 1.

Das Einigungsamt oder, im Falle des §. 64, der Vorsitzende des Gewerbegerichts ist befugt, zur Aufklärung der in Betracht kommenden Verhältnisse Auskunftspersonen vorzuladen und zu vernehmen. 2.

Jedem Beisitzer und Vertrauensmanne steht das Recht zu, durch den Vorsitzenden Fragen an die Vertreter und Auskunftspersonen zu richten. 3.

1. „Die nächste Aufgabe des Einigungsamts besteht in der Klarstellung der Streitpunkte und in der Ermittelung aller derjenigen Verhältnisse, welche für die Beurtheilung derselben von Bedeutung sind. Zu dem Ende sollen zunächst die Vertretungen beider Theile vernommen werden; und um eine beiden Theilen gerecht werdende und möglichst erschöpfende Feststellung zu sichern, soll jedem Beisitzer und Vertrauensmann gestattet sein, Fragen zu stellen. Die Vernehmung von Auskunftspersonen wird namentlich in solchen Fällen einzutreten haben, in denen sich zwischen den thatsächlichen Angaben der Vertreter Widersprüche finden.“ Mot. S. 37.

2. Das Erscheinen der vorgeladenen Auskunftspersonen, sowie die Abgabe von Erklärungen seitens der Erschienenen kann nicht erzwungen werden. Eine Vereidigung der Auskunftspersonen ist unzulässig.

3. Die Beisitzer und Vertrauensmänner dürfen nur durch den Vorsitzenden, nicht direkt, Fragen stellen.

§. 69.

Nach erfolgter Klarstellung der Verhältnisse ist in gemeinsamer Verhandlung jedem Theile Gelegenheit zu geben, sich über das Vorbringen des anderen Theiles sowie über die vorliegenden Aussagen der Auskunftspersonen zu äußern. Demnächst findet ein Einigungsversuch zwischen den streitenden Theilen statt.

„Nach abgeschlossenem Ermittelungsverfahren — welches übrigens in jedem Stadium der Verhandlung wieder aufgenommen werden kann — soll eine Verhandlung mit den beiderseitigen Vertretern stattfinden, in welcher zunächst die Anerkennung der Ergebnisse des Ermittelungsverfahrens durch die Vertreter beider Theile herbeizuführen und auf der so gewonnenen Grundlage der Versuch einer Einigung anzustellen ist." Mot. S. 37. Die Verhandlung soll gemeinsam sein; es dürfen also nicht die Vertreter einer Partei in Abwesenheit derjenigen der anderen Partei vernommen werden. Wohl aber ist es zulässig und oft rathsam, zum Zweck des Einigungsversuchs mit jeder Partei einzeln zu verhandeln.

§. 70.

Kommt eine Vereinbarung zu Stande, so ist der Inhalt derselben durch eine von sämmtlichen Mitgliedern des Einigungsamts und von den Vertretern beider Theile zu unterzeichnende Bekanntmachung zu veröffentlichen.

1. „Daß eine auf diese Weise herbeigeführte und öffentlich kundgegebene Vereinbarung von allen Be-

theiligten für die Bedingungen des weiteren Arbeitsverhältnisses als maßgebend anerkannt wird, kann zwar durch äußere Mittel nicht erzwungen werden, wird aber als Regel angenommen werden dürfen." Mot. S. 37. Ueber die rechtliche Bedeutung eines vor dem Einigungsamte geschlossenen Vergleichs für den Arbeitsvertrag s. Urth. d. G.G. Berlin G.G. II. Nr. 2 Sp. 14. A. A. Lotmar Tarifverträge in Brauns Archiv Bd. 15 S. 82 ff. Der Schiedsspruch unterliegt in Preußen der Stempelsteuer nicht. G.G. I. Nr. 5 Sp. 43.

2. Ueber die Art der Veröffentlichung vgl. Anm. 4 zu §. 62.

§. 71.

Kommt eine Vereinbarung nicht zu Stande, so 1.
hat das Einigungsamt einen Schiedsspruch abzugeben, welcher sich auf alle zwischen den Parteien streitigen Fragen zu erstrecken hat.

Die Beschlußfassung über den Schiedsspruch er- 2.
folgt mit einfacher Stimmenmehrheit. Stehen bei der Beschlußfassung über den Schiedsspruch die Stimmen sämmtlicher für die Arbeitgeber zugezogenen Vertrauensmänner denjenigen sämmtlicher für die Arbeiter zugezogenen gegenüber, so kann der Vorsitzende sich seiner Stimme enthalten und feststellen, daß ein Schiedsspruch nicht zu Stande gekommen ist.

1. „Auch wenn eine Einigung zwischen den Vertretern beider Theile nicht erreicht wird, soll das Einigungsamt seine Bemühungen, eine Beilegung der Streitigkeiten herbeizuführen, nicht ohne Weiteres einstellen, vielmehr

den Versuch machen, über die Bedingungen, auf welche hin eine Einigung billigerweise erwartet werden kann, seinerseits zu einem Beschlusse zu gelangen, und den auf Grund dieses Beschlusses abzugebenden Schiedsspruch den Vertretern beider Theile zur Erklärung vorlegen. Das moralische Gewicht, welches einem solchen Schiedsspruch beiwohnt, wird um so größer sein, je sorgfältiger und objektiver das Einigungsamt bei der Feststellung der Thatsachen und bei den Einigungsverhandlungen vorgegangen ist, und es ist die Hoffnung nicht ausgeschlossen, daß — namentlich wenn die neue Einrichtung erst länger in Wirksamkeit gewesen ist — in nicht seltenen Fällen beide Theile sich schließlich dem Schiedsspruche unterwerfen werden. Dies wird allerdings in der Regel dann nicht zu erwarten sein, wenn auch innerhalb des Einigungsamts die Ansicht sämmtlicher für die Arbeitgeber zugezogenen Vertrauensmänner derjenigen sämmtlicher für die Arbeiter zugezogenen gegenübergestanden hat, und der Schiedsspruch nur durch die ausschlaggebende Stimme des Vorsitzenden zu Stande gekommen ist. Deshalb soll in solchen Fällen der Vorsitzende berechtigt sein, sich seiner Stimme zu enthalten und zu konstatiren, daß ein Schiedsspruch nicht zu Stande gekommen ist." Mot. S. 38.

2. Ein Zwang für die Vertrauensmänner, ihre Stimmen abzugeben, besteht nicht. Was geschehen soll, wenn ein Vertrauensmann die Stimmabgabe verweigert, ist unklar. Man wird annehmen müssen, daß die Stimme des sich der Abstimmung Enthaltenden nicht mitzählt; man müßte denn annehmen, daß er mit der Stimmenthaltung sich weigert, weiter als Vertrauensmann zu fungiren und dadurch das Einigungsamt beschlußunfähig macht.

Der Vorsitzende darf nur in dem im Abs. 2 Satz 2 bezeichneten Falle sich der Abstimmung enthalten.

§. 72.

Ist ein Schiedsspruch zu Stande gekommen, so 1. ist derselbe den Vertretern beider Theile mit der Aufforderung zu eröffnen, sich binnen einer zu bestimmenden Frist darüber zu erklären, ob sie sich dem Schiedsspruch unterwerfen. Die Nichtabgabe der Erklärung binnen der bestimmten Frist gilt als Ablehnung der Unterwerfung.

Nach Ablauf der Frist hat das Einigungsamt 2. eine von sämmtlichen Mitgliedern desselben unterzeichnete öffentliche Bekanntmachung zu erlassen, welche den abgegebenen Schiedsspruch und die darauf abgegebenen Erklärungen der Parteien enthält.

Auch wenn die Vertreter ihre Unterwerfung erklären, ist eine Vollstreckbarkeit des Schiedsspruches ausgeschlossen; eine solche wurde als „sowohl vom juristischen, wie vom sozialpolitischen Standpunkte aus für die deutschen Verhältnisse weder möglich noch wünschenswerth" erachtet. Komm.-Ber. S. 30.

§. 73.

Ist weder eine Vereinbarung (§. 70) noch ein Schiedsspruch zu Stande gekommen, so ist dies von dem Vorsitzenden des Einigungsamts öffentlich bekannt zu machen.

„Auch in dem Falle, in welchem nur eine der beiden Parteien oder keine von beiden sich dem Schiedsspruche unterworfen hat, soll eine Veröffentlichung des letzteren stattfinden, da die Möglichkeit nicht ausgeschlossen ist, daß trotzdem größere oder kleinere Kreise der Betheiligten auf beiden Seiten sich entschließen, unter den im Schiedsspruche angegebenen Bedingungen das Arbeitsverhältniß fortzusetzen oder wieder aufzunehmen. Unter allen Umständen wird die Veröffentlichung des Schiedsspruches den Werth haben, daß sie auf die öffentliche Meinung, deren Bedeutung für den Ausgang von Streitigkeiten der in Frage stehenden Art erfahrungsmäßig eine sehr erhebliche ist, aufklärend und berichtigend einzuwirken geeignet ist." Mot. S. 38.

Die Veröffentlichung wird auch erfolgen müssen, wenn ein Schiedsspruch um deswillen nicht zu Stande kommt, weil ein Vertrauensmann seine weitere Mitwirkung versagt. Allerdings wird wohl in solchem Fall zunächst versucht werden müssen, einen anderen Vertrauensmann bestimmen zu lassen, event. zu ernennen. Dieses Verfahren kann aber schließlich nicht ins Endlose fortgesetzt werden.

§. 74.

Das Gewerbegericht als Einigungsamt ist nicht zuständig, wenn bei der Streitigkeit ausschließlich Innungsmitglieder und deren Arbeiter betheiligt sind, und für die Innung zur Erfüllung der im §. 81a Nr. 2 der Gewerbeordnung bezeichneten Aufgabe ein besonderes Einigungsamt besteht, dessen Zusammensetzung und Thätigkeit durch das Statut entsprechend den Bestimmungen der §§. 63 bis 73 dieses Gesetzes geregelt sind. Rufen beide Theile das Gewerbegericht als Einigungsamt an, so ist dieses auch bei solchen Streitigkeiten zuständig.

§ 81a Nr. 2 G.O. bezeichnet als Aufgabe der Innung: die Förderung eines gedeihlichen Verhältnisses zwischen Meister und Gesellen (Gehülfen).

„Auf eine Anfrage, ob damit auch verlangt werde, daß der Vorsitzende des Innungs-Einigungsamtes weder Arbeitgeber noch Arbeiter sein dürfe, wird zugestanden, daß die Frage aufgeworfen werden könne, aber gleichzeitig festgestellt, daß die Bejahung dieser Frage die einstimmige Anschauung der Kommission sei, sowie beschlossen, diese Meinungsäußerung im Bericht festzulegen.“ Komm. XII, S. 68.

Vierter Abschnitt.

Gutachten und Anträge der Gewerbegerichte.

§. 75.

Das Gewerbegericht ist verpflichtet, auf Ansuchen 1. von Staatsbehörden oder des Vorstandes des Kommunalverbandes, für welchen es errichtet ist, Gutachten über gewerbliche Fragen abzugeben.

Das Gewerbegericht ist berechtigt, in gewerb- 2. lichen Fragen Anträge an Behörden, an Vertretungen von Kommunalverbänden und an die gesetzgebenden Körperschaften der Bundesstaaten oder des Reichs zu richten.

Zur Vorbereitung oder Abgabe von Gutachten 3. sowie zur Vorbereitung von Anträgen können Ausschüsse aus der Mitte des Gewerbegerichts gebildet werden.

4. Diese Ausschüsse müssen, sofern es sich um Fragen handelt, welche die Interessen beider Theile berühren, zu gleichen Theilen aus Arbeitgebern und Arbeitern zusammengesetzt sein.

5. Das Nähere bestimmt das Statut.

1. Es wurde hervorgehoben, „daß auch die rheinischen Gewerbegerichte nach ihrer ursprünglichen Verfassung die Aufgabe gehabt hätten, den staatlichen Behörden in gewerblichen Angelegenheiten mit Gutachten zu dienen, daß diese Thätigkeit jedoch niemals zu voller Ausbildung gelangt und nunmehr vollständig eingeschlafen sei.

Eine Thätigkeit der Gewerbegerichte nach dieser Richtung hin sei um so mehr dort erwünscht, wo Gewerbekammern nicht beständen. In Ländern, wo — wie in Sachsen, Bayern und sonstwo — Gewerbekammern beständen, welche dieselbe Aufgabe hätten, könne aber trotzdem eine derartige Bestimmung kein Bedenken erregen, weil der Vorschlag doch nur eine Pflicht der Gewerbegerichte einführen wolle, zu antworten, wenn sie gefragt werden, ohne ihnen ein Recht zu geben, gehört zu werden. Eine Kompetenzstreitigkeit könne also nicht eintreten. Auch würde es vom allgemeinen Gesichtspunkte aus durchaus erwünscht sein, die Möglichkeit zu haben, in gewerblichen Fragen ein Gutachten zu erhalten, das nicht einseitig von den Arbeitgebern ausgehe, wie das auch dort der Fall sei, wo Gewerbekammern beständen, da in diesen doch nur die Arbeitgeber vertreten seien. Namentlich bei den heutigen vielfachen sozialen Schwierigkeiten würde es von hohem Werthe sein, im gegebenen Falle ein Gutachten erhalten zu können, das kontradiktorisch zwischen Arbeitgebern und Arbeitern unter der unparteiischen Leitung eines unbetheiligten Dritten festgestellt worden sei. Bedenken gegen eine derartige Thätigkeit der Gewerbegerichte seien nach keiner Richtung hin möglich." Komm.-Ber. S. 32, 33.

Zur Begründung des Abs. 2 wurde angeführt, „daß dieses Recht die naturmäßige Ergänzung der den Gewerbegerichten auferlegten Pflicht zur Antwortertheilung sei, und die Gewerbegerichte noch viel mehr befähige, diejenigen Funktionen zu erfüllen, welche man sonst von Gewerbekammern zu erwarten pflege." Komm.-Ber. S. 33.

Durch die Novelle ist das Recht des Gewerbegerichts zu Anträgen dahin erweitert, daß solche auch an den Bundesrath, Reichstag und die Einzellandtage gerichtet werden können, auch ist es nicht mehr erforderlich, daß die gewerblichen Fragen die der Gerichtsbarkeit des Gewerbegerichts unterliegenden Betriebe berühren.

2. Die Ausschüsse können zur Vorprüfung oder zur Abgabe der Gutachten, im Falle des Abs. 2 nur zur Vorprüfung der vorliegenden Anträge, nicht zur selbstständigen Stellung derselben eingerichtet werden. Der Vorsitzende hat in diesen Ausschüssen volles Stimmrecht.

3. Daß bei der Abstimmung stets die gleiche Zahl von Arbeitgebern und Arbeitnehmern mitwirken muß, ist nicht vorgeschrieben, wird aber zweckmäßig im Statut geregelt.

4. „Statut" s. §. 1 Abs. 5.

Fünfter Abschnitt.

Verfahren vor dem Gemeindevorsteher.

§. 76.

Ist ein zuständiges Gewerbegericht nicht vor- 1.
handen, so kann bei Streitigkeiten der im §. 4

Abs. 1 Nr. 1 und 5 bezeichneten Art jede Partei die vorläufige Entscheidung durch den Vorsteher der Gemeinde (Bürgermeister, Schultheiß, Ortsvorsteher u. s. w.) nachsuchen. Zuständig ist der Vorsteher der Gemeinde, in deren Bezirke die streitige Verpflichtung aus dem Arbeitsverhältnisse zu erfüllen ist oder sich die gewerbliche Niederlassung des Arbeitgebers befindet, oder beide Parteien ihren Wohnsitz haben.

2. Den Parteien ist Gelegenheit zu geben, ihre Ausführungen und Beweismittel in einem Termine vorzubringen. Eine Beweisaufnahme durch Ersuchen anderer Behörden findet nicht statt; Vereidigungen sind nicht zulässig.

3. Kommt ein Vergleich zu Stande, so ist ein Protokoll darüber aufzunehmen und von den Parteien und dem Gemeindevorsteher zu unterschreiben.

1. Eine Verpflichtung zur Anrufung des Gemeindevorstehers besteht nicht. Die Kompetenz des Gemeindevorstehers ist außer beim Vorhandensein eines zuständigen Gewerbegerichts auch dann ausgeschlossen, wenn eine Innung oder ein Innungs-Schiedsgericht (§§. 81a Ziffer 4, 81b Ziffer 4 G.O.) oder ein nach §. 14 Nr. 4 G.V.G. auf Grund der Landesgesetze berufenes Gewerbegericht für den betreffenden Fall zuständig ist (vgl. §§. 84, 85), außerdem auch, wenn es sich um die im §. 81 bezeichneten Personen handelt (s. jedoch Anm. 2). Die Zuständigkeit ist beschränkt auf die Fälle der Nr. 1 und 5 des §. 4. Bei Ansprüchen gemäß Nr. 2—4 und 6 des §. 4 ist der Gemeindevorsteher nicht zuständig.

2. In den Fällen des §. 4 Nr. 5 (Krankenversicherungsbeiträge, Anm. 5 zu §. 4) erstreckt sich die Zuständigkeit des Gemeindevorstehers auch auf andere Personen, als die in §§. 3, 5 bezeichneten Arbeiter, und wird rücksichtlich dieser auch durch das Vorhandensein eines Gewerbegerichts nicht beschränkt. Vgl. §. 83 Abs. 3 u. Anm. Die örtliche Zuständigkeit ist entsprechend §. 27 erweitert.

3. Nur der Vorsteher der Gemeinde ist zuständig; die Entscheidung durch ein Kollegium (Magistrat 2c.) ist ausgeschlossen.

4. Der Vorstand selbständiger Gutsbezirke und Gemarkungen ist zur Entscheidung nicht zuständig; s. Anm. 3 zu §. 1.

5. Das Nachsuchen der Entscheidung ist an keine Form gebunden und kann daher auch mündlich geschehen. Wird der Erlaß einer Entscheidung abgelehnt, so steht der betreffenden Partei die Wahl frei, entweder sofort den Rechtsweg zu beschreiten oder Beschwerde bei der dem Gemeindevorsteher landesrechtlich vorgesetzten Instanz zu erheben.

6. In welcher Weise der Termin den Parteien bekannt zu geben ist, bestimmt das Gesetz nicht. Jedenfalls empfiehlt sich die Beurkundung der Bekanntgebung durch Beschaffung einer Empfangsbescheinigung, einen Aktenvermerk über die mündliche Mittheilung des Termins oder dergl., schon mit Rücksicht auf ein ev. zu erlassendes Versäumnißurtheil.

7. Den Parteien ist nur Gelegenheit zur Verhandlung zu geben. Durch das Ausbleiben einer Partei wird der Erlaß der Entscheidung nicht gehindert. Welche Folgen die Versäumniß einer Partei hat, bestimmt das Gesetz nicht; der Gemeindevorsteher wird daher die für das Verfahren vor dem Gewerbegericht geltenden Grundsätze anwenden, aber auch unabhängig hiervon entscheiden können. Vgl. Komm.-Ber. S. 33. Zeugen und

andere Beweismittel sind regelmäßig zur Stelle zu bringen, doch ist auch eine Vorladung von Zeugen und Sachverständigen zu einem neuen Termine nicht ausgeschlossen. Eine Verpflichtung zum Erscheinen und zur Abgabe einer Aussage besteht nicht. Ein Anspruch auf Gebühren steht den Zeugen und Sachverständigen gegenüber der entscheidenden Behörde nicht zu; die Entschädigung ist Sache der Partei, welche den Zeugen rc. vorschlägt oder stellt. Anderweitige Kosten des Verfahrens dürfen den Parteien nicht zur Last gelegt werden, sie sind von der Gemeinde zu tragen.

8. Die Zuziehung eines Protokollführers ist nicht nothwendig; die Führung eines förmlichen Protokolles ist überhaupt nur beim Zustandekommen eines Vergleiches direkt vorgeschrieben. Die vor dem Gemeindevorsteher abgeschlossenen Vergleiche und von ihm erlassenen Entscheidungen unterliegen dem landesgesetzlich vorgeschriebenen Stempel, da §. 2 G.K.G. hier nicht wie in §. 58 Abs. 5 für anwendbar erklärt ist.

§. 77.

1. Die Entscheidung des Gemeindevorstehers ist schriftlich abzufassen; sie geht in Rechtskraft über, wenn nicht binnen einer Nothfrist von zehn Tagen von einer der Parteien Klage bei dem ordentlichen Gericht erhoben wird. Die Frist beginnt mit der Verkündung, gegen eine bei der Verkündung nicht anwesende Partei mit der Behändigung der Entscheidung.

2. Die Entscheidungen des Gemeindevorstehers sind von Amtswegen für vorläufig vollstreckbar zu erklären.

Die vorläufige Vollstreckbarkeit ist nicht auszu- 3.
sprechen, wenn glaubhaft gemacht wird, daß die Vollstreckung dem Schuldner einen nicht zu ersetzenden Nachtheil bringen würde; auch kann sie von einer vorgängigen Sicherheitsleistung abhängig gemacht werden.

Ist rechtzeitig Klage erhoben, so findet der 4.
§. 707 der Civilprozeßordnung entsprechende Anwendung.

1. Die Beifügung von Gründen der Entscheidung ist nicht nothwendig.

2. Die in Uebereinstimmung mit dem bisherigen Rechte auf 10 Tage festgesetzte Frist zur Erhebung der Klage ist ausdrücklich als Nothfrist bezeichnet, sie wird daher weder durch die Gerichtsferien (§. 223 Abs. 2 C.P.O.), noch durch Parteivereinbarungen beeinflußt (§§. 224 Abs. 1, 251 Abs. 1 a. a. O.); gegen ihre Versäumung ist die Wiedereinsetzung in den vorigen Stand gegeben (§§. 233 ff. a. a. O.). Die Rechtskraft der Entscheidung hat denselben Umfang wie die eines gerichtlichen Urtheils (§. 322 a. a. O.); eine Wiederaufnahme des Verfahrens im Wege der Nichtigkeits- oder Restitutionsklage (§§. 578 ff. a. a. O.) findet nicht statt. Nur wirkliche Entscheidungen werden rechtskräftig, also nur solche Sprüche, welche in der Sache selbst ergehen; ein Bescheid, welcher eine Entscheidung in der Sache selbst wegen sachlicher oder örtlicher Unzuständigkeit oder aus anderen Gründen ablehnt, wird auch dann nicht rechtskräftig, wenn nach dem äußeren Anschein eine Entscheidung vorliegt. Für die Berechnung der Frist werden die in §. 222 C.P.O. ausgesprochenen Grundsätze anwendbar sein.

3. Eine bestimmte Form für die gegenüber der abwesenden Partei nothwendige Behändigung der Entscheidung ist nicht vorgeschrieben; eine Beurkundung der Behändigung ist aber dringend geboten, um den Beginn der Frist zu fixiren. Die Verkündung gegenüber der anwesenden Partei muß aus demselben Grunde aktenkundig gemacht werden.

4. Die Erhebung der Klage erfolgt durch Zustellung der Klageschrift. §. 253 C.P.O. Die Einreichung der Klageschrift beim Gericht wahrt also die zehntägige Frist nicht. Nach §. 207 Abs. 2 C.P.O. tritt jedoch bei allen zur Wahrung einer Nothfrist erforderlichen Zustellungen die Wirkung der Zustellung bereits mit der Einreichung des Schriftsatzes bei dem Gerichtsschreiber ein, sofern der Schriftsatz innerhalb einer Frist von zwei Wochen nach der Einreichung zugestellt wird. Vgl. §§. 166, 168. Die Zuständigkeit des ordentlichen Gerichts bestimmt sich nach den allgemeinen Vorschriften über die sachliche und örtliche Zuständigkeit der Gerichte (vgl. bes. §. 23 Nr. 1 und 2 G.V.G.). Die als besondere Gerichte gemäß §. 14 Nr. 3 G.V.G. zugelassenen Gemeindegerichte sind niemals zur Entscheidung der gegen den Spruch des Gemeindevorstehers erhobenen Klage zuständig. Mot. S. 42, 43, vgl. Anm. 4 zu §. 85.

5. Das angerufene ordentliche Gericht entscheidet nicht als höhere Instanz, es hat vielmehr lediglich zu prüfen, ob nicht die Entscheidung des Gemeindevorstehers rechtskräftig geworden ist, und in diesem Fall die Klage wegen Unzulässigkeit des Rechtsweges abzuweisen, selbst wenn der Gemeindevorsteher nach Ansicht des Richters örtlich oder sachlich nicht zuständig war; im Uebrigen aber muß der Richter den ihm unterbreiteten Streitfall wie jeden direkt an ihn gelangten entscheiden, ohne daß die Parteien in der Geltendmachung ihres Anspruches durch die Vorentscheidung materiell oder formell beschränkt sind. Erk. d. Reichs-Oberhandelsgerichts vom

22. Mai 1878 (Entsch. Bd. 24 S. 51), Urth. d. R.Gr. v. 7. Februar 1891, Gruchot Bd. 35 S. 1144, Eccius bei Gruchot Bd. 36 S. 146.

6. Zu Abs. 2. Wenn der Gemeindevorsteher die Vollstreckbarkeitserklärung unterläßt, so ist die Beschwerde an die vorgesetzte Dienstbehörde gegeben; so lange die Vollstreckbarkeitserklärung fehlt, kann die Zwangsvollstreckung nicht erfolgen.

7. Zu Abs. 3. Vgl. §. 57 Abs. 3 u. Anm.

8. Zu Abs. 4. Vgl. Anm. 3 zu § 46. Auch wenn die Wiedereinsetzung in den vorigen Stand beantragt wird, hat das zuständige ordentliche Gericht die im §. 707 C.P.O. bezeichneten Befugnisse.

§. 78.

Die vor dem Gemeindevorsteher geschlossenen Vergleiche sowie die rechtskräftigen oder vollstreckbaren Entscheidungen desselben sind, sofern die Partei es beantragt, auf Ersuchen des Gemeindevorstehers durch die Ortspolizeibehörde nach den Vorschriften über das Verwaltungszwangsverfahren zu vollstrecken. Ein unmittelbarer Zwang zur Vornahme einer Handlung ist nur im Falle des §. 127d der Gewerbeordnung zulässig; die Leistung von Diensten aus einem Dienstvertrage kann durch Geldstrafen nicht erzwungen werden. Wo ein Verwaltungszwangsverfahren nicht besteht, finden die Bestimmungen über die Zwangsvollstreckung in bürgerlichen Rechtsstreitigkeiten Anwendung.

1. Die Partei darf die Ortspolizei nicht direkt angehen, muß vielmehr die Vermittelung des Gemeinde-

vorstehers erwirken, dessen Ersuchen Vorbedingung der Zwangsvollstreckung ist. Der Gemeindevorsteher hat die Rechtskraft seiner Entscheidung zu prüfen; zu diesem Behufe wird er, da ihm die Erhebung der Klage nicht nothwendiger Weise amtlich bekannt wird, in dem Falle des §. 77 Abs. 3 von der betreibenden Partei ein Zeugniß des Gerichtsschreibers des für die Klage zuständigen Gerichts fordern können, wonach innerhalb der Nothfrist ein Schriftsatz zum Zwecke der Terminsbestimmung nicht eingereicht ist (§. 706 Abs. 2 C.P.O.).

2. Das Verwaltungszwangsverfahren ist in Preußen durch die Verordnung vom 15. November 1899 (G.S. S. 545) hinsichtlich der Beitreibung von Geldbeträgen geregelt; soweit es sich um die Erwirkung von Handlungen oder Unterlassungen handelt, sind die Zwangsbefugnisse der Ortspolizeibehörden durch §§. 132, 133 des Ges. über die allgemeine Landesverwaltung v. 30. Juli 1883 (G.S. S. 195) bestimmt. Deren Vorschriften werden aber durch Satz 2 des §. 78 abgeändert:

a) unmittelbarer (körperlicher) Zwang, zur Erwirkung einer Handlung (§. 132 Nr. 3) ist regelmäßig ausgeschlossen, Ausnahme s. Anm. 3.

b) zur Erzwingung von Diensten aus einem Dienstvertrage ist Androhung und Festsetzung von Geldstrafen (§. 132 Nr. 2) ausgeschlossen, daher auch eine nach §. 132 Nr. 2 Abs. 2 nur im Unvermögensfalle an die Stelle der Geldstrafen tretende Haft.

Zulässig ist sonach in Preußen die Vornahme der zu erzwingenden Handlung durch einen Dritten, soweit dies möglich, Androhung von Geldstrafe, im Unvermögensfalle Haft, nur zur Erzwingung der Rückkehr in die Lehre und zur Erzwingung von anderen Handlungen als Leistung von Diensten aus einem Dienstvertrag und von Unterlassungen.

Soweit landesgesetzlich etwa das Verwaltungszwangsverfahren Haft wahlweise neben Geldstrafe zur Erzwingung von Handlungen zuläßt, würde wegen der unvollkommenen Fassung des §. 78, welcher nur Erzwingung der Leistung von Diensten durch Geldstrafen ausschließt, die Erzwingung durch Haft zulässig bleiben. Das Verwaltungszwangsverfahren zur Erwirkung der Herausgabe oder Leistung von Sachen (z. B. hier von Zeugnissen, Arbeitsbüchern) ist in Preußen nicht geregelt; nach Satz 3 finden also hier die Vorschriften der C.P.O (§§. 883—886) Anwendung.

3. §. 127d G.O. bestimmt: „Verläßt der Lehrling in einem durch dies Gesetz nicht vorgesehenen Falle ohne Zustimmung des Lehrherrn die Lehre, so kann letzterer den Anspruch auf Rückkehr des Lehrlinges nur geltend machen, wenn der Lehrvertrag schriftlich geschlossen ist. Die Polizeibehörde kann in diesem Falle auf Antrag des Lehrherrn den Lehrling anhalten, solange in der Lehre zu verbleiben, als durch gerichtliches Urtheil das Lehrverhältniß nicht für aufgelöst erklärt ist, oder dem Lehrlinge durch einstweilige Verfügung eines Gerichts gestattet ist, der Lehre fern zu bleiben. Der Antrag ist nur zulässig, wenn er binnen einer Woche nach dem Austritte des Lehrlinges gestellt ist. Im Falle unbegründeter Weigerung der Rückkehr hat die Polizeibehörde den Lehrling zwangsweise zurückführen zu lassen, oder durch Androhung von Geldstrafe bis zu fünfzig Mark oder Haft bis zu fünf Tagen zur Rückkehr anzuhalten."

In diesem Falle, d. h. wenn der Lehrvertrag schriftlich geschlossen war, wozu Unterschrift des Lehrherrn, des Lehrlings und des gesetzlichen Vertreters des Lehrlings gehört (§. 126b G.O.), und der Antrag Seitens des Lehrherrn innerhalb der einwöchigen Frist gestellt war, kann die Polizeibehörde auch nach Erlaß der Entscheidung des Gemeindevorstehers auf Ersuchen desselben den Lehrling zwangsweise zurückführen lassen. Es wird genügen, wenn der Lehrherr innerhalb der einwöchigen Frist den Antrag auf Entscheidung bei dem Gemeindevorsteher gestellt hat.

4. Auch wo ein Verwaltungszwangsverfahren nicht besteht, ist die Ortspolizeibehörde zuständig (a. M. Bachem S. 123, Haas S. 143, Schier S. 186, Wilhelmi u. Fürst S. 279; vgl. dagegen Busch Bd. 16 S. 333), die sich jedoch dann, ebenso wie gemäß §. 91 b Abs. 5 G.O., nach den Vorschriften der C.P.O. über die Zwangsvollstreckung richten muß.

§. 79.

Der Gemeindevorsteher kann die Wahrnehmung der ihm nach den §§. 76 bis 78 obliegenden Geschäfte mit Genehmigung der höheren Verwaltungsbehörde einem Stellvertreter übertragen. Derselbe muß aus der Mitte der Gemeindeverwaltung oder Gemeindevertretung auf mindestens ein Jahr berufen werden. Die Berufung ist öffentlich bekannt zu machen.

Der Vertreter muß Mitglied der Gemeindeverwaltung oder Gemeindevertretung, also z. B. im Bereich der Städteordnung v. 30. Mai 1853 Magistratsmitglied oder Stadtverordneter sein. Zur zeitweiligen Vertretung des behinderten Gemeindevorstehers ist sein gesetzlich verordneter allgemeiner Stellvertreter — z. B. der Beigeordnete oder zweite Bürgermeister, §. 29 Abs. 1 der Städteordnung v. 30. Mai 1853, die Schöffen, §. 74 der Landgemeindeordnung v. 3. Juli 1891 — befugt.

„Höhere Verwaltungsbehörde" ist in Preußen der Regierungs-Präsident, für Berlin der Ober-Präsident. S. Anm. 3 zu §. 88.

§. 80.

Durch Anordnung der Landes-Zentralbehörde kann an Stelle des Gemeindevorstehers ein zur

Vornahme von Sühneverhandlungen über streitige Rechtsangelegenheiten staatlich bestelltes Organ mit Wahrnehmung der in den §§. 76 bis 78 aufgeführten Geschäfte beauftragt werden. Die Anordnung ist öffentlich bekannt zu machen.

1. „Mit Rücksicht auf die Verhältnisse in einzelnen Bundesstaaten erscheint es wünschenswerth, daß die Möglichkeit nicht ausgeschlossen wird, an Stelle der Gemeindevorsteher andere, nach den örtlichen Verhältnissen geeigneter erscheinende Organe mit der Wahrnehmung der in den §§. 76 ff. vorgesehenen Funktionen zu betrauen. Insbesondere werden die zur Vornahme von Sühneverhandlungen über streitige Rechtsangelegenheiten staatlich bestellten Personen (Schiedsmänner, Friedensrichter u. s. w.) hierzu unter Umständen als besonders qualifizirt zu betrachten sein, und der Entwurf gewährt deshalb den Landes-Zentralbehörden die Befugniß, diesen Organen die Vorentscheidung in Gewerbestreitsachen an Stelle der Gemeindevorsteher zu übertragen." Mot. S. 40.

2. Die Beauftragung kann für einzelne Gemeinden oder größere Bezirke stattfinden und jederzeit widerrufen werden. Für Preußen kommen insbesondere die Schiedsmänner (Schiedsmannsordnung v. 29. März 1879, G.S. S. 321) in Betracht. Dieselben sind allgemein verpflichtet, in bürgerlichen Rechtsstreitigkeiten über vermögensrechtliche Ansprüche auf Anrufen einer Partei eine Sühneverhandlung vorzunehmen und den zu Stande gekommenen Vergleich zu protokolliren. Aus einem solchen Vergleich findet die gerichtliche Zwangsvollstreckung unter entsprechender Anwendung der Vorschriften über die Zwangsvollstreckung aus notariellen Urkunden statt. §§. 12 bis 32 der Schiedsmannsordnung. Wenn aber ein preußischer Schiedsmann gemäß §. 80 an die Stelle des Ge-

meindevorstehers tritt, so finden auf diese seine Thätigkeit die Vorschriften der §§. 76—78 Anwendung; falls er daher, um seine Entscheidung gemäß §. 76 angegangen, einen Vergleich zu Stande bringt, so ist dieser gemäß §. 78, ebenso wie eine von ihm erlassene Entscheidung, auf Antrag der Partei und Ersuchen des Schiedsmannes durch die Ortspolizeibehörde zu vollstrecken. Allerdings wird es im Einzelfalle zweifelhaft sein können, ob der Schiedsmann nur zum Zwecke der Sühneverhandlung oder zur Entscheidung gemäß §. 76 angerufen war; falls das Protokoll hierüber keine Auskunft ertheilt, wird die Vollstreckung des Vergleichs nur gemäß §. 32 der Schiedsmannsordnung zu erlangen sein. Ebenso ist der Fall zu behandeln, wenn der Gemeindevorsteher zugleich Schiedsmann ist.

3. „Landes-Zentralbehörde" s. Anm. 1 zu §. 88.

Sechster Abschnitt.

Schlußbestimmungen.

§. 81.

Die Bestimmungen dieses Gesetzes finden keine Anwendung auf Gehülfen und Lehrlinge in Apotheken und Handelsgeschäften sowie auf Arbeiter, welche in den unter der Militär- oder Marineverwaltung stehenden Betriebsanlagen beschäftigt sind.

1. Die Erwähnung der Gehülfen und Lehrlinge in Apotheken und Handelsgeschäften schien erforderlich, weil die damals dem Reichstag vorgelegte Gewerbeordnungsnovelle den Titel VII (s. §. 3 d. G.) in mehrfachen Richtungen auf die Hülfsarbeiter dieser Gruppen ausdehnte.

Komm.-Ber. S. 35. Vgl. Anm. 1 zu §. 3. Es gehören aber hierher außer den Apotheker-Gehülfen und -Lehrlingen nur Handlungs-Gehülfen und -Lehrlinge (§§. 59 ff. des Handelsgesetzbuches) nicht etwa auch andere Gewerbe-Gehülfen und -Lehrlinge, die in Apotheken und Handelsgeschäften thätig sind; diese fallen unter §. 3 d. Ges. (s. hierzu und über den Begriff „Handlungsgehülfe" Anm. 1 zu §. 3.)

2. Die Ausnahmestellung der Arbeiter in den unter der Militär- oder Marineverwaltung stehenden Betriebsanlagen ist mit Rücksicht auf die mehr militärische Organisation derartiger Betriebe ausgesprochen. Vgl. Mot. S. 40, Komm.-Ber. S. 34, 35, Sten.-Ber. S. 517 bis 524.

3. Streitigkeiten der im §. 81 bezeichneten Personen mit ihren Arbeitgebern sind der Zuständigkeit der Gewerbegerichte entzogen; eine trotzdem eingereichte Klage muß wegen sachlicher Unzuständigkeit abgewiesen werden, und zwar, da eine Prorogation unzulässig ist, von Amtswegen. Wegen der Zuständigkeit des Gemeindevorstehers s. §. 83 Abs. 3 u. Anm. hierzu, Anm. 2 zu §. 76.

Die im §. 81 bezeichneten Personen und ihre Arbeitgeber — letztere natürlich nur, sofern sie nicht, wie ein großer Theil der Kaufleute, daneben andere unter das Gesetz fallende Personen (Hausdiener rc. s. Anm. 1) beschäftigen — sind bei den Wahlen zu den Gewerbegerichten weder wählbar noch wahlberechtigt. Mot. S. 40, Bl. f. soz. Pr. 1893 S. 93.

§. 82.

Auf Streitigkeiten der in Bergwerken, Salinen, 1.
Aufbereitungsanstalten und unterirdisch betriebenen Brüchen und Gruben beschäftigten Arbeiter mit ihren Arbeitgebern finden die Bestimmungen dieses Ge-

setzes mit der Maßgabe Anwendung, daß die Errichtung von Gewerbegerichten, deren Zuständigkeit auf die vorbezeichneten Betriebe beschränkt wird, unabhängig von den Voraussetzungen des §. 1 Abs. 5 durch Anordnung der Landes-Zentralbehörde erfolgen kann.

2. Für die auf Grund der letzteren Bestimmung errichteten Gewerbegerichte gelten nachstehende besondere Vorschriften:

1. Die Bestimmung des letzten Satzes im Abs. 2 des §. 7 findet keine Anwendung.
2. Durch die Zuständigkeit eines solchen Gerichts wird die Zuständigkeit anderer innerhalb seines Bezirkes bestehender oder später errichteter Gewerbegerichte ausgeschlossen.
3. Die Kosten der Gewerbegerichte werden, soweit sie in deren Einnahmen nicht Deckung finden, vom Staate getragen.
4. Der Vorsitzende und dessen Stellvertreter werden von der Landes-Zentralbehörde ernannt. Zur Bewirkung der Zustellungen können an Stelle der Gerichtsvollzieher oder Gemeindebeamten (§. 25 Abs. 2) andere Beamte verwendet werden.
5. Inwieweit den Arbeitgebern im Sinne der §§. 12 bis 14 die mit der Leitung eines Betriebs oder eines bestimmten Zweiges des-

selben betrauten Stellvertreter der selbständigen Gewerbetreibenden gleichstehen, wird durch Anordnung der Landes-Zentralbehörde bestimmt.

6. Die Bestimmung des §. 67 Abs. 4 findet, soweit sie sich auf Beisitzer bezieht, keine Anwendung.

1. Zu Abs. 1. Ueber den Begriff „Bergwerke 2c." vgl. Wilhelmi u. Fürst S. 289 bis 296; oberirdisch betriebene Brüche und Gruben gehören nicht hierher.

Die Errichtung kann durch Anordnung der Landes-Zentralbehörde erfolgen. Solange und soweit eine solche Anordnung nicht erfolgt ist, gehören die in Rede stehenden Streitigkeiten vor die etwa vorhandenen sonst zuständigen Gewerbegerichte. Diese gemeindlichen Gewerbegerichte können auch gemäß §. 7 Abs. 1 auf den Bergbau beschränkt sein. Ihre Zuständigkeit hört aber mit dem Inkrafttreten eines gemäß Abs. 1 errichteten Gewerbegerichts für dessen Bezirk hinsichtlich der in Rede stehenden Streitigkeiten auf, und ebenso wird die Zuständigkeit des gemäß Abs. 1 des §. 82 errichteten Gewerbegerichts durch das spätere Inkrafttreten eines anderen Gewerbegerichts in keiner Weise beschränkt (Abs. 2 Nr. 2) (Bachem S. 128, Schier S. 192, Wilhelmi u. Fürst S. 9, 300).

Die auf Grund des Abs. 1 errichteten Berg-Gewerbegerichte sind nur für Streitigkeiten der Arbeiter mit ihren Arbeitgebern, nicht auch für Streitigkeiten unter Arbeitern desselben Arbeitgebers (§. 4 Nr. 6) zuständig. Gemäß Abs. 2 Nr. 2 wird daher das etwa daneben bestehende gemeindliche Gewerbegericht für die Entscheidung letzterer Streitigkeiten zuständig sein. (Schier S. 191, a. A. Wilhelmi u. Fürst S. 308).

Vor der Errichtung eines Berg-Gewerbegerichts sind gemäß §. 1 Abs. 6 Arbeitgeber und Arbeiter zu hören. „Landes-Zentralbehörde" s. §. 88 Anm. 6.

2. Zu Abs. 2. Derselbe gilt nur für die gemäß Abs. 1 durch Anordnung der Zentralbehörde errichteten Gewerbegerichte.

Zu Nr. 1. Wenn die örtliche Zuständigkeit des Gerichts ausgedehnt wird, ist also die Anhörung der betheiligten Ortsbehörden nicht nothwendig (Wilhelmi u. Fürst S. 305).

Zu Nr. 3. Auch hier dürfen Vorsitzender und Stellvertreter weder Arbeitgeber noch Arbeitnehmer sein und müssen auf mindestens 1 Jahr ernannt werden. (§. 12.)

Zu Nr. 6. Nach §. 63 Abs. 3 des Ges. vom 29. Juli 1890 dürften Beisitzer und Vertrauensmänner des Einigungsamts nicht zu den Betheiligten gehören. Nr. 6 wollte ermöglichen, daß bei den Berggewerbegerichten auch Betheiligte Beisitzer sein können. In Folge der veränderten Vorschrift über die Zusammensetzung des Einigungsamts in §. 67 hätten die Worte „soweit sie sich auf Beisitzer bezieht" gestrichen werden müssen. Die Bestimmung soll jetzt gerade erzielen, daß Betheiligte zu Vertrauensmännern bestellt werden können, weil bei Beschränkung des Berggewerbegerichts auf Angehörige eines Berufs der Regel nach, weil die Streitigkeit alle Arbeiter und Arbeitgeber des Bezirks ergreift, Unbetheiligte, die zugleich im Bergbau sachkundig sind, nicht gefunden werden können.

Man kann in Zweifel ziehen, ob der vom Reichskanzler bekannt gemachte Text korrekt ist. §. 63 Abs. 3 des Ges. vom 29. Juli 1890 handelt von Beisitzern und Vertrauensmännern, jetzt handelt Abs. 4 des §. 67 von den an Stelle der Beisitzer getretenen Vertrauensmännern, Abs. 5 von den an

Stelle der Vertrauensmänner getretenen Beisitzern. Streng genommen hätte deshalb in Nr. 6 „§. 67 Abs. 4 und 5" genannt werden müssen.

4. Arbeiter, welche vor einem gemäß Abs. 1 errichteten Gewerbegericht Recht nehmen müssen, sowie deren Arbeitgeber sind von der aktiven und passiven Theilnahme an den Wahlen für ein anderes Gewerbegericht ausgeschlossen.

5. Vgl. wegen einer Modifikation des §. 88 den Schlußsatz des Abs. 2 das.

6. In Preußen sind fünf Berg-Gewerbegerichte (mit dem Sitze in Beuthen O./S., Waldenburg i. Schl., Dortmund, Saarbrücken, Aachen) errichtet, die in 32 Kammern — in der Regel sogenannte detachirte Kammern am Amtssitze der Königlichen Bergrevierbeamten — eingetheilt sind.

§. 83.

Soweit nach den Vorschriften des Krankenversicherungsgesetzes die Entscheidung von Streitigkeiten über die Berechnung und Anrechnung von Versicherungsbeiträgen und Eintrittsgeldern in Gemäßheit dieses Gesetzes zu erfolgen hat, finden die Vorschriften der §§. 76 bis 80 auch dann Anwendung, wenn es sich um Versicherungsbeiträge anderer als der im §. 3 bezeichneten Arbeiter handelt. Die Zuständigkeit des Gemeindevorstehers wird in diesem Falle nicht dadurch ausgeschlossen, daß ein Gewerbegericht für die Gemeinde errichtet ist.

Nach §. 53a K.V.G. werden Streitigkeiten zwischen dem Arbeitgeber und den von ihm beschäftigten Personen über die Berechnung und Anrechnung der von diesen zu leistenden Beiträge und Eintrittsgelder nach den Vorschriften des G.G.G. entschieden. Es bedurfte deshalb einer Vorschrift darüber, ob, soweit die versicherten Personen nicht unter §. 3 fallen, das Gewerbegericht zuständig sein oder nur die Anrufung des Gemeindevorstehers freistehen soll. Es gehören also hierher — wie auch schon bisher — alle Personen, welche nach dem K.V.G. gesetzlich oder auf Grund statutarischer Vorschrift (§. 2 a. a. O.) dem Versicherungszwange unterliegen, aber nicht zu den in §. 3 genannten Personen gehören, nämlich: Handlungsgehülfen und Lehrlinge (§. 1 Abs. 1 Nr. 2, Abs. 4, §. 2 Abs. 1 Nr. 5 K.V.G.), die Angestellten der Anwälte, Notare ꝛc. (§. 1 Abs. 1 Nr. 2a a. a. O.), die nicht unter §. 2 d. Ges. fallenden, auf Grund des §. 2 Abs. 1 Nr. 2 und des §. 2a K.V.G. für versicherungspflichtig erklärten Angestellten des Reichs, des Staates oder einer Kommune, die Hausgewerbetreibenden (§. 2 Abs. 1 Nr. 4 a. a. O.), sofern sie nach §. 5 dieses Ges. nicht als Arbeiter im Sinne desselben gelten, die in der Land- und Forstwirthschaft beschäftigten Arbeiter und Betriebsbeamten (§. 2 Abs. 1 Nr. 6 a. a. O.), die Arbeiter der Heeres- und Marineverwaltung (§. 81 d. Ges., s. Haas S. 150, Hahn, Kommentar zum K.V.G. S. 116, v. Woedtke, K.V.G., 5. Aufl., S. 133). Eine Verpflichtung zur Anrufung des Gemeindevorstehers besteht nicht; die genannten Personen können sich auch sogleich an die ordentlichen Gerichte wenden.

Durch die Vorschrift des zweiten Satzes wird auch die Gemeinde, welche ein allgemeines Gewerbegericht besitzt, genöthigt, die zur Ausübung der Rechtsprechung des Gemeindevorstehers erforderlichen Vorkehrungen zu treffen.

§. 84.

1. Die Zuständigkeit der Innungen zur Entscheidung von Streitigkeiten zwischen Arbeitgebern und

ihren Lehrlingen (Gewerbeordnung §. 81a Nr. 4, §. 81b Nr. 4) sowie die Zuständigkeit der Innungsschiedsgerichte (Gewerbeordnung §§. 91 bis 91b) erleiden durch dieses Gesetz keine Einschränkung.

Durch die Zuständigkeit einer Innung oder eines 2.
Innungsschiedsgerichts wird die Zuständigkeit eines für den Bezirk der Innung bestehenden oder später errichteten Gewerbegerichts ausgeschlossen.

1. Zu Abs. 2. Durch die §§. 81a, 81b, ist die Zuständigkeit der Innungen und Innungs-Schiedsgerichte insoweit erweitert, als sie nunmehr über die in §. 4 G.G.G. sowie §. 53a K.V.G. bezeichneten Streitigkeiten zu entscheiden haben. Die Zuständigkeit der Innungs-Schiedsgerichte ist auf die Streitigkeiten zwischen Innungsmeistern und ungelernten Arbeitern ausgedehnt.

2. Die Fassung des Abs. 2 soll den — in Wirklichkeit nach Abs. 1 kaum vorhandenen — Zweifel darüber ausschließen, „ob Innungen, welche erst entstehen, nachdem Gewerbegerichte gebildet sind, in vollem Maße die Rechte derjenigen Innungen haben, welche früher bestanden oder an Orten errichtet werden, wo Gewerbegerichte nicht gebildet sind". Komm.-Ber. S. 37.

4. Ueber die Besetzung der Innungsschiedsgerichte und das Verfahren der Innungen und Innungsschiedsgerichte treffen die §§. 91, 83 Ziffer 11, 91a, 91b G.O. Bestimmung. Für die Zuständigkeit kommt in Betracht §. 91 Abs. 6: „Die Anberaumung des ersten Termins soll innerhalb 8 Tagen nach Eingang der Klage erfolgen und die Entscheidung nach Möglichkeit beschleunigt werden. Wird die achttägige Frist nicht innegehalten, so kann der Kläger verlangen, daß statt des Innungsschiedsgerichts an den Orten, wo Gewerbegerichte bestehen, die ordentlichen Gerichte entscheiden. Dies Verlangen ist

dem darnach zuständigen Gewerbegerichte oder ordentlichen Gerichte und dem Innungsschiedsgericht schriftlich mitzutheilen." Gemeint ist: der erste Termin soll innerhalb 8 Tagen nach Eingang der Klage anstehen.

5. Wegen der Betheiligung der Innungsmeister und ihrer Arbeiter an den Wahlen zum Gewerbegericht s. §. 14 Abs. 3.

§. 85.

1. Die nach §. 14 Nr. 4 des Gerichtsverfassungsgesetzes zugelassenen, auf Grund der Landesgesetze zur Entscheidung gewerblicher Streitigkeiten berufenen Gewerbegerichte werden mit dem 1. April 1892 aufgehoben, sofern nicht bis zu diesem Zeitpunkt ihre Zusammensetzung den Bestimmungen des §. 13 Abs. 1 und 2 entspricht. Auf die Vertretung der Parteien vor den bezeichneten Gerichten finden die Bestimmungen des §. 31 Anwendung.

2. Sofern diese Gerichte den vorbezeichneten Erfordernissen entsprechen, erleidet ihre Zuständigkeit durch dieses Gesetz keine Einschränkung.

1. Zu Abs. 1. §. 14 Nr. 4 G.V.G. läßt „Gewerbegerichte", welche auf Grund der Landesgesetzgebung eingerichtet sind, als besondere Gerichte neben den ordentlichen Gerichten zu und gestattet auch die weitere Einführung derartiger Gerichte (s. Prot. der Justizkommission S. 125—127). Solche Einrichtungen bestehen z. B. in der preußischen Rheinprovinz, in Elsaß-Lothringen, Hamburg, Bremen, Lübeck und im Kgr. Sachsen (s. Komm.-Ber. S. 37, 38, Mot. z. G.V.G. S. 38, 39).

Neue Gewerbegerichte können fortan nur noch auf Grund dieses Ges., nicht mehr auf Grund des §. 14

Nr. 4 G.V.G. und der Landesgesetzgebung errichtet werden, auch kann die Zuständigkeit der bestehenden nicht ausgedehnt werden. (G.G. VII Nr. 3 Sp. 92, Levy bei Gruchot Bd. 35 S. 744, Struckmann und Koch zu §. 14 G.V.G. Wilhelmi u. Fürst S. 321, theilw. a. A. Bachem S. 134; Haas S. 156, Schier S. 199).

Dagegen bleiben Organisation, Verfahren und Zuständigkeit der bestehenden Gerichte reichsgesetzlich unberührt. Nur mußten die am 1. April 1892 bestehenden Landes-Gewerbegerichte zu diesem Zeitpunkte den Anforderungen des §. 13 Abs. 1 und 2 genügen, d. h. die Beisitzer mußten zur Hälfte aus den Arbeitgebern, zur Hälfte aus den Arbeitern mittels unmittelbarer und geheimer Wahl der Arbeitgeber, bez. Arbeitnehmer entnommen werden. Ein Antrag, auch §. 12 Abs. 1 unter die zu berücksichtigenden Bestimmungen aufzunehmen, wurde abgelehnt (Sten. Ber. S. 650); der Vorsitzende kann daher, wie dies bis zum 1. April 1892 bei den rheinischen Königlichen Gewerbegerichten der Fall war, Arbeitgeber sein. Für die bestehenden Gerichte bleibt lediglich die Landesgesetzgebung maßgebend.

Die Vorschrift des §. 31 (Ausschluß der Rechtsanwälte ꝛc.) findet auf das Verfahren aller bestehenden Landesgewerbegerichte ohne Weiteres Anwendung.

Von den Vorschriften des §. 85 abgesehen bleibt die Regelung der Zuständigkeit, des Verfahrens und der Zusammensetzung der Landesgewerbegerichte lediglich der Landesgesetzgebung vorbehalten; diese kann z. B. die Berufung allgemein ausschließen, wie dieses z. B. in Lübeck geschehen ist.

Vgl. Preußisches Gesetz, betr. die Königlichen Gewerbegerichte in der Rheinprovinz, vom 11. Juli 1891 (G.S. S. 311), welches am 1. April 1892 in Kraft getreten ist und im Wesentlichen die Vorschriften des Reichsgesetzes für anwendbar erklärt, s. die Uebersicht von Wolff im G.G. VI Sp. 294 ff.

2. Abs. 2. Den nach Abs. 1 zugelassenen Landes-Gewerbegerichten bleibt also — entgegen der Vorlage (§. 72 Absatz 2), den Beschlüssen der Kommission (Ber. S. 38) und des Reichstages in 2. Lesung (Sten. Ber. S. 525, 526) — die landesgesetzlich geregelte Zuständigkeit in vollem Umfange, so daß sie innerhalb ihrer örtlichen und sachlichen Zuständigkeit die Errichtung eines neuen Gewerbegerichts ausschließen (Wilhelmi u. Fürst S. 321, G G. VII Nr. 3 Sp. 91).

3. Die auf Grund das §. 85 fortbestehenden Gewerbegerichte sind nach §. 53a Abs. 2 Satz 2 K.V.G. zur Entscheidung von Streitigkeiten zwischen dem Arbeitgeber und den von ihm beschäftigten Personen über die Berechnung und Anrechnung der Krankenkassenbeiträge und des Eintrittsgeldes zuständig.

4. „Ein besonderer Vorbehalt in Bezug auf die Zuständigkeit der auf Grund des §. 14 Nr. 3 des Gerichtsverfassungsgesetzes in einzelnen Bundesstaaten bestehenden Gemeindegerichte ist nicht erforderlich. Auch ohne einen solchen Vorbehalt versteht es sich, daß die Gemeindegerichte, soweit ihre Zuständigkeit nach den Vorschriften der Landesgesetze reicht, auch in Gewerbestreitsachen an Stelle der ordentlichen Gerichte zur Entscheidung berufen sind. Hieraus ergiebt sich, daß, wo ein zuständiges Gewerbegericht nicht vorhanden ist, die Betheiligten gegebenen Falls die Wahl haben werden, die Entscheidung des Gemeindevorstehers nach Maßgabe der §§. 64 (jetzt 76) ff. oder diejenige des Gemeindegerichts nach Maßgabe der Landesgesetze anzurufen. Wird der Gemeindevorsteher angegangen, so kann der Rechtsweg gegen die Entscheidung desselben nicht etwa bei dem Gemeindegericht, sondern — wie sich aus der Bestimmung des §. 65 (jetzt 77) Abs. 1 ergiebt — nur bei dem ordentlichen Gerichte beschritten werden.“ Mot. S. 42, 43.

Derartige Gemeindegerichte bestehen z. B. in Württemberg und Baden.

§. 86.

In dem Verhältnisse der Innungen, der Innungsschiedsgerichte und der im §. 85 bezeichneten Gewerbegerichte zu den ordentlichen Gerichten und zu den gemäß §. 1 errichteten Gewerbegerichten finden die Vorschriften des §. 28 entsprechende Anwendung.

D. h. die rechtskräftige Entscheidung, durch welche eine dieser Stellen sich für sachlich unzuständig erklärt, ist für die im Falle der Richtigkeit dieser Entscheidung zuständige andere Stelle bindend.

§. 87.

Streitigkeiten, welche, bevor ein für dieselben zuständiges Gewerbegericht bestand, anhängig geworden sind, werden von den bis dahin zuständig gewesenen Behörden erledigt.

„Wird ein Gewerbegericht neu errichtet, so kann es zweifelhaft sein, ob die Zuständigkeit desselben sich nicht auf die bereits vorher anhängig gewordenen Streitsachen der im §. 4 bezeichneten Art erstreckt. Dies wird im §. 74 (jetzt 87) verneint. Die bezeichneten Streitigkeiten sind von denjenigen Behörden, welche zur Zeit der Anhängigmachung zuständig waren, und, wie sich hieraus ergiebt, in dem für diese vorgeschriebenen Verfahren zu erledigen." Mot. S. 43. Nach Art. 2 des Abänderungsgesetzes vom 30. Juni 1901 werden auch die vor dem 1. Januar 1902 bei einem Gewerbegericht anhängig gewordenen Prozesse noch nach den bisherigen Vorschriften erledigt.

§. 88.

Die Zentralbehörden der Bundesstaaten be- 1.
stimmen, welche Verbände als weitere Kommunal-

verbände im Sinne dieses Gesetzes anzusehen, von welchen Organen der Gemeinden und weiteren Kommunalverbände die Statuten über Errichtung von Gewerbegerichten zu beschließen, und von welchen Staats- oder Gemeindeorganen die übrigen in diesem Gesetze den Staats- oder Gemeindebehörden sowie den Vertretungen der Gemeinden und weiteren Kommunalverbände zugewiesenen Verrichtungen wahrzunehmen sind.

2. Mit den von der höheren Verwaltungsbehörde wahrzunehmenden Geschäften können jedoch nur diejenigen höheren Verwaltungsbehörden betraut werden, welche nach Landesrecht die Aufsicht oder Oberaufsicht in Gemeindeangelegenheiten wahrzunehmen haben; auf die in Gemäßheit des §. 82 errichteten Gewerbegerichte findet diese Bestimmung keine Anwendung.

1. Zu Abs. 1. „Zentralbehörde" oder „Landes-Zentralbehörde" ist gleichbedeutend mit „Landesregierung" im Gegensatz zur „Landesgesetzgebung"; eine Anordnung der zuständigen Fachministerien genügt. Wilhelmi u. Fürst S. 325.

2. Abs. 2 ist eine Konsequenz aus der Organisation der Gewerbegerichte als Gemeinde-Institute (Komm.-Ber. S. 38) und entspricht dem §. 84 Abs. 1 K.V.G. und §. 33 Abs. 1 des Ges. über die eingeschriebenen Hülfskassen vom $\frac{\text{7. April 1876}}{\text{1. Juni 1884}}$. Der Schlußsatz ergiebt sich aus der abweichenden Organisation der im §. 82 be-

zeichneten, lediglich durch einen Akt der Staatsbehörden ins Leben gerufenen Gerichte.

3. Für Preußen:

A. Erlaß der Minister für Handel und Gewerbe und des Innern v. 23. September 1890 (M.Bl. d. i. V. S. 206):[1])

Zur Ausführung des Gesetzes, betreffend die Gewerbegerichte, vom 29. Juli 1890 (R.G.Bl. S. 141) wird auf Grund des §. 88 desselben bestimmt:

I. Unter der Bezeichnung „weiterer Kommunalverband" sind die Provinzial-Verbände und auch die kommunalständischen Verbände der Regierungsbezirke Cassel und Wiesbaden, sowie die Kreisverbände, in den Hohenzollernschen Landen der Landeskommunalverband und die Oberamtsbezirksverbände zu verstehen.

II. Die Beschlußfassung über die Statuten der zu errichtenden Gewerbegerichte steht zu:

a) in den Stadtgemeinden:
dem Gemeindevorstande und der Stadtverordnetenversammlung (Bürgerschaftskollegium u.s.w.) gemeinsam,

b) in den Landgemeinden:
der Gemeindeversammlung bezw. den die Befugnisse einer solchen wahrnehmenden anderen Gemeindevertretungskörpern,

c) in den Kreisen:
dem Kreistage,

d) in den Oberamtsbezirken:
der Amtsversammlung,

e) in den Provinzen:
dem Provinziallandtage,

f) in den kommunalständischen Verbänden der Regierungsbezirke Cassel und Wiesbaden und in

---

[1]) Die §§.-Ziffern des Erlasses sind durch die entsprechenden des neuen Textes ersetzt.

dem Hohenzollernschen Landeskommunalverbande: dem Kommunallandtage.

III. Unter der Bezeichnung „höhere Verwaltungsbehörde" sind zu verstehen:

a) die Bezirksausschüsse in Bezug auf die Genehmigung der Ortsstatuten von Gemeinden (§. 1 Abs. 2 und 3), die Entscheidung über Beschwerden gegen die Rechtsgiltigkeit der Wahlen zu Gewerbegerichten, welche von einer oder mehreren Gemeinden oder einem Kreis- bezw. Oberamtsbezirksverbande errichtet sind (§. 17 Abs. 1), und die Enthebung von Mitgliedern solcher Gewerbegerichte (§. 21 Abs. 1);

b) die Provinzialräthe in Bezug auf die Entscheidung über Beschwerden gegen die Rechtsgiltigkeit von Wahlen zu Gewerbegerichten (§. 17 Abs. 1), und die Enthebung von Mitgliedern derselben (§. 21 Abs. 1) — sofern die in Frage kommenden Gewerbegerichte von einem Provinzialverbande oder von den kommunalständischen Verbänden der Regierungsbezirke Cassel und Wiesbaden errichtet sind —;

c) die Regierungs-Präsidenten in Bezug auf die Bestätigung der Wahl der Vorsitzenden und deren Stellvertreter (§. 17 Abs. 2), die Anordnung zur Vornahme von Wahlen nach Maßgabe des §. 18 Abs. a, die Ernennung von Mitgliedern der Gewerbegerichte im Falle des §. 18 Abs. b, die Zuständigkeit zu dem Antrage auf Erhebung der Klage auf Amtsentsetzung von Mitgliedern der Gewerbegerichte (§. 21 Abs. 3), die Bestellung desjenigen Beamten, welcher den Vorsitzenden und dessen Stellvertreter vor ihrem Amtsantritte eidlich zu verpflichten hat (§. 22) — sofern die in Betracht kommenden Gewerbegerichte von Gemeinden oder Kreis- bezw. Oberamtsbezirksverbänden errichtet sind —, und endlich die Ertheilung der Genehmigung zur Uebertragung der dem Gemeindevorsteher nach §§. 76 bis 78 obliegenden Geschäfte auf einen Stellvertreter;

d) die Ober-Präsidenten in Bezug auf die Bestätigung der Wahl des Vorsitzenden und dessen Stellvertreter (§. 17 Abs. 2), die Anordnung zur Vornahme der Wahlen nach Maßgabe des §. 18 Abs. a, die Ernennung der Mitglieder von Gewerbegerichten im Falle des §. 18 Abs. b, die Zuständigkeit zu dem Antrage auf Erhebung der Klage auf Amtsentsetzung von Mitgliedern der Gewerbegerichte (§. 21 Abs. 3), die Bestellung desjenigen Beamten, welcher den Vorsitzenden und dessen Stellvertreter vor ihrem Amtsantritte eidlich zu verpflichten hat (§. 22) — sofern die in Frage kommenden Gewerbegerichte von einem Provinzialverbande oder von einem der Kommunalverbände der Regierungsbezirke Cassel und Wiesbaden errichtet sind.

Für die Hohenzollernschen Lande tritt an die Stelle des Ober-Präsidenten und des Provinzialrathes der Minister des Innern.

Für den Stadtkreis Berlin werden alle durch das Gesetz der höheren Verwaltungsbehörde übertragenen Befugnisse von dem Ober-Präsidenten wahrgenommen.

IV. Die Wahl der Vorsitzenden und deren Stellvertreter erfolgt

für Gewerbegerichte, welche von Kreisen bezw. Oberamtsbezirken errichtet sind, durch die Kreis- bezw. Amtsausschüsse,

für Gewerbegerichte, welche von Provinzen oder von einem der kommunalständischen Verbände der

Regierungsbezirke Cassel und Wiesbaden oder dem Hohenzollernschen Landeskommunalverbande errichtet sind, durch die Provinzialausschüsse, bezw. die Landesausschüsse, falls nicht durch das Statut die Mitwirkung der Kreistage, der Amtsversammlungen, der Provinziallandtage oder in den Regierungsbezirken Cassel und Wiesbaden, sowie in den Hohenzollernschen Landen die Mitwirkung des Kommunallandtages vorgesehen ist.

Berlin, den 23. September 1890.

Der Minister für Handel und Gewerbe.	Der Minister des Innern. In Vertretung:
Frhr. v. Berlepsch.	Braunbehrens.

B. Erlaß derselben Minister v. 9. Januar 1891 (B. 3 M. f. H., II 73 M. d. J.):

In Ergänzung der Bekanntmachung vom 23. September 1890 über die Ausführung des Gesetzes betreffend die Gewerbegerichte vom 29. Juli 1890 (R.G.Bl. S. 141) wird auf Grund des §. 88 desselben bestimmt:

I. Unter der Bezeichnung „weiterer Kommunalverband" sind ferner zu verstehen:

1. die Bürgermeistereien in der Rheinprovinz,
2. die Aemter in der Provinz Westfalen.

II. Die Beschlußfassung über die Statuten, durch welche Gewerbegerichte für den Bezirk der Bürgermeistereien in der Rheinprovinz und der Aemter in der Provinz Westfalen errichtet werden, steht der Bürgermeisterei-Versammlung, bezw. der Amtsversammlung zu.

III. Bezüglich der für Bürgermeistereien oder Aemter errichteten Gewerbegerichte sind unter der Bezeichnung „höhere Verwaltungsbehörde" zu verstehen:

a) die Bezirksausschüsse in Bezug auf die Entscheidung über Beschwerden gegen die Rechtsgiltigkeit der Wahlen zu den Gewerbegerichten (§. 17 Abs. 1) und die Enthebung von Mitgliedern der Gewerbegerichte (§. 21 Abs. 1).

b) die Regierungs-Präsidenten in Bezug auf die Bestätigung der Wahl der Vorsitzenden und deren Stellvertreter (§. 17 Abs. 2), die Anordnung zur Vornahme der Wahlen nach Maßgabe des §. 18 Abs. a, die Ernennung von Mitgliedern der Gewerbegerichte im Falle des §. 18 Abs. b, die Zuständigkeit zu dem Antrage auf Erhebung der Klage auf Amtsentsetzung von Mitgliedern der Gewerbegerichte (§. 21 Abs. 3), die Bestellung desjenigen Beamten, welcher den Vorsitzenden und dessen Stellvertreter vor ihrem Amtsantritt eidlich zu verpflichten hat (§. 22).

IV. Die Wahl der Vorsitzenden und deren Stellvertreter erfolgt

für Gewerbegerichte, welche von Bürgermeistereien errichtet werden, durch die Bürgermeisterei-Versammlung,

für Gewerbegerichte, welche von Aemtern errichtet werden, von der Amtsversammlung.

Berlin, den 9. Januar 1891.

Der Minister des Innern.	Der Minister für Handel und Gewerbe.
Herrfurth.	Frhr. v. Berlepsch.

4. „Vorschläge zur Aufstellung von Orts- (Kreis-) Statuten für Gewerbegerichte auf Grund des Gewerbegerichtsgesetzes vom 30. Juni 1901 nebst Erläuterungen, veröffentlicht auf Anordnung des Herrn Ministers für Handel und Gewerbe" sind bei Fr. Kortkampf, Berlin 1902, erschienen. Preis 1 Mark.

5. Wegen des Inkrafttretens s. Art. 2 und 4 des Abänderungsgesetzes S. 51 und 52.

Sachregister.

(Die Zahlen bedeuten die Seiten.)

B.

C.

D.

E.

Druck von Georg Reimer in Berlin.

Verzeichniß

der

Guttentag'schen Sammlung

Deutscher Reichsgesetze

und

Preußischer Gesetze.

Text-Ausgaben mit Anmerkungen und Sachregister.

Taschenformat.

Berlin.

J. Guttentag, Verlagsbuchhandlung,

G. m. b. H.

Guttentag'sche Sammlung

Deutscher Reichsgesetze.

Text-Ausgaben mit Anmerkungen. Taschenformat.

---

1. **Verfassung** des Deutschen Reichs. Gegeben Berlin, den 16. April 1871. Von Dr. **L. von Rönne.** Achte neubearbeitete Auflage von **Paul von Rönne,** Landrath. 1 M. 60 Pf.

2. **Strafgesetzbuch** für das Deutsche Reich. Nebst den gebräuchlichsten Reichs-Strafgesetzen: Presse, Personenstand, Nahrungsmittel, Entziehung elektrischer Arbeit, Kranken-, Unfall-, Invalidenversicherung, Gewerbeordnung, unlauterer Wettbewerb, Depot- und Börsengesetz u. s. w. Von Dr. **H. Rüdorff.** Zwanzigste Auflage von Dr. **H. Appelius,** Kammergerichtsrath. 1 M. 20 Pf.

3. **Militärstrafgerichtsordnung** nebst Einführungsgesetz und Gesetz, betr. die Dienstvergehen der richterlichen Militärjustizbeamten und die unfreiwillige Versetzung derselben in eine andere Stelle oder in den Ruhestand. Von Dr. **P. Herz,** Senatspräsident am Reichsmilitärgericht. Dritte Auflage. 4 M.

Militär-Strafgesetzbuch nebst Abdruck der entsprechenden Bestimmungen des Reichs-Strafgesetzbuchs. Text-Ausgabe mit Sachregister. Geb. in ganz Leinen 1 M.

4. **Handelsgesetzbuch vom 10. Mai 1897** unter Ausschluß des Seerechts. Mit den ergänzenden Vorschriften des Bürgerlichen Gesetzbuchs und Erläuterungen herausgegeben von **F. Litthauer,** Justizrath. Zwölfte Auflage. 2 M. 80 Pf.

5. Allgemeine Deutsche **Wechselordnung.** Achte Auflage von Justizrath Dr. **J. Stranz** und Rechtsanwalt Dr. **M. Stranz,** und das Reichsgesetz über die **Wechselstempelsteuer.** Von Regierungsrath **P. Loeck.** Siebente Auflage. 3 M.

6. **Gewerbeordnung** für das Deutsche Reich nebst allen Ausführungsbestimmungen. Ursprünglich herausgegeben von **T. Ph. Berger** und Dr. **L. Wilhelmi.** Sechszehnte Auflage bearbeitet von Oberverwaltungsgerichtsrath **H. Spangenberg.** 3 M.

7. Die deutsche **Post- und Telegraphen-Gesetzgebung.** Nebst dem Weltpostvertrag und dem internationalen Telegraphenvertrag. Von Wirkl. Geh. Rath Dr. **Fischer.** Fünfte Auflage bearbeitet von Geh. Postrath Dr. **M. König.** 3 M.

8. Die Reichsgesetze über den **Unterstützungswohnsitz** in der Fassung der Novelle vom 12. März 1894, **die Freizügigkeit, den Erwerb und Verlust der Bundes- und Staatsangehörigkeit,** nebst allen landesgesetzlichen Bestimmungen. Von Geheimrath Dr. **J. Krech,** Mitglied des Bundesamtes für das Heimathwesen. Fünfte Auflage. 2 M. 70 Pf.

9a. Sammlung **kleinerer privatrechtlicher Reichsgesetze.** Von **F. Vierhaus,** Geh. Ober-Justizrath. Zweite Auflage in Vorbereitung.

9b. Sammlung **kleinerer strafrechtlicher Reichsgesetze.** Von **M. Werner,** Geh. Ober-Regierungsrath. Zweite Auflage in Vorbereitung.

10. Das **Reichsbeamtengesetz** vom 31. März 1873 und seine Ergänzungen. Erläutert von **J. Pieper,** Geh. Ober-Regierungsrath. Zweite Auflage. 4 M. 50 Pf.

11. **Civilprozeßordnung mit Gerichtsverfassungsgesetz** und den Einführungsgesetzen. Unter besonderer Berücksichtigung der Entscheidungen des Reichsgerichts herausgegeben mit Anmerkungen von **R. Sydow,** Unterstaatssekretär und **L. Busch,** Kammergerichtsrath. Neunte Auflage. 8°. 5 M.

Dieser Band ist in größerem Format erschienen!

12. **Strafprozeßordnung und Gerichtsverfassungsgesetz** nebst dem Gesetz, betreffend die Entschädigung der im Wiederaufnahmeverfahren freigesprochenen Personen. Von **A. Hellweg,** Reichsgerichtsrath. Elfte Auflage. 2 M.

13. **Konkursordnung und Anfechtungsgesetz.** Unter besonderer Berücksichtigung der Entscheidungen des Reichsgerichts herausgegeben mit Anmerkungen von **R. Sydow** u. **L. Busch.** Neunte Auflage. 2 M. 25 Pf.

14. **Gerichtsverfassungsgesetz** mit Einführungsgesetz, Nebengesetzen und Ergänzungen. Herausgegeben von **R. Sydow** u. **L. Busch.** Achte Auflage. 1 M. 20 Pf.

15. Das **Deutsche Gerichtskostengesetz** nebst den Gebührenordnungen für Gerichtsvollzieher, Zeugen und Sachverständige. Herausgegeben mit Anmerkungen und Kostentabellen von **R. Sydow** u. **L. Busch.** Sechste vermehrte Auflage. 1 M. 50 Pf.

16. **Rechtsanwaltsordnung.** Von **R. Sydow.** Vierte Auflage von Dr. **E. Mosler.** 1 M. 20 Pf.

17. Die **Deutsche Gebührenordnung für Rechtsanwälte und das Preußische Gebührengesetz** vom 27. September/6. Oktober 1899. Von **R. Sydow** und **L. Busch.** Sechste Auflage. 1 M. 50 Pf.

18. **Reichsstempelgesetz (Börsensteuergesetz)** v. 14. Juni 1900, mit den Ausführungsbestimmungen, einem Auszug aus den Gesetzes-Materialien und den Entscheidungen der Verwaltungsbehörden und des Reichsgerichts. Achte Auflage von **P. Loeck,** Regierungsrath. 3 M. 30 Pf.

19. Die **Seegesetzgebung.** Nebst den Entscheidungen des Reichsoberhandelsgerichts, des Reichsgerichts und der Seeämter. Von Dr. **W. E. Knitschky.** Dritte Auflage bearbeitet von Oberlandesgerichtsrath Dr. **Otto Rudorff** in Hamburg. 4 M. 50 Pf.

20. **Krankenversicherungsgesetz.** Von Dr. **E. von Woedtke,** Präsident des Kaiserl. Aufsichtsamts für Privatversicherung. Neunte Auflage. 2 M. 25 Pf.

21. Die **Konsulargesetzgebung.** Von Professor Dr. **Ph. Zorn.** Zweite Auflage. 3 M.

22a. **Patentgesetz.** Gesetz, betreffend den Schutz von Gebrauchsmustern. Gesetz, betreffend das Urheberrecht an Mustern und Modellen. Nebst Ausführungsbestimmungen unter Berücksichtigung der Rechtsprechung des Reichsgerichts und der Praxis des Patentamts. Erläutert von Dr. **R. Stephan,** Geh. Reg.-Rath, Mitglied des Kaiserlichen Patentamts. Fünfte Auflage. 2 M.

22b. Gesetz zum **Schutz der Waarenbezeichnungen.** Nebst Ausführungsbestimmungen. Von Dr. **R. Stephan,** Geh. Reg.-Rath, Mitglied des Kaiserlichen Patentamts. Vierte Auflage. 1 M.

23. **Gewerbe-Unfallversicherungsgesetz** und Gesetz, betr. die Abänderung der Unfallversicherungsgesetze vom 30. Juni 1900 nebst Ausführungsverordnungen. Von Dr. **E. v. Woedtke,** Präsident des Kaiserl. Aufsichtsamts für Privatversicherung. Siebente Auflage. 2 M. 50 Pf.

24. **Aktiengesellschaft und Kommanditgesellschaften auf Aktien.** (Handelsgesetzbuch, II. Buch, Abschnitt 3

und 4.) Mit Anmerkungen von **H. Keyssner,** Kammergerichtsrath und Dr. **H. Veit Simon,** Rechtsanwalt. Fünfte Auflage. Bearbeitet von Dr. **Hugo Keyssner** und **L. Keyssner.** 2 M. 25 Pf.

25. Reichsgesetz wegen **Erhebung der Brausteuer** vom 31. Mai 1872 mit Ausführungsvorschriften. Von **E. Bertho,** Regierungsrath. 1885. 1 M. 60 Pf.

26. Die Reichsgesetzgebung über **Münz- und Notenbankwesen,** Papiergeld, Prämienpapiere und Reichsschulden. Von Dr. jur. **R. Koch,** Präsident des Reichsbankdirektoriums. Vierte Auflage. 3 M.

27. Die Gesetzgebung, betr. das **Gesundheitswesen** im Deutschen Reich für Behörden, Aerzte 2c. Von Dr. jur. **C. Goesch** und Dr. med. **J. Karsten.** 1888. 1 M. 60 Pf.

28. **Bau-Unfallversicherungsgesetz.** Vom 30. Juni 1900. Von **R. Chrzescinski,** Kaiserl. Regierungsrath. Dritte Auflage. 2 M.

29. Reichsgesetz, betr. die **Erwerbs- und Wirthschaftsgenossenschaften.** Von **L. Parisius** und Dr. **H. Crüger.** Neunte Auflage bearbeitet von Dr. **H. Crüger.** 1 M. 50 Pf.

30. **Invalidenversicherungsgesetz** vom 13. Juli 1899. Von Dr. **E. v. Woedtke,** Präsident des Kaiserlichen Aufsichtsamts für Privatversicherung. Neunte Auflage. 2 M. 50 Pf.

31. **Gewerbegerichtsgesetz.** Von Stadtrath **L. Mugdan.** Fünfte Auflage bearbeitet von **W. Cuno,** Erstem Bürgermeister zu Hagen i. W. 2 M.

32. Reichsgesetz, betr. die **Gesellschaften mit beschränkter Haftung.** Von **L. Parisius** und Dr. **H. Crüger.** Sechste Auflage. 1 M. 25 Pf.

33. Das **Vereins- und Versammlungsrecht** in Deutschland. Von Dr. **E. Ball,** Rechtsanwalt. 2 M. 25 Pf.

34. Reichsgesetz, betreffend die **Abzahlungsgeschäfte.** Vom 16. Mai 1894. Von **J. Hoffmann.** Zweite vermehrte Auflage besorgt von Dr. **E. Wilke,** Landgerichtsrath. 1 M. 20 Pf.

35. Die **Reichs-Eisenbahngesetzgebung.** Von **W. Coermann,** Kaiserl. Amtsrichter. 1895. 2 M. 25 Pf.

36. Gesetze, betr. die **privatrechtlichen Verhältnisse der Binnenschifffahrt und der Flößerei.** Erläutert von **H. Makower.** Zweite Auflage bearbeitet von **E. Löwe,** Landgerichtsrath. 2 M.

37. Gesetz zur **Bekämpfung des unlauteren Wettbewerbes.** Vom 27. Mai 1896. Von Dr. **R. Stephan,** Geh. Regierungsrath. Zweite Auflage. 80 Pf.

38/39. **Bürgerliches Gesetzbuch nebst Einführungsgesetz.** In Verbindung mit Professor Dr. **André,** Geh. Justizrath **Greiff,** Amtsrichter **Ritgen,** Regierungsrath Dr. **Unzner** herausgegeben vom Reichsgerichtsrath Dr. **A. Achilles †.** Dritte vermehrte Auflage. 8⁰. 6 M.

Dieser Band ist in größerem Format erschienen!

40. Gesetz, betr. die **Pflichten der Kaufleute bei Aufbewahrung fremder Werthpapiere (Depotgesetz).** Mit Erläuterungen. Von **F. Lusensky,** Geh. Regierungsrath. 90 Pf.

41. **Börsengesetz.** Vom 22. Juni 1896. Nebst Ausführungsbestimmungen. Unter Mitwirkung des Directors im Reichsamt des Innern **A. Wermuth** bearbeitet von Regierungsrath **H. Brendel.** Zweite Auflage in Vorbereitung.

42. **Grundbuchordnung** nebst den preußischen Ausführungsbestimmungen. Mit Einleitung. Von Professor Dr. **O. Fischer.** Zweite Auflage. 1 M. 80 Pf.

43. Die Gesetzgebung, betr. die **Zwangsvollstreckung in das unbewegliche Vermögen** im Reiche und in Preußen. Mit Einleitung, Kosten- und Gebührentabellen. Von Dr. **J. Krech,** Kaiserl. Geh. Regierungsrath und Professor Dr. **O. Fischer.** Dritte Auflage. 2 M.

44. Das Reichsgesetz über das **Auswanderungswesen** vom 9. Juni 1897 nebst Ausführungsverordnungen und Anlagen. Unter Benutzung amtlicher Quellen. Von Professor Dr. **Felix Stoerk.** 2 M. 25 Pf.

45. Das **Entmündigungsrecht** unter Berücksichtigung der für Preußen geltenden Vorschriften nebst der preußischen Justiz-Ministerial-Verfügung vom 28. November 1899. Text der civil- und prozeßrechtlichen Bestimmungen mit Erläuterungen von Landgerichtsrath Dr. **P. Koll** in Cöln. 1 M. 50 Pf.

46. Die Gesetze des Reiches und Preußens über die **freiwillige Gerichtsbarkeit.** Mit Einleitung von **Herm. Jastrow,** Amtsgerichtsrath. Dritte Auflage. 3 M.

47. Das **deutsche Vormundschaftsrecht** und das preuß. Gesetz über die Fürsorgeerziehung Minderjähriger nebst den dazu gehörigen preußischen Nebengesetzen. Mit Einleitung und Erläuterungen von **Max Schultzenstein,** Oberverwaltungsgerichtsrath und Amtsgerichtsrath Dr. **Paul Köhne.** Zweite Auflage. 3 M.

48. Gesetze und Verordnungen, betr. den **Drogen-, Gift- und Farbenhandel** außerhalb der Apotheken. Von Dr. **Broh,** Rechtsanwalt. 1 M 25 Pf.

49. Deutsche **Kolonialgesetzgebung.** Von Professor Dr. **Philipp Zorn.** 4 M. 50 Pf.

50. Der **Viehkauf** (Viehgewährschaft) nach dem Bürgerlichen Gesetzbuche. Mit Erläuterungen von Rechtsanwalt Dr. **H. Stölzle.** Nebst Verordn. betr. die Hauptmängel und Gewährsfristen beim Viehhandel. Von **H. Weiskopf,** Königl. Kreisthierarzt in Augsburg. Zweite Auflage. 2 M.

51. **Hypothekenbankgesetz** vom 13. Juli 1899. Von Dr. **H. Göppert,** Gerichts-Assessor. 1 M. 80 Pf.

52. Gesetz, betreffend die gemeinsamen **Rechte der Besitzer von Schuldverschreibungen.** Von Dr. **Heinrich Göppert,** Gerichts-Assessor. 2 M.

53. **Reichspreßgesetz** vom 7. Mai 1874 nebst den einschlägigen Bestimmungen des Strafgesetzbuchs, der Gewerbeordnung zc. Kommentar von **A. Born,** Polizeiassessor. 1 M. 50 Pf.

54. Die Reichsgesetzgebung über den Verkehr mit **Nahrungsmitteln, Genußmitteln** und **Gebrauchsgegenständen.** Von Dr. **Georg Lebbin,** Nahrungsmittelchemiker. 2 M. 25 Pf.

55. Das Recht der **Beschlagnahme von Lohn- und Gehaltsforderungen.** Auf Grundlage der Reichsgesetze vom 21. Juni 1869 u. 29. März 1897 und der Civilprozeßordnung. Von Rechtsanwalt **Georg Meyer.** 1 M. 50 Pf.

56. Gesetz, betr. die **Bekämpfung gemeingefährlicher Krankheiten.** Nebst Ausführungsbestimmungen. Von Dr. **Bruno Burkhardt,** Regierungsrath, Mitglied des Kais. Gesundheitsamts. 1 M. 40 Pf.

57. **See-Unfallversicherungsgesetz.** Von **Dr. Max Mittelstein,** Oberlandesgerichtsrath in Hamburg. 2 M.

58. **Das Recht der unehelichen Kinder.** Ausgabe aller einschlägigen Bestimmungen des B.G.B. Von **Hermann Jastrow,** Amtsgerichtsrath zu Berlin. 1 M. 80 Pf.

59. Reichsgesetz über die **Beurkundung des Personenstandes und die Eheschließung.** Von Dr. **F. Fidler,** Amtsgerichtsrath. 1 M. 80 Pf.

60. Gesetz, betreffend das **Urheberrecht an Werken der Litteratur und der Tonkunst.** Von Gerichtsassessor **Otto Lindemann.** 1 M. 50 Pf.

61. Gesetz über das **Verlagsrecht.** Von Justizrath **Ernst Heinitz.** 1 M. 50 Pf.

62. Gesetz über die **privaten Versicherungsunternehmungen.** Von **H. Könige,** Oberlandsgerichtsrath. 3 M.

63. **Gesetzestafel des Deutschen Reichsrechts.** Systematisch geordnete Nachweisung des z. Z. geltenden Reichsrechts. Ergänzungsband zu der Guttentag'schen Sammlung Deutscher Reichsgesetze. Von **Hugo Bruhns,** Syndikus. 2 M. 50 Pf.

64. Gesetzsammlung betr. den **Handel mit Drogen und Giften.** Reichsgesetzliche Bestimmungen und Anhang mit den landesgesetzlichen Verordnungen sämmtlicher Bundesstaaten. Von Rechtsanwalt **H. Sonnenfeld,** Syndikus der Berliner Drogisten-Innung. 3 M.

65 Das **Weingesetz** vom 24. Mai 1901 Mit Ausführungsbestimmungen erläutert von Dr. **Georg Lebbin,** Handels- und Gerichtschemiker zu Berlin. 1 M. 50 Pf.

66. Die **Eisenbahn-Gesetzgebung** des Deutschen Reichs. Von **W. Pietsch,** Geh. exp. Sekretär im Reichs-Eisenbahn-Amt. 5 M.

Guttentag'sche Sammlung

Preußischer Gesetze.

Text-Ausgaben mit Anmerkungen. Taschenformat.

1. Die **Verfassungs-Urkunde** für den Preußischen Staat. Mit Einleitung, vollständigem Kommentar. Von Prof. Dr. **Adolf Arndt.** Vierte Auflage. 2 M. 50 Pf.

2. Preußische **Beamten-Gesetzgebung.** Enthaltend die wichtigsten Beamtengesetze in Preußen. Von **C. Pfafferoth.** Dritte Auflage. 1 M. 50 Pf.

3. Die **Zwangsvollstreckung in das unbewegliche Vermögen.** Von Dr. **J. Krech** und Prof. Dr. **O. Fischer.** Vergriffen. Siehe: Reichsgesetze Nr. 43.

4. **Gebührenordnung** für **Notare** vom 25. Juni 1895 nebst den einschlägigen Vorschriften des Preußischen Gerichtskostengesetzes. Von **R. Sydow.** Zweite Auflage bearbeitet von Dr. **E. Mosler,** Gerichtsassessor. 1 M. 50 Pf.

5. Gesetz vom **24. April 1854 (betr. die außereheliche Schwängerung).** Von Dr. **Schulze.** 75 Pf.
   Seit dem 1. Januar 1900 gültiges Recht siehe: Reichsgesetze Nr. 58.

6. Die Preuß. **Ausführungsgesetze und Verordnungen zu den Reichs-Justizgesetzen.** Von **R. Sydow.** Dritte vermehrte Auflage. 1895. 2 M. 40 Pf.
   Siehe Seite 21, Busch, Ausführungsgesetze.

7 **Allg. Gerichtsordnung** vom 6 Juli 1793 **und** Preuß **Konkursordnung** vom 8 Mai 1885 Von **F. Vierhaus,** Geh. Ober-Justizrath. Vergriffen.

8 **Vormundschaftsordnung.** Von **F. Schultzenstein.** Gültiges Recht siehe Reichsgesetze Nr 47

9 Die Preußische **Grundbuchgesetzgebung.** Von Prof Dr **Fischer.** Vergriffen. Siehe. Reichsgesetze Nr. 42

10 **Einkommensteuergesetz.** Von **A. Fernow,** Geh. Finanzrath. Fünfte Auflage. 2 M. 50 Pf

11 **Gewerbesteuergesetz.** Von **A. Fernow,** Geh. Finanzrath. Dritte Auflage 1 M 25 Pf

12 **Allgemeines Berggesetz** für die preußischen Staaten und die auf dasselbe bezüglichen Gesetze und Verordnungen. Von **E. Engels.** Dritte Auflage. In Vorbereitung.

13 **Ergänzungssteuergesetz** (Vermögenssteuergesetz) Von **A. Fernow,** Geh Finanzrath. Dritte vermehrte Auflage 1 M 50 Pf

14 **Kommunalabgabengesetz.** Vom 14. Juli 1893 und Gesetz wegen Aufhebung direkter Staatssteuern Von Dr **F. Adickes,** Oberbürgermeister. Dritte Auflage 1 M. 50 Pf

15 Die **Kreisordnungen** für den Preußischen Staat Von **O. Kolisch,** Landgerichtsrath. 1894. 4 M.

16. **Concessionirung gewerblicher Anlagen.** Preuß. Ausführungs-Anweisung zu §§. 16 u. ff. der Gewerbe-Ordnung. Von Dr. **W. v. Rüdiger,** Geh. Regierungs- u. Gewerberath. Zweite Auflage. 2 M.

17. Preußisches **Gerichtskostengesetz.** Mit Kostentabellen. Von Dr. **P. Siméon,** Landrichter. Dritte Auflage. 1 M. 80.

18. Preußisches **Stempelsteuergesetz** vom 31. Juli 1895. Mit den gesammten Ausführungsbestimmungen und vollständigen Tabellen. Von **P. Loeck,** Regierungsrath. Fünfte Auflage. 5 M.

Dieser Band ist in größerem Format erschienen.

19. Das **Jagdscheingesetz.** Mit ausführlichen Erläuterungen nebst der Ausführungsverfügung. Von **F. Kunze,** Wirklichem Geh. Ober-Regierungsrath. Zweite Auflage. 2 M.

20. Gesetz, betr. die **Erbschaftssteuer.** Unter Berücksichtigung der Novelle vom 31. Juli 1895. Von Regierungsrath **P. Loeck.** 1 M. 80 Pf.

21. Gesetz über die **Handelskammern.** Vom 19. August 1897. Mit Erläuterungen von **F. Lusensky,** Geh. Regierungsrath. 3 M.

22. Gesetz, betr. **Anstellung und Versorgung der Kommunalbeamten.** Mit Ausführungsanweisung. Von Dr. **W. Ledermann,** Magistratsassessor zu Berlin. 1 M. 25 Pf.

23 **Ausführungsgesetz zum Bürgerlichen Gesetzbuche.** Von Landrichter Dr. **P. Siméon.** 1 M. 60 Pf.

24. Die **Hinterlegungsordnung** in der Fassung des Ausführungsgesetzes z. B G B v 20 Sept. 1899 nebst Ausführungsbestimmungen Von Regierungsassessor Dr. **Georg Bartels.** 1 M 50 Pf

25 **Preußische Kommunalbeamtengesetzgebung.** Von Dr. **Franz Kremski,** Magistratsassessor in Berlin. 3 M.

26. Die **Preußischen Gesetze** über das Diensteinkommen der Lehrer und Lehrerinnen, ihren Ruhegehalt und die Fürsorge für ihre Hinterbliebenen, sowie einer Tabelle zur Berechnung der Ruhegehalts, Wittwen und Waisenbezüge Von Dr. **Ed. Cremer,** Beigeordneter 2 M 40 Pf

27 Gesetz, betreffend die **Waarenhaussteuer.** Von Geh. Ober-Finanzrath Dr. **G. Strutz.** 1 M. 20 Pf

28. Gesetz über die **Fürsorgeerziehung Minderjähriger.** Nebst Ausführungsanweisungen. Von Landgerichtsrath Dr. **P. F. Aschrott.** 2 M 80 Pf.

29 Gesetz, betr. **die ärztlichen Ehrengerichte, das Umlagerecht und die Kassen der Aerztekammern.** Von Amtsgerichtsrath Dr. **Fidler.** 1 M. 50 Pf.

30. Die das **Preußische Staatsschuldbuch** und das **Reichsschuldbuch** betr. Gesetze nebst den Ausführungsbestimmungen. Von Wirkl. Geh. Ober-Finanzrath **J. Mücke,** Mitglied der Hauptverwaltung der Staatsschulden. 2 M.

31 a. **Die geltenden Preußischen Gesindeordnungen.** Herausgegeben in zwei Bänden von **Stephan Gerhard,** Rechtsanwalt in Berlin.

Erster Band, enthaltend die Gesindeordnung für die altpreußischen Provinzen vom 8. November 1810, mit ausführlichen Erläuterungen unter Berücksichtigung der Ergänzungsgesetze und der Rechtsverhältnisse der Gesindeordnungen, sowie die Gesindeordnung für Neuvorpommern und Rügen und für die Rheinprovinz. 2 M 50 Pf.

31 b. **Zweiter Band,** enthaltend die Gesindeordnungen in den Provinzen Hannover, Schleswig-Holstein, Hessen-Nassau und dem Regierungsbezirk Hohenzollern. 2 M. 50 Pf.

32. **Die Städteordnung für die sechs östlichen Provinzen** der preußischen Monarchie vom 30. Mai 1853 nebst ihren gesetzlichen Ergänzungen. Von **Dr. jur. Walter Ledermann,** Magistrats-Assessor zu Berlin 6 M.

Dieser Band ist in größerem Format erschienen!

Guttentag'sche Sammlung von Text-Ausgaben mit Sachregister ohne Anmerkungen.

Handelsgesetzbuch nebst **Einführungsgesetz.** Vom 10 Mai 1897. Sechster Abdruck. 1 M. 80 Pf

Gesetz, betr die **Abänderung der Gewerbeordnung** (Neues Handwerkergesetz) Vom 26 Juli 1897 90 Pf

Gewerbeordnung für das Deutsche Reich. In der Fassung der Bekanntmachung vom 26. Juli 1900. (Reichs-Gesetzblatt Nr. 47, ausgegeben am 15 Oktober 1900.) Zweite Auflage. 1 M. 20 Pf

Militär-Strafgesetzbuch für das Deutsche Reich mit Verweisungen und Abdruck der entsprechenden Bestimmungen des Reichs-Strafgesetzbuchs. 1 M.

Militärstrafgerichtsordnung für das Deutsche Reich, nebst **Einführungsgesetz** und Gesetz, betr. die Dienstvergehen der richterlichen Militärjustizbeamten und die unfreiwillige Versetzung derselben in eine andere Stelle oder in den Ruhestand Vom 1. Dezember 1898 **Militär-Strafgesetzbuch** mit Verweisungen und Abdruck der entsprechenden Bestimmungen des Reichs-Strafgesetzbuchs Zweite Auflage. 1 M. 50 Pf.

Reichsstempelgesetz (Börsensteuergesetz) in der Fassung der Bekanntmachung vom 14. Juni 1900. Mit Ausführungsbestimmungen, einem Anhang, enthaltend Tabellen zur Berechnung der Reichsstempelabgaben und Sachregister 1 M. 50 Pf.

J. Guttentag, Verlagsbuchhandlung, G. m. b. H. in Berlin W 35.

Bürgerliches Gesetzbuch

nebst Einführungsgesetz.

Für Preußen zusammengestellt unter Eingang der sämmtlichen preußischen Ausführungsbestimmungen. Text-Ausgabe mit ausführlichem Sachregister bearbeitet von Dr. **Paul Winter,** Landrichter. Zweite Ausgabe. 8°. Geb. in ganz Leinen Preis 3 M.

Die Preußischen Ausführungsgesetze

zum Bürgerlichen Gesetzbuche

und den anderen Reichs-Justizgesetzen nebst den zugehörigen Verordnungen, Ministerialerlassen und Geschäftsordnungen. Text-Ausgabe mit ausführlichem Sachregister nach Materien geordnet unter Anleitung von **L. Busch,** Kammergerichtsrath. Zweite Ausgabe. 8°. Geb. in ganz Leinen Preis 3 M.

Die Preußischen Ausführungsgesetze zum Bürgerlichen Gesetzbuche, zum Gesetz, betr. Aenderung der Civilprozeßordnung vom 17. Mai 1898, zum Gesetz über die Zwangsversteigerung und die Zwangsverwaltung, zur Grundbuchordnung und zum Handelsgesetzbuch. Preuß. Gesetz über die freiwillige Gerichtsbarkeit und Gesetz, enthaltend die landesgesetzlichen Vorschriften über die Gebühren der Rechtsanwälte und der Gerichtsvollzieher. Text-Ausgabe ohne Anmerkungen. Fünfte Auflage. Taschenformat. 1 M. 80 Pf.

Adickes, F., Oberbürgermeister in Frankfurt a. M. Das Kommunalabgabengesetz vom 14. Juli 1893. Kommentar. 8°. Kartonnirt 6 M.

Arndt, Dr. Adolf, Geheimer und Oberbergrath, Professor. Verfassung des Deutschen Reichs. Mit Einleitung und Kommentar. Zweite völlig neu bearbeitete Auflage. 8°. Geb. 4 M. 50 Pf.

Beyendorff, Dr. R., Dozent der Staatswissenschaften am Höheren Technischen Institut zu Cöthen. Das System der Reichs-Gewerbeordnung. Für den akademischen und praktischen Gebrauch dargestellt. 8°. Preis 4 M., geb. 4 M. 60 Pf.

Born, A., Polizei-Assessor in Königsberg i. Pr. Das preußische Baupolizeirecht nebst den einschlägigen Bestimmungen des Ansiedelungs-, Feld- und Forstpolizei-, Waldschutz- und Deichgesetzes, sowie dem Fluchtlinien-, Rayongesetz und dem Gesetz über die Zulässigkeit des Rechtsweges gegen polizeiliche Verfügungen Mit Kommentar. Unter eingehender Berücksichtigung der Entscheidungen des Reichsgerichts, Oberverwaltungs- und Kammergerichts. gr. 8°. Preis 10 M., geb. 11 M.

Das Gesetz betreffend die Anlegung und Veränderung von Straßen und Plätzen in Städten und ländlichen Ortschaften vom 2. Juli 1875. Des Kommentars von weil. Oberverwaltungsgerichtsrath **R. Friedrichs** fünfte völlig neubearbeitete Auflage bearbeitet von Dr. jur. **Hugo v. Strauß und Torney,** Senatspräsident am Oberverwaltungsgericht. 8°. Geb. Im Druck.

Hauß, C., Geh. Ober-Reg.-Rath. Das Gesetz zur Bekämpfung des unlauteren Wettbewerbes. Vom 27. Mai 1896. Für die gerichtliche und gewerbliche Praxis erläutert. 8°. Geb. in Leinen 3 M.

Holtgreven, Dr. A., Präsident des Oberlandesgerichts in Hamm und Dr. **Th. Wolff,** Oberlandesgerichtsrath. Das Wildschadengesetz vom 11. Juli 1891. Kommentar. Vierte Auflage. 8°. Geb. 4 M. 50 Pf.

Jerusalem, Herm., Landgerichtsrath, Mitglied des Hauses der Abgeordneten. Das Gesetz über Kleinbahnen und Privatanschlußbahnen vom 28. Juli 1892 nebst der Ausführungsanweisung zu diesem Gesetz vom 22. August 1892. gr. 8°. 2 M.

Kamptz, B. v., Verwaltungsgerichtsdirektor. Das Gesetz, betreffend die Vertheilung der öffentlichen Lasten bei Grundstückstheilungen und die Gründung neuer Ansiedelungen in den Provinzen Preußen, Brandenburg, Pommern, Posen, Schlesien, Sachsen und Westfalen vom 25. August 1876. 8°. Kartonnirt 2 M. 50 Pf.

Könige, H., Oberlandesgerichtsrath. Handelsgesetzbuch vom 10. Mai 1897 nebst Abdruck des Gesetzes über die Angelegenheiten der freiwilligen Gerichtsbarkeit und Gerichtsverfassungsgesetz (Titel 7, Kammern für Handelssachen). 8°. Geb. in ganz Leinen 4 M. 50 Pf.

Laß, Dr. L., Kaiserl. Regierungsrath, Strafrecht der Berufsgenossenschaften nach den Unfallversicherungsgesetzen vom 30. Juni 1900. Unter Benutzung amtlichen Materials zum praktischen Gebrauche dargestellt. Geb. in ganz Leinen 3 M.

Laurisch, H., Königl. Gewerbeinspektor, Gewerbrecht und Arbeiterschutz. Führer für Arbeitgeber und Arbeiter durch die Gewerbe- und Arbeiterschutz-Gesetze. Kartonnirt 1 M. 80 Pf.

Nußbaum, Dr. A., Die freiwillige Gerichtsbarkeit im Reiche und in Preußen. Ein Leitfaden. 8°. Geb. in ganz Leinen 4 M.

Ottermann, Carl, Stadtrath in Dortmund. Das Fluchtlintengesetz vom 2. Juli 1875. Erläuternde Abhandlung. 8°. 1 M. 25 Pf.

Stephan, Dr. R., Geh. Regierungsrath u. Mitglied des Kais. Patentamts. Gesetz, betreffend die Patentanwälte. Vom 21. Mai 1900. Nebst Ausführungsverordnungen. 8°. Geb. in ganz Leinen 1 M. 50 Pf.

Telegraphenwege-Gesetz vom 18. Dezember 1899 nebst den vom Reichskanzler erlassenen Ausführungsbestimmungen vom 26. Januar 1900 und den Erläuterungen und Ausführungsanweisungen des Reichs-Postamts. Amtliche Ausgabe. 8°. Geb. in ganz Leinen 1 M.

Wilhelmi, Dr. L., Das Handwerkergesetz vom 26. Juli 1897. Mit Einleitung und Bemerkungen unter besonderer Berücksichtigung der Ausführungs-Anweisungen der größeren Bundesstaaten. Geb. in ganz Leinen 6 M.

Wittenberg, Dr. M., Dozent an der Humboldt-Akademie. Wegweiser durch das Aktienrecht, nach dem Wortlaut der seit dem 1. Januar 1900 gültigen Reichsgesetze. Taschenformat. Geb. in ganz Leinen 1 M.

Schlagwort-Register.

R. = Nummer der Sammlung Deutscher **Reichs**gesetze.
P. = Nummer der Sammlung **Preußischer** Gesetze.
S. = Seite.

Schlagwort-Register. (R. = Reichsgesetz, P. = preuß. Gesetz.)

FSC
www.fsc.org
MIX
Papier | Fördert
gute Waldnutzung
FSC® C083411

Kolibri 360 GmbH
Ferdinand-Jühlke-Straße 7
99095 Erfurt, Deutschland
produktsicherheit@kolibri360.de